21世纪经济管理新形态教材·电子商务系列

数字化供应链
理论与实践

Digital Supply Chain
Theory and Practice

马潇宇　张玉利　叶琼伟　编著

清华大学出版社
北　京

内容简介

在数字经济时代,数字化供应链已成为推动电子商务与实体经济高质量发展的重要基石。本书突出理论结合实践,既详细介绍了国内外数字化供应链前沿的理论方法,又充分展现了中国特色的供应链数字化转型实践案例。在理论方面,本书系统介绍了数字化供应链的内涵、起源和发展情况,阐述了数字化供应链的四大战略价值、五大核心业务、九大赋能技术等内容,并提出了数字化供应链的实施路径和未来发展趋势。在实践方面,本书通过介绍我国离散和流程制造业中数字化供应链优秀案例,剖析了供应链数字化转型的典型过程与实际效果,分享了可借鉴的实施经验。

本书既可作为电子商务、供应链管理、工商管理、数字经济等专业的教学用书,也可作为供应链、电子商务等领域从业者的培训教材与自学用书。

本书封面贴有清华大学出版社防伪标签,无标签者不得销售。
版权所有,侵权必究。举报:010-62782989,beiqinquan@tup.tsinghua.edu.cn。

图书在版编目(CIP)数据

数字化供应链理论与实践/马潇宇,张玉利,叶琼伟编著. —北京:清华大学出版社,2023.2(2024.7重印)
21世纪经济管理新形态教材.电子商务系列
ISBN 978-7-302-62494-3

Ⅰ.①数… Ⅱ.①马… ②张… ③叶… Ⅲ.①数字技术—应用—供应链管理—高等学校—教材 Ⅳ.①F252.1-39

中国国家版本馆CIP数据核字(2023)第021965号

责任编辑:徐永杰
封面设计:汉风唐韵
责任校对:王荣静
责任印制:杨 艳

出版发行:清华大学出版社
网　　址:https://www.tup.com.cn,https://www.wqxuetang.com
地　　址:北京清华大学学研大厦A座　　邮　编:100084
社 总 机:010-83470000　　邮　购:010-62786544
投稿与读者服务:010-62776969,c-service@tup.tsinghua.edu.cn
质量反馈:010-62772015,zhiliang@tup.tsinghua.edu.cn
印 订 者:三河市人民印务有限公司
经　　销:全国新华书店
开　　本:185mm×260mm　　印 张:18.5　　字 数:309千字
版　　次:2023年2月第1版　　印 次:2024年7月第3次印刷
定　　价:56.00元

产品编号:096994-02

教育部高等学校电子商务类专业教学指导委员会规划教材编写委员会

主　任： 刘　军

副主任： 覃　征　　陈　进

委　员： 刘　军　　覃　征　　陈　进　　孙宝文　　刘兰娟　　章剑林
　　　　　　彭丽芳　　贺盛瑜　　李　琪　　张润彤　　华　迎　　曹　杰
　　　　　　熊　励　　帅青红　　张荣刚　　潘　勇　　叶琼伟　　李文立
　　　　　　王刊良　　左　敏　　胡　桃　　郭卫东　　李敏强　　于宝琴
　　　　　　杨兴凯　　姚卫新　　陈　曦　　张玉林　　倪　明　　尹建伟
　　　　　　琚春华　　孙建红　　刘业政　　陈阿兴　　魏明侠　　张李义
　　　　　　孙细明　　周忠宝　　谢　康　　李　明　　王丽芳　　张淑琴

前　言

当今世界正经历百年未有之大变局，大国战略博弈日趋加剧，国际体系深度调整，企业的竞争早已不再局限于单个企业的竞争，而是越来越转向供应链之间的竞争。特别在电子商务领域，供应链是提升产品质量、降低库存成本、保障高效交付的重要基础设施，可以助力企业打造差异化、成本领先、快速响应的竞争优势。我国是制造业大国，具备全世界品类最全、链条最完整的供应链。强大的供应链既是支撑我国经济发展的重要推动力，也是提升我国全球治理话语权的关键发力点。目前，我国强调要加快构建以国内大循环为主体、国内国际双循环相互促进的新发展格局。在双循环的新发展格局下，提升产业链供应链现代化水平迫在眉睫。

供应链萌芽于第一次工业革命时期。当前，传统供应链数字化转型已成为大势所趋：一方面，传统供应链存在信息缺失与滞后、多主体协同困难、内外部复杂性上升等问题，常常导致供应链中的企业运营成本高、需求响应速度慢、交付水平低等后果，供应链数字化转型需求迫切；另一方面，新一轮科技革命深入推进，以物联网、大数据、云计算、人工智能等为代表的新兴技术与供应链深度融合，数字化新模式、新场景层出不穷，使传统供应链数字化转型成为可能。

我国从2016年前后正式开始数字化供应链实践，但相关教材较为少见。本编写团队在经过多年调研和十几轮撰写修改后完成本书，以期为广大高校师生、从业人员提供与数字化供应链相关的理论方法支持和实践案例引导。具体而言，本书包括两大部分：理论部分介绍了数字化供应链的内涵、起源和发展情况，系统地梳理了数字化供应链的四大战略价值、五大核心业务、九大赋能技术等内容，并创新地提出了数字化供应链的实施路径和未来发展趋势；实践部分通过介绍我国离散和流程制造业中的典型企业数字化供应链优秀案例，分别阐述了各典型企业传统供应链中的问题、供应链数字化转型的过程与效果、转型过程中的创新点等内容。

与同类教材相比，本书具有如下特色：①立足数字经济时代，创新讲授数字化供应链。随着全球数字经济的蓬勃发展，供应链数字化转型趋势明显，数字化供应链已成为推动电子商务与实体经济高质量发展的重要基石。②突出中国供应链特色，充分结合前沿理论和优秀案例。本书撰写深入浅出，充分结合国际前沿理论与中国特色实践经验，避免了只讲理论方法的枯燥性和只谈国外案例的单调性。③注重时效性和实效性，系统梳理应用方法和实施步骤。本书聚焦于近年来数字化供应链的真实应用场景，系统阐述实施步骤，便于读者学中用和用中学。

本书由北京外国语大学国际商学院马潇宇副教授负责整体设计、编写和统稿，北京理工大学管理与经济学院张玉利副教授负责全书各章节的审稿和修改，云南财经大学商学院叶琼伟教授负责全书的修改和定稿。在本书的编写过程中，北京外国语大学和北京理工大学的多位研究生参与其中，程子涵、张艺馨参与第1、2章编写，林超华、邓静雯参与第3章编写，李晓思、李佳欣、郑璐媛参与第4章编写，韩琳、张晓娴参与第5章编写，张倩参与第6章编写，赵悦涵、张启蓉参与第7章编写，高锦艳参与第8章编写。本书案例来自华为、京东、联想、海尔、中兴、用友、鞍钢、富士康、传化智联、树根互联、杉数科技、华能智链等几十家国内外企业，感谢这些标杆企业的示范作用。此外，来自学术界和产业界的多位专家对本书提出了宝贵的建议，在此一并致谢。

数字化供应链方兴未艾，理论方法和应用实践都在不断推陈出新。竭诚希望广大读者对本书提出宝贵意见，以促使我们不断改进与丰富本书内容。同时，由于时间和编者水平有限，书中的疏漏和不足之处在所难免，敬请广大读者批评指正。

编者

2022 年 12 月

目 录

第1章 供应链概述 ······ 001
1.1 供应链与供应链管理 ······ 003
1.2 供应链的起源与发展 ······ 008
1.3 数字化供应链的起源与发展 ······ 014
1.4 供应链数字化转型势在必行 ······ 020

第2章 数字化供应链概述 ······ 027
2.1 数字化供应链的定义 ······ 029
2.2 数字化供应链的特点 ······ 030
2.3 数字化供应链整体架构 ······ 035
2.4 数字化供应链与传统供应链对比 ······ 043

第3章 数字化供应链的战略价值 ······ 049
3.1 数字化供应链优化运营性能 ······ 051
3.2 数字化供应链提升管理效率 ······ 056
3.3 数字化供应链创新商业模式 ······ 062
3.4 数字化供应链改善用户体验 ······ 068

第4章 数字化供应链的核心业务流程 ······ 078
4.1 同步计划 ······ 082
4.2 协同采购 ······ 091
4.3 智能制造 ······ 101
4.4 动态履约 ······ 112
4.5 高效逆向 ······ 122

第5章 新兴技术赋能数字化供应链 ······ 133
5.1 物联网＋供应链 ······ 136
5.2 大数据分析＋供应链 ······ 140

    5.3 云计算＋供应链 ……………………………………………………… 145
    5.4 人工智能＋供应链 …………………………………………………… 151
    5.5 数字孪生＋供应链 …………………………………………………… 156
    5.6 区块链＋供应链 ……………………………………………………… 162
    5.7 机器人＋供应链 ……………………………………………………… 168
    5.8 增材制造＋供应链 …………………………………………………… 173
    5.9 沉浸式技术＋供应链 ………………………………………………… 177

第 6 章 数字化供应链的实施路径 …………………………………………… 184
    6.1 预备阶段 ……………………………………………………………… 187
    6.2 愿景目标 ……………………………………………………………… 190
    6.3 需求管理 ……………………………………………………………… 194
    6.4 自我评估 ……………………………………………………………… 196
    6.5 架构搭建 ……………………………………………………………… 199
    6.6 迁移方案 ……………………………………………………………… 202
    6.7 效果评估 ……………………………………………………………… 207

第 7 章 数字化供应链面临的挑战与未来发展趋势 ………………………… 210
    7.1 数字化供应链面临的挑战及建议 …………………………………… 213
    7.2 数字化供应链的未来发展趋势 ……………………………………… 226

第 8 章 数字化供应链优秀应用案例 ………………………………………… 238
    8.1 中兴通讯数字化供应链案例 ………………………………………… 239
    8.2 海尔空调数字化供应链案例 ………………………………………… 245
    8.3 三一重工数字化供应链案例
        ——树根互联助力工程机械企业打造数字化供应链平台 ………… 251
    8.4 鞍山钢铁数字化供应链案例
        ——基于数字孪生的钢企局车运输组织技术开发与应用 ………… 257
    8.5 华能智链数字化供应链案例 ………………………………………… 263
    8.6 六国化工数字化供应链案例
        ——杉数科技助力六国化工构建产销协同决策平台 ……………… 268

参考文献 ………………………………………………………………………… 275

第 1 章 供应链概述

学习目标

1. 掌握供应链及供应链管理的定义。
2. 熟悉传统供应链数字化转型的原因和必要性。
3. 了解供应链和数字化供应链的起源与发展。

能力目标

1. 具备识别供应链基本结构和三大流的能力。
2. 具备运用供应链运作参考模型的能力。
3. 具备分析"牛鞭效应"成因的能力。

思政目标

1. 了解我国供应链及数字化供应链的起源与发展历程,增强自身爱国主义情怀和民族自信。
2. 掌握供应链数字化转型势在必行的原因,培养自身探索创新的精神和社会责任感。

思维导图

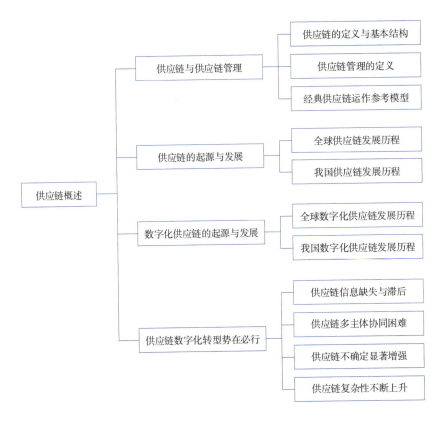

导入案例

　　SHEIN是一家跨境电子商务企业,主要经营女性快时尚产品,为全球消费者提供高性价比的时尚产品。新型冠状病毒感染疫情期间,在全球消费市场不景气的情况下,SHEIN市场份额反而实现了高速增长。据统计,2020年SHEIN年营收约100亿美元,2021年近157亿美元。2022年第一季度,SHEIN超越亚马逊成为全球下载量第一的购物App。SHEIN如此迅猛发展的重要支撑在于其强大的供应链体系。自2012年起,SHEIN依托中国供应链优势,不断整合行业资源,逐步建立了从设计开发、采购、制造到电商运营以及售后服务的研、产、销一体化供应链体系。在消费端,SHEIN创新采取"小单快返"的模式,先生产小批量产品投入真实市场测试,再通过市场销售数据反馈,对爆款产品进行快速返单、大量生产,以实现销售及利润的最大化,并减少库存(inventory)风险。在供应端,SHEIN利用自建的供应商管理数字化系统,能够实现对整个供应链的高效、透明管理,如实时了解供应商的订单处理、原材料库存、人员状态等信息。在消费端产生需求后，SHEIN 能根据供应商信息进行精准的产能分配，打造"柔性供应链"。据悉，SHEIN 每日上新数量可超 3 000 款，周上新量约为 ZARA 的 30 倍，每件新品从设计、打版到上架仅需 14 天，上架后配送至消费者最快只需 7 天，实现了品种多、价格低、速度快的服装产业全球领先优势。

资料来源：长江商学院案例《长期主义与唯快不破——跨境电商 SHEIN 带来的启示》。

思考题

1. SHEIN 如何实现对市场需求的快速响应？
2. SHEIN 的供应链为其带来了哪些优势？

当前全球市场环境呈现出 VUCA 特征，即易变性（volatility）、不确定性（uncertainty）、复杂性（complexity）和模糊性（ambiguity）。市场竞争已不再是单一企业间的竞争，而是供应链之间的竞争。供应链成为实体与电子商务领域打通物流、信息流、资金流的重要基础设施。尤其是近年来地缘政治、贸易摩擦给各行各业带来新的挑战与危机，不仅为全球经济发展带来新的变数，也改变了全球供应链运作的外部环境和内在逻辑。在各国制造业回流、关键产品断供、跨区域物流受阻等难题的挑战下，提升我国产业链和供应链现代化水平，形成具有更强创新力、更高附加值、更安全可靠的产业链和供应链，具有重要的战略意义和现实意义。本章将阐述供应链的定义、基本结构和运作逻辑，并介绍供应链和数字化供应链的起源与发展。

1.1 供应链与供应链管理

1.1.1 供应链的定义与基本结构

1. 供应链的定义

供应链（supply chain）源于价值链（value chain）的概念。在"现代管理学之父"彼得·德鲁克（Peter F. Drucker）提出的经济链的基础上，1985 年，美国学者迈克尔·波特（Michael Porter）在《竞争优势》一书中提出了价值链。最初，波特所指的价值链主要强调将单个企业内部价值活动联系为一个整体。1992 年，约翰·尚克（John K. Shank）和维贾伊·戈文达拉扬（Vijay Govindarajan）将价值链的概念进行了扩充。他们认为价值链包含了从原材料延伸到最终用户的一系列价值创造活动。1996年，詹姆斯·沃麦克（James Womack）和丹尼尔·琼斯（Daniel Jones）在《精益思想》一书中将价值链概念进一步拓展为价值流，将企业内部以及企业与供应商、用户之间的信息沟通形成的信息流包含在内。1996年，贝恩德·朔尔茨·瑞特（Bernd Scholz-Reiter）在整合了上述价值链和价值流思想的基础上，首次明确提出了供应链的定义："运作实体的网络，通过这一网络组织将产品或服务传递到特定的用户市场，即是由用户需求开始，贯通从产品设计到原材料供应、生产、批发、零售等过程，把产品送到最终用户的各项业务活动。"1998年，美国物流管理协会（Council of Logistics Management，CLM）将物流定义为供应链活动的一部分，这成为物流管理向供应链管理发展的开端。

近年来，供应链的概念更加强调围绕核心企业的网链关系，即核心企业与供应商、供应商的供应商的一切向前关系，与用户、用户的用户的一切向后的关系。《国务院办公厅关于积极推进供应链创新与应用的指导意见》（国办发〔2017〕84号）对供应链的定义为："以客户需求为导向，以提高质量和效率为目标，以整合资源为手段，实现产品设计、采购、生产、销售、服务等全过程高效协同的组织形态。"现代管理教育对供应链的定义为："供应链是围绕核心企业，通过对信息流、物流、资金流的控制，从采购原材料开始到制成中间产品及最终产品，最后由销售网络把产品送到消费者手中的一个由供应商、制造商、分销商、零售商直到最终用户所连成的整体功能网链结构。"本书将沿用该定义。

2. 供应链的基本结构

一般来说，供应链包括以下几部分。

1）供应商

向下游企业供应各种所需资源的企业。其供应的资源包括原材料、设备、能源、商品和服务等。

2）制造商

负责产品制造的企业。其职能包括产品开发（product development）、生产和售后服务等。

3）分销商

在贸易中获得商品所有权的中间商。其承担购买商品所有权并转售的职能，需要承担风险,且具有价格决定权。

4)零售商

将最终产品直接销售给终端用户的中间商。其承担组织商品、储存商品、承担风险和服务的职能,是分销渠道的最后环节。

5)用户

产品和服务的最终使用者。其作为整条供应链的唯一收入来源,是供应链的最后环节。

供应链包含三大流:物流、信息流和资金流。大部分学者认为供应链"三大流"均是双向流动的,逆向的供应链"三大流"和正向的供应链"三大流"同等重要(图1-1)。

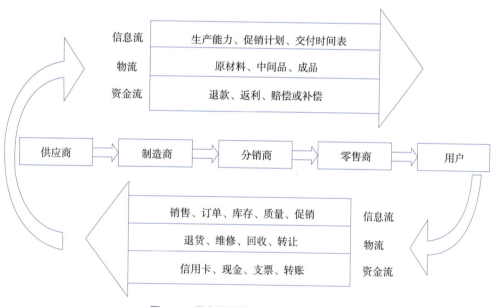

图1-1 供应链的基本结构和"三大流"

(1)物流。物流主要是物资(商品)的流通过程,既包括原材料、中间品和成品由供应商经由制造商、分销商、零售商等送到用户的过程,也包括用户的退货、维修等活动。因此,物流的方向是双向的。物流理论涉及如何在物资流通过程中用最短的时间以低成本对原材料、中间品和成品进行交付。

(2)信息流。信息流是需求、供应、交易等信息的传递过程。信息是在供应商与用户之间双向流动的。信息流是一种虚拟形态,在由供应商流向用户的过程中,包括生产能力信息、促销计划和交付时间表等;在由用户流向供应商的过程中,包括订单、销售情况、库存和质量信息等。

(3)资金流。资金流是资金在供应链中的循环过程,因此资金流的方向也是双向的。一方面,建立完善的经营体系,必须确保资金的及时回收,此时资金流以现金、信用卡支付、转账等形式由用户经由零售商、分销商、制造商等流向供应商。另一方面,资金流还包括退货产生的退款、销售达标的返利、质量等问题导致的赔偿等,这种情况下资金流的方向是由供应商到用户的。

1.1.2 供应链管理的定义

供应链是一个有组织的网链结构,为了实现其运作效率和收益的最大化,必须通过供应链管理(supply chain management,SCM)来完成。供应链管理可追溯到 20 世纪 80 年代,在全球化进程明显加快、科学技术快速迭代发展的背景下,市场竞争关系由企业间的竞争转变为供应链之间的竞争。因此,良好的供应链管理对企业来说至关重要,从而供应链管理的概念便应运而生。表 1-1 给出了几个常见的供应链管理定义。

表 1-1 供应链管理的定义

定义	提出者及提出时间
供应链管理是管理从物料供应商一直到产品用户之间物料和产品的流动的技术	克颇赛娜·威廉,1997
供应链管理是为了生产和提供最终产品,包括从供应商的供应商到客户的客户的一切活动	美国供应链协会(Supply Chain Council),1996
供应链管理是从供应链整体目标出发,对供应链中采购、生产、销售各环节的商流、物流、信息流及资金流进行统一计划、组织、协调、控制的活动和过程	中华人民共和国国家标准《物流术语》(GB/T 18354—2021),2021
供应链管理即对供应链上所有企业的采购、生产、销售环节的商流、物流、信息流、资金流活动进行的协调、整合、优化和控制等	克里斯多夫,何明珂,译,2019
供应链管理是使以核心企业为中心的供应链运作达到最优化,以最低的成本,令供应链从采购开始到满足最终顾客的所有过程,包括工作流、实物流、资金流和信息流等均高效率地操作,把合适的产品以合理的价格及时准确地送到消费者手上	马士华、林勇等,2020

综上所述，本书认为供应链管理是通过对供应商、制造商、分销商、零售商以及最终用户的全要素、全过程的集成化管理，实现物流、信息流和资金流的高效运作，达到供应链的全局最优管理模式。

1.1.3 经典供应链运作参考模型

1. 供应链运作参考模型的定义

供应链运作参考（supply chain operations reference，SCOR）模型是由美国供应链协会（Supply Chain Council，SCC）于1996年制定的。SCOR模型被认为是供应链管理的跨行业标准和供应链诊断工具，能够为各种规模和复杂程度的供应链提供全面、准确的标准化术语和流程。

2017年发布的SCOR 12.0版本，围绕六种关键流程进行构建，对传统的SCOR模型进行了扩展。SCOR 12.0的六种关键流程分别为计划（plan）、采购（source）、制造（make）、交付（delivery）、退货（return）和使能（enable）。在SCOR 12.0（图1-2）中，靠近供应链上游的"公司内部或外部"指内部子公司和外部供应商，而靠近供应链下游的"公司内部或外部"指内部子公司和外部用户。

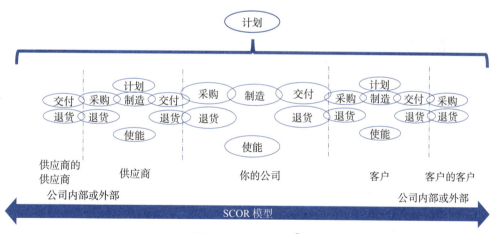

图1-2 SCOR 12.0[①]

2. SCOR模型的流程范畴

SCOR模型的流程范畴如表1-2所示。

---

① SCOR 12.0 APICS，http://apics.org/scor.

表 1-2　SCOR 模型的流程范畴

流程名称	流程范畴
计划	计划流程描述了与制订经营供应链的计划相关的活动。计划流程包括收集市场需求和资源可用性等信息，平衡需求和资源，以确定规划的产能和识别需求与资源之间的差距，并确定为解决这些差距所需要采取的行动
采购	采购流程描述货物和服务的订购和接收。采购流程包括发出采购订单、安排交付、接收、验证、存储货物以及从供应商接收发票。除按订单采购产品或服务外，所有供应商识别、资格认定和合同谈判过程均不使用采购流程进行描述（在使能流程中描述）
制造	制造流程描述了与材料转换或服务内容创建相关的活动。采用"材料转换"的原因是制造代表了所有类型的材料转换：接收物料、化学加工、组装、质检、包装、维护、修理、回收、翻新等。制造流程是由一个或多个项目编号流入和一个或多个不同的项目编号流出来识别的
交付	交付流程描述了与用户订单的创建、维护和执行相关的活动。交付流程包括用户订单的接收、验证和创建、订单交付的安排、挑选、包装和发货以及用户的发票
退货	退货流程描述了与商品逆向流动相关的活动。退货流程包括需要退货的货物识别、处置决策、退货的时间安排以及退货货物的装运和接收。维修、回收、翻新和再制造过程不使用退货流程描述（在制造流程中描述）
使能	使能流程描述了与供应链管理相关的活动。使能流程包括业务规则管理、性能管理、数据管理、资源管理、设施管理、合同管理、供应商网络管理、法规遵从性管理、风险管理、技术管理等

3. SCOR 模型的发展趋势

随着供应链数字化变革，数字技术赋能供应链数字化转型，数字化供应链网络崛起，数字能力也正在颠覆传统的 SCOR 模型。从 12.0 版本开始，SCOR 模型开始着眼于工业 4.0 条件下的供应链数字化运作，标志着传统的供应链运作参考模型开始向数字化供应链运作参考模型转型。

虽然 SCOR 12.0 版本从数字化角度对供应链运作模型进行了调整，但整体上仍保留 11.0 版本的架构和模式，尚未发展成为一个成熟的数字化供应链运作模型体系。为此，德勤（Deloitte）和供应链管理协会（Association for Supply Chain Management，ASCM）提出了专门应用于数字化供应网络的数字能力模型（digital capability model，DCM），本书将在第 2 章对 DCM 进行详细介绍。

1.2　供应链的起源与发展

1.2.1　全球供应链发展历程

现代供应链管理是工程技术和管理手段不断发展推动而产生的。供应链从萌芽到数字化供应链出现的演变过程大致可以分成四个阶段（图 1-3）。

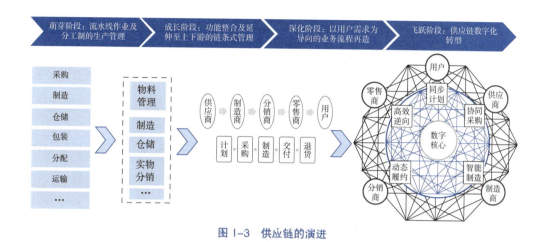

图 1-3 供应链的演进

1. 萌芽阶段：流水线作业及分工制的生产管理

一般认为，供应链萌芽于第一次工业革命时期的流水线作业。第一次工业革命早期，英国的纯手工业生产已经不能满足市场的需要。在瓦特改良蒸汽机之后，技术革命引起了生产方式由手工劳动生产向动力机器生产转变的重大飞跃，工厂也逐渐利用设备汇聚了更多的工人。为了提高生产效率、扩大生产规模，生产分工制度应运而生，进而形成了标准生产管理模式。最具有代表性的成果是 1913 年建立的福特 T 型车生产流水线，它彻底改变了汽车的生产方式，形成了现代工业的基本生产模型。这个时期，企业追求的是提高生产效率、降低生产成本。该阶段是供应链的雏形阶段。

2. 成长阶段：功能整合及延伸至上下游的链条式管理

物流的概念起源于第二次世界大战时期的"后勤"活动。后勤是指在军事活动背景下，军事物资的采购、运输和储存等活动。在这个时期，企业管理人员尚未充分意识到在正确的时间将正确的货物运送到正确的位置的重要性。企业均以分散的形式开展与供应链相关的活动。

20 世纪 60 年代，供应链功能开始整合。管理人员开始意识到物流职能的作用和重要性。然而，供应链功能任务的碎片化和企业之间的信息壁垒导致供应链不断出现功能冲突、效率低下和资源浪费等管理问题。在不同功能的激烈碰撞下，供应链的功能整合开始出现。

20 世纪 70 年代和 80 年代，系统性方法在供应链领域的影响逐渐深化，采购和分销活动被整合到物料管理（侧重于货物的流入）和实物分销（侧重于货物的流出）中。然而，管理人员仍未将与物料流有关的所有活动概念化为一项综合任务，反而将重点放在每个子职能部门之间活动的协调上。在生产方面，物料需求计划（material requirement planning，MRP）系统扩展到包括更多的制造相关过程，如财务估计、需求和商业计划等，此时 MRP 升级为制造资源计划（manufacture resource plan，MRP Ⅱ）。

20 世纪 80 年代，日本丰田汽车公司提出精益生产的制造理念，其实质是保持物质流和信息流在生产中的同步，实现以恰当数量的物料，在恰当的时候进入恰当的地方，生产出恰当质量的产品。为达到准时制生产的目的，供应链上下游的生产环节开始整合，企业不断根据用户需求调整内部生产模式，同时与供应链合作伙伴展开深度合作，打通从原材料到制造到用户的过程。

3. 深化阶段：以用户需求为导向的业务流程再造

20 世纪 90 年代，与物料流相关的活动在"集成物流"的框架下开展，企业开始实施企业资源计划（enterprise resource planning，ERP）。ERP 在 MRP Ⅱ 的基础上，增加了质量管理、业务流程管理、产品数据管理、存货、分销与运输管理、人力资源管理和定期报告系统等。ERP 是一个以管理会计为核心，可以提供跨地区、跨部门整合信息的企业管理软件，能够更好地改善用户服务体验，减少库存并降低运营成本。

随着大部分企业仿效丰田汽车公司实行的精益生产方式来保持竞争力，管理人员开始考虑对企业运作流程的新一轮革新，诞生了业务流程再造（business process reengineering，BPR）理念。该理念强调以用户为导向，审视和设计业务流程，把以用户需求为导向提到一个更高的层面，同时深化供应链"三大流"（物流、信息流、资金流）的管理。

21 世纪初，信息和通信技术的使用实现了供应链"三大流"更全面的集成，供应链管理开始快速发展。信息和通信技术不仅可以整合与协调物料的流动，还可以使信息流和资金流得以整合与协调。在这个阶段，企业开始探索生产和分销的新领域，并且在全球范围内扩展，供应链管理变成了一系列旨在创造和获取价值的复杂活动。

随着管理人员越来越重视供应链优化，企业开始聚焦于控制其供应系统和预测用户需求。为了更准确地反映供应链潜在的复杂性和动态性，相关学者提出将供应链看作一个复杂的自适应系统。这一想法在 21 世纪初引起了一系列具有管理影响力的研究，并且随着新的数据分析方法的兴起，这种概念和见解也在不断发展。

4. 飞跃阶段：供应链数字化转型

随着全球数字经济的蓬勃发展，产业链、供应链数字化趋势明显。创新性和颠覆性的数字技术使得管理复杂的自适应供应网络成为可能，世界各国充分认识到数字经济和新一轮技术革命正在为当今社会的发展带来历史性机遇。2010年后，各国不断推出相关战略和政策推动供应链数字化转型。同时，行业领先型企业竭尽全力进行数字化转型并取得了显著成果。

数字化供应链是在第四次工业革命（4th Industrial Revolution，4IR）中应运而生的。2012年，美国通用电气公司（General Electric，GE）首次提出"工业互联网"的概念，随后各国均开始布局基于工业互联网的数字化供应链。2013年，德国提出"工业4.0"发展战略，同年，美国政府宣布成立数字化制造与设计创新研究所。2014年，美国通用电气公司、美国电话电报公司（American Telephone & Telegraph，AT&T）、思科系统公司（Cisco Systems，Inc.）和国际商业机器公司（International Business Machines，IBM）等企业成立工业互联网联盟。2015年，英国政府出台《英国2015—2018年数字经济战略》，旨在通过数字化创新来驱动社会经济发展。2016年，日本工业价值链促进会发布智能工业制造业基本框架，畅通总体规划、物料采购、制造执行、销售与物流、售后服务的需求与供应流。2017年，俄罗斯联邦政府正式批准了第1632号文件《俄罗斯联邦数字经济规划》，大力发展数字经济。

2018年，全球供应链在数字化转型升级方面出现了新的变革，以物联网、云计算、人工智能（artificial intelligence，AI）和大数据分析等技术为代表的数字技术转型已经在部分企业通过了首轮实践检验，数字化方案已经在工厂、仓库和公司开始了规模化推广应用。"灯塔工厂"（Lighthouse Factory）是由世界经济论坛（World Economic Forum，WEF）和麦肯锡（McKinsey）咨询公司共同遴选的"数字化制造"和"全球化4.0"示范者。"灯塔工厂"具体是指规模化应用第四次工业革命技术的真实生产场所/工厂。伴随着第四次工业革命应运而生的"灯塔工厂"，是把第四次工业革命的技术从试点计划大规模整合起来，从而实现显著经济效益和经营效益的工厂。2019年，产业数字化成为驱动全球数字经济发展的关键主导力量，全球产业数字化占数字经济比重达84.3%，数字技术正加速赋能供应链的变革与重构。欧盟开展一项新的92亿欧元资助计划——"数字欧洲计划"，保证欧洲在应对各种数字挑战时具备所需的技能和基础设施。2020年，在新型冠状病毒感染疫情的冲击下,数字化供应链的抗风险能力得到验证,20%的供应链领导者认为数字化供应链已经成为主导模式,其余领导者也预计数字化供应链在5年内成为主导模式。

1.2.2 我国供应链发展历程

我国供应链的发展较晚,其兴起可追溯到改革开放时期。自改革开放以来,我国经济持续高速增长,综合国力得到极大提升,现代物流与供应链管理规模也迅速扩大,有力地促进了经济结构调整和发展方式转变,较好地发挥了对国民经济的支撑和保障作用。加入世界贸易组织(World Trade Organization,WTO)是我国改革开放过程中的里程碑,此后供应链管理也在我国蓬勃发展。随着互联网技术在我国普及,电商、物流、采购和快递等业态融合交叉、不断创新发展,企业供应链正从产业供应链到平台供应链、供应链生态圈演进升级。供应链管理模式、技术和金融工具的不断创新与进步,为我国产业数字化转型升级提供了良好的条件和契机。

1. 起源阶段:现代物流体系的建立

1978年,我国实行改革开放政策,巨大的市场、充足且廉价的劳动力及土地等生产要素、优越的招商引资条件等,吸引了众多外企纷纷来华设立工厂和分销中心,我国企业在面临巨大的生存压力下,通过"三来一补"等形式进入跨国公司的全球供应链网络。与此同时,相关问题也随之而来。计划经济时代的仓储运输体系远远不能满足全球供应网络迅猛增长的物流需求,道路拥堵、铁路车皮紧缺、港口压船压港、冷库资源不足、配送中心短缺、海关保税仓库少、通关手续繁杂、第三方物流服务供给严重不足等问题日益凸显,导致这个阶段的供应链物流成本居高不下且效率低下。为了克服物流短板、降低物流成本,我国持续加强公路、铁路、港口、机场、冷库、配送中心、保税区、保税仓库等物流基础设施建设。截至2001年,制约我国物流发展的主要瓶颈被逐渐打破,我国现代物流体系基本建立。

2. 兴起阶段:供应链管理的兴起

我国2001年加入WTO后,供应链管理开始快速发展。一方面,国外各类生产要素加速向我国集聚,我国进一步深度融入全球分工,外资带来了更多的供应链管理经验,推动我国企业供应链管理实践不断向世界一流水平发展。另一方面,随着国际贸易的发展，供应链变得更加复杂，跨部门、跨企业甚至跨国的供应链管理重要性不断提升，信息技术开始赋能供应链管理快速发展。

中国共产党第十八次全国代表大会以来，我国全方位加大对外开放力度，吸引了各行业的跨国公司进入我国。这一时期，我国整合全球供应链资源，创新供应链应用场景，构建了以我国为中心的全球智慧供应链网络，有力推动了供应链管理在我国的发展。为推进从制造大国向制造强国的转变，我国政府于2015年5月19日印发了《中国制造2025》，明确以信息化和工业化深度融合，推进我国制造业升级。

3. 深化阶段：供应链创新升级与数字化转型

为保障制造业企业和供应链适应并推动制造业升级，在工业和信息化部的指导下，2016年2月1日由工业、信息通信业、互联网等领域百余家单位共同发起成立了工业互联网产业联盟（Alliance of Industrial Internet，AII）。工业互联网以网络为基础、平台为中枢、数据为要素、安全为保障，既是工业数字化、网络化、智能化转型的基础设施，也是互联网、大数据、人工智能与实体经济深度融合的应用模式，同时也是一种新业态、新产业，将重塑企业形态、供应链和产业链。2016年11月3日，工业和信息化部发布《信息化和工业化融合发展规划（2016—2020）》，以提高供给体系的质量效率层次，深化制造业数字化转型改革。同时在这一时期，我国一批优秀企业响应国家号召，更加重视供应链的创新升级，对于供应链的数字化转型逐渐取得成效，如华为技术有限公司、京东集团、联想集团、美的集团、海尔集团等，供应链的数字化为其业务发展注入新的动力。

2017年以来，我国经济持续转型升级，供给侧结构性改革仍然是突破口和着力点。加快供应链创新、建设现代供应链成为深化供给侧结构性改革、建设现代化经济体系的重要内容。2017年10月13日，国务院办公厅发布《国务院办公厅关于积极推进供应链创新与应用的指导意见》（国办发〔2017〕84号），将供应链创新与应用从企业行为上升到整个国家的社会经济体系建设层面，标志着供应链创新与发展上升为国家战略。

4. 升级阶段：供应链数字化转型加速

2019年底，新型冠状病毒感染疫情的发生给我国供应链带来巨大冲击，供应中断、市场需求萎缩、物流成本激增等为我国经济复苏和发展带来新的挑战。在此背景下，随着疫情防控日趋常态化，"复工复产"成为我国构筑内部供应链体系、重回经济社会发展正轨的关键任务。2020年4月10日，商务部等八部门联合印发《商务部等8部门关于进一步做好供应链创新与应用试点工作的通知》，推动供应链创新与应用试点工作，要求供应链创新试点城市和企业加速复工复产，加强区域协同，排查供应链风险点，同时推进供应链数字化、智能化发展，稳定国内和全球供应链。通知指出，完成好新形势下试点各项工作任务，加快推进供应链数字化和智能化发展。试点企业要主动适应新型冠状病毒感染疫情带来的生产、流通、消费模式变化，加快物联网、大数据、边缘计算、区块链、5G、人工智能、沉浸式技术等新兴数字技术在供应链领域的集成应用。

在疫情常态化背景下，我国率先走出疫情危机，经济进入真正复苏期，我国供应链也开始进入竞争优势提升期，供应商本土化、数字化趋势更加明显。2020年11月，《中共中央关于制定国民经济和社会发展第十四个五年规划和二〇三五年远景目标的建议》中再次强调，应提升产业链供应链现代化水平。建议指出，要发展先进适用技术，推动供应链多元化发展，形成具有更强创新力、更高附加值、更安全可靠的供应链。建议还指出应加快数字化发展，推进数字产业化和产业数字化进程，推动数字经济和实体经济深度融合；加快形成"以国内大循环为主体、国内国际双循环相互促进的新发展格局"。"新基建"则是数字经济时代畅通"双循环"的关键。

2021年后，数字化转型逐渐在所有行业全面启动。清华大学全球产业研究院在《中国企业数字化转型研究报告（2021）》中指出，曾经走在数字化转型前列的行业，已经由先前的局部突破走向全面覆盖，并向纵深方向跃迁。数字化转型起步相对较晚的行业，如农业、畜牧业、石油和天然气开采业、燃气生产和供应业等，普遍认识到数字化转型的大势所趋，各类企业纷纷启动数字化转型工作。供应链作为各行业运行的连接基础，正在加速数字化转型。

1.3 数字化供应链的起源与发展

1.3.1 全球数字化供应链发展历程

数字经济时代下，数据成为新型生产要素，供应链也开始数字化转型。如1.2.1节所述，自第四次工业革命开始，世界各国已经开始推动供应链数字化转型，并逐步构建全球数字供应网络。而新型冠状病毒感染疫情的发生加速了全球供应链数字化转型，世界各国均加快制定数字战略，对供应链数字化进行布局。

1. 美国：聚焦前沿技术和高端制造业，引领全球数字化转型浪潮

美国是全球最早布局数字化转型的国家。早在2012年，美国通用电气公司就提出了"工业互联网"的概念，并持续关注数字技术发展，奠定了其数字化转型的领先地位。2013年，美国政府宣布成立数字化制造与设计创新研究所，旨在提升数字化设计、制造能力。2016年以后，美国进一步聚焦大数据和人工智能等前沿技术领域，先后发布了《联邦大数据研发战略计划》《为人工智能的未来做好准备》和《美国机器智能国家战略》，构建了以开放创新为基础、以促进传统产业转型为主旨的政策体系，有效促进了数字化转型的发展进程。为引导实体经济复苏，美国在金融危机后进行再工业化，先后发布了《智能制造振兴计划》和《先进制造业美国领导力战略》，提出了依托数字技术加快发展技术密集型先进制造业的措施，保证先进制造作为美国经济实力引擎和国家安全支柱的地位。

2. 英国：强化战略引领作用，打造数字化强国

英国作为最早出台数字化相关政策的国家，先后实施了多项战略以对产业结构进行调整和升级，打造世界领先的数字化强国。2017年，英国政府提出的数字化转型战略包括连接战略、数字技能与包容性战略、数字经济战略、数字转型战略、网络空间战略、数字政府战略和数据经济战略，这些战略为数字化转型作出全面部署。同年，英国发布《产业战略：打造适合未来的英国》，旨在与产业界合作开展科技创新和应用研究，实现人工智能技术的创新应用，将英国建设为全球人工智能与数据驱动的创新中心。2018年，英国政府出台《产业战略：人工智能领域行动》，再次强调支持人工智能创新以提升生产力，使英国成为全球创立数字化企业的首选国家。

3. 德国：积极践行"工业4.0"，明确五大行动领域

2013年，德国提出"工业4.0"发展战略，逐步完善数字化转型计划，并为中小企业提供良好的发展环境。2016年，德国联邦政府正式推出了《数字化战略2025》，强调利用"工业4.0"促进传统产业的数字化转型，提出了跨部门、跨行业的"智能化联网战略"，建立开放型创新平台，促进政府与企业的协同创新。2018年12月，德国政府明确指出了数字化转型的五个行动领域，即数字技能、信息基础设施、数字化转型创新、数字化转型社会和现代国家，旨在使数字化变革惠及每个公民，并针对数字革命带来的挑战提供具体解决方案。

4. 法国：明确工业转型和人才培养方案，打造欧洲经济中心

在经历"去工业化"阵痛后，法国实施了一系列驱动工业转型升级和提升数字能力的相关政策，旨在通过数字技术带动经济增长模式变革，实现重返欧洲经济中心的战略目标。2018年9月20日，法国公布了《利用数字技术促进工业转型的方案》，提出加强法国本土工业生态系统建设，打造具有创新力的工业中心。2018年11月，法国宣布启动"工业版图计划"，通过对工业园区、土地资源和创新要素的整合促进产业迭代，建设更具竞争力的法国工业。

5. 欧盟：打造统一数字市场，构筑产业转型共同体

为加快欧盟数字化转型步伐，欧盟坚持合作共赢原则，共同推动建立统一的数字市场，为成员国产业协同发展提供有利条件。2015年，欧盟委员会启动《数字化单一市场战略》，通过一系列措施消除法律和监管障碍，着力将28个成员国打造成统一的数字市场。欧盟委员会于2016年4月出台《产业数字化新规划》，计划在5G、云计算、物联网和网络安全等重点领域加快建立共同标准，以统筹欧盟各成员国的产业数字化转型。基于传统行业数字化转型明显滞后的现状，欧盟在整合成员国已经出台的工业数字化战略基础上，提出《欧洲工业数字化战略》，以打造开放协同的创新体系、培育创新型企业为路径，确保欧盟在产业数字化转型方面处于全球领先地位。

6. 日本：以技术创新和互联工业为突破口，建设超智能社会

在美国实施《先进制造伙伴计划》、德国发布"工业4.0"、世界迎来第四次产业革命的大变革时代背景下，为在新一轮国际竞争中取得优势，日本制定和发布了一系列技术创新计划和数字化转型举措。2016年，日本发布《第五期科学技术基本计划（2016—2020）》，提出利用数字技术使网络空间和物理世界高度融合，通过数据跨领域应用催生新价值和新服务，并首次提出超智能社会——"社会5.0"。2018年，日本政府发布《日本制造业白皮书》，强调"通过连接人、设备、系统、技术等创造新的附加值"，正式明确将互联工业作为制造业发展的战略目标，并通过推进超智能社会建设，抢抓产业创新和社会转型的先机。2020年7月，日本发布新的《增长战略》，提出规范无现金支付环境、整顿数字市场、加速小型机器人的社会化应用、提升多元场景无人驾驶研发水平和创新数据产业等战略。

7. 俄罗斯：注重技术自主研发，着力夯实数字化转型基础

俄罗斯政府将数字化转型视为实现经济复苏和持续发展的关键依托，注重提升本国信息技术（information technology，IT）自主研发能力以保障国家利益。2017年，俄罗斯政府相继发布《2017—2030 年俄联邦信息社会发展战略》和《俄罗斯联邦数字经济规划》。前者以保障俄联邦国家利益为目的，为信息和通信技术行业的企业创造条件；后者进一步力争在数字经济监管标准、科研能力、信息安全和信息基础设施等方面实现长足发展。2018 年，俄总统普京签署《2024 年前俄联邦发展国家目标和战略任务》总统令，指出要在公共服务、医疗、教育和工业等领域引入数字技术和平台解决方案，确保在 2024 年前，俄罗斯在智能制造、机器人（robot）和智能物流等领域进入全球五强。

1.3.2　我国数字化供应链发展历程

我国数字化供应链探索始于 21 世纪初，近年来发展速度迅猛，我国数字化供应链发展历程如图 1-4 所示。

图 1-4　我国数字化供应链发展历程

1. 信息化：业务流程信息的搭建与管理

我国对于供应链数字化的探索可追溯于早期的信息化阶段。信息化是一种对物理世界的信息描述。其本质是一种管理手段，侧重于业务流程信息的搭建与管理。从供应链的角度来看，信息化对企业在生产经营过程中所发生的业务信息进行记录、储存和处理，为相关管理人员提供了解业务信息动态的渠道，如"现在业务情况如何"和"流程进展到什么阶段"，从而有助于企业资源合理配置。

1994 年之前，互联网还未兴起，较为普及的是局域网。计算机局域网与企业管理软件相结合，可实现企业范围内的信息化管理。信息化阶段更多地聚焦于各部门内的业务流程，通过信息系统使业务流程更加规范化，缺乏跨部门的信息共享与协同。在此阶段，业务流程是核心，信息系统是工具，数据只是一种副产品。

2. 电子商务化：分销渠道的在线化和数字化

互联网作为信息技术革命的产物，承担着将物理世界的一切实体和活动数字化的任务。2000年左右，随着互联网逐渐普及，电子商务迅速发展。电子商务有狭义和广义之分，狭义的电子商务把电子商务和互联网（或其他组成互联网的网络）紧密联系起来，只有与互联网相关的商务活动才能被称为电子商务。广义的电子商务是指交易双方基于广义的计算机网络（或任何一种组成互联网的网络，包括电信网、广播电视网、移动网、社交网、物联网等）进行电子交易活动、物流服务活动或其他组织管理活动，交易对象包括一切能通过网络传递或投射到现实的产品、服务、信息和体验。

企业借助互联网服务平台，实现供应链交易过程的全程电子化，聚焦于供应链分销渠道的在线化和数字化。分销渠道的在线化和数字化解决了供应链在供需两侧的信息不对称问题，去掉了不必要的分销环节，提高了供应链效率。我国电子商务巨头，如阿里巴巴和京东都在该时期诞生。

3. 两化融合：生产环节的在线化和数字化

两化融合即工业化与信息化的融合，具体是指电子信息技术广泛应用到工业生产的各个环节、信息化成为工业企业经营管理必备手段的过程。两化融合包括技术融合、产品融合、业务融合和产业衍生四个方面。技术融合是指工业技术与信息技术融合，产生新的技术，推动技术创新。产品融合是指电子信息技术或产品渗透到产品中，增加产品的技术含量。业务融合是指信息技术应用到企业研发设计、生产制造、经营管理、市场营销等各个环节。产业衍生是指两化融合可以催生出新产业，形成一些新兴业态，如工业电子、工业软件、工业信息服务业。

目前，两化融合已从技术、产品、业务和产业的融合迈入转型创新的大变革时代，工业互联网（industrial internet）成为当前数字化转型和两化深度融合的重要载体。工业互联网以网络为基础、平台为中枢、数据为要素、安全为保障，既是工业数字化、网络化、智能化转型的基础设施，也是互联网、大数据、人工智能与实体经济深度融合的应用模式，同时也是一种新业态、新产业，将重塑企业形态、供应链和产业链。

4. O2O化：消费环节的在线化和数字化

O2O（online to offline，线上到线下）模式，即离线商务模式，是移动互联网普及的产物。它是指线上营销和购买带动线下经营与消费的商业形态。O2O 将线下商务与互联网结合，互联网成为线下交易的前台。线下服务可以通过线上方式吸引用户，用户也可以用线上体验的方式来筛选服务。

从供应链的角度看，电子商务化是供应链分销环节的在线化和数字化，两化融合是供应链生产环节的在线化和数字化，而 O2O 化则是供应链消费环节的在线化和数字化。当前我国经济正在从高速发展向高质量发展转变。线上线下融合成为推进供应链高质量发展的一个重要手段。O2O 为线上线下融合发展勾勒出一个模式框架，而在该模式下真正满足用户需求、回归商业本质的数字化转型是 O2O 发展的新方向。

5. 数字化供应链：各环节全流程协同数字化

2016 年左右，我国企业正式开始数字化供应链的建设。很多企业之所以在这个时间点开始建设数字化供应链，原因主要有：①随着两化融合和 O2O 化的不断深入，新时期快速变化和不确定的用户需求对供应链预测能力的精确性与响应能力的敏捷性提出了更高要求。② 2015 年底，我国将供给侧结构性改革提上日程，以推动经济转型升级。在这种背景下，国内企业更加重视供应链的创新发展。③新兴数字技术（如物联网、云计算、大数据分析和人工智能等）快速发展为供应链数字化转型奠定技术基础。在技术的支持与赋能下，供应链各环节中数据的价值被挖掘和利用，数字化供应链成为供应链进一步发展的新形态。

需要明确的是，数字化与信息化存在区别，数字化是信息化的进一步升级。从数据维度来看，信息化多半仅执行业务数据化，采集数据维度单一，而数字化利用物联网、云计算、大数据分析、人工智能、区块链等数字技术采集来自业务流程、用户行为、供应商属性等多维度的数据。从数据分析程度来看，信息化仅将整个业务以数据的形式记录下来，表述业务流程，而数字化则会对数据进行处理与分析，挖掘数据价值。从数据应用范围来看，信息化主要应用在单个部门内部，很少有跨部门的整合与集成，其价值主要体现在效率提升和追溯问题方面，而数字化将数据作为驱动力，实现跨部门甚至跨企业的数据互联和业务融合，赋能科学决策和变革创新。

在 2022 年 10 月召开的中国共产党第二十次全国代表大会上，习近平总书记代表第十九届中央委员会向大会作报告。报告中多次提及"供应链"和"数字化"，强调"加快建设制造强国、质量强国、航天强国、交通强国、网络强国、数字中国"。近年来，我国一批优秀企业数字化水平不断提升，其数字化供应链发展已经趋于世界先进水平，我国正在不断向全球共享数字化供应链实践成果和数字化供应链优秀方案。截至2022年10月，我国"灯塔工厂"已达42家，总数位居世界第一，主要分布于3C电子、家电、汽车、钢铁和新能源等行业。[①]"灯塔工厂"是由世界经济论坛和麦肯锡咨询公司共同遴选的"数字化制造"和"全球化4.0"示范标杆，被视为第四次工业革命的领路者，代表世界数字化制造最高水平。

1.4 供应链数字化转型势在必行

传统供应链问题日趋突出，供应链数字化转型势在必行。传统供应链存在信息缺失与滞后、多主体协同困难、不确定性显著增强和复杂性不断上升等问题，常常导致供应链中的企业产能过剩、库存积压、物流协调性差、需求响应速度慢、订单流程混乱、整体交付水平低等。本节将围绕以上问题分析传统供应链的痛点，阐述供应链数字化转型的迫切性。

1.4.1 供应链信息缺失与滞后

在供应链中，信息在供应链上下游企业之间传递时常常会出现信息缺失和信息滞后等情况。如上游企业依靠下游的订单进行市场需求预测，下游订单信息滞后会导致上游企业作出的反应与实际市场状况脱节，对终端用户信息的缺乏导致上游企业无法快速响应用户需求的变化。

1."牛鞭效应"的概念

需求信息缺失与滞后的现象被称为"牛鞭效应"（bullwhip effect）。"牛鞭效应"指供应链上的一种需求信息失真、需求波动放大现象。其具体表现为信息流从最终用户端向原始供应端传递时，无法有效地实现信息共享，使得信息扭曲而逐级变异放大。这种信息扭曲的图形表示类似于一个甩起的"牛鞭"，因此被人们形象地称为"牛鞭效应"（图1-5）。

---

① 世界经济论坛，https://www.weforum.org/.

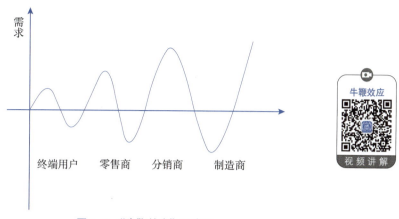

图 1-5 "牛鞭效应"示意图

宝洁公司在研究"尿不湿"产品的市场需求时,最早发现了"牛鞭效应"。虽然婴儿家庭(终端用户)对"尿不湿"产品的需求数量一般非常稳定,但当终端用户需求有轻微波动时,零售商往往由于预测、订货策略等将波动放大后向分销商订货。出于同样的目的,分销商也会在汇总零售商全部订货量的基础上,再将波动放大后向制造商订货。这样,虽然终端用户需求量波动很小,但经过零售商和分销商的订货环节后,订货量的波动逐级地被放大,并且越往供应链上游,其订货偏差也就越大。

2. 供应链中"牛鞭效应"的成因分析

"牛鞭效应"产生的主要原因是从最终用户端收集来的需求信息在向供应链上游传递时不断地被延迟和曲解。造成需求信息被扭曲放大的因素包括产品需求预测、订货策略、价格波动、短缺博弈和市场的不确定性等。这些因素产生"牛鞭效应"的具体过程如表 1-3 所示。

表 1-3 供应链中"牛鞭效应"的成因

成因	形成过程
产品需求预测	上游企业通常是根据下游企业提供的需求数据而进行未来需求预测,现有预测方法一般会给予近期需求大的权重、远期需求小的权重,所以当近期需求突增或突减时,虽然波动不大,但由于它权重大,预测未来需求波动幅度变大。企业根据预测的需求确定订货量,逐级向更上游企业传递,这个过程会逐级放大实际市场需求量和各级企业订货量之间的偏差。此外,提前期(lead time)更加剧了波动幅度
订货策略	供应链各节点企业在向上游的供应商订货时,会根据自身情况(如库存费用和单次运输成本等)来确定最优的订货频率和批量,所以订货量不能完全反映市场情况

续表

成因	形成过程
价格波动	由于促销活动或者经济环境的不确定性，商品价格会出现波动。在商品降价时，下游企业会以增加库存的方式对产品提前采购。因此在价格波动的情况下，订货量同样无法反映真实需求，价格波动会造成订货量的波动
短缺博弈	短缺博弈指在供货方与采购方两者之间的博弈。在产品供不应求的时候，订货方为了取得足够的订货配额，会夸大订货量，或者从多家供货商预订购买产品，但是在订货方的需求满足后，这些订单又会被大量取消，这样会造成订单突增、突减的状况，从而导致"牛鞭效应"
市场的不确定性	预留安全库存是多数企业应对市场不确定性风险的方式，安全库存能够将不确定的风险部分转嫁给上游的供应商，但是安全库存的存在同样会导致订货量的放大

3. "牛鞭效应"的消极影响

在传统供应链中，各参与企业（供应商、制造商、经销商、零售商等）往往陷入"信息孤岛"，信息传递存在失真和滞后，"牛鞭效应"难以消除。"牛鞭效应"的消极影响主要包括如下两个方面。

（1）影响对市场需求的响应速度。"牛鞭效应"表明，相对于供应链下游企业，处于供应链上游的企业对市场需求的响应速度较慢。其具体表现为，当市场需求增加时，零售商无法及时将需求变化信息反馈给制造商以扩大生产，用户购买时容易发生缺货而满意度下降。当下期市场需求放缓时，供应链各节点企业往往又会延迟感知到上期需求增加，继续扩大订单/产量，导致供应链各节点企业库存积压。

（2）影响供应链各环节的成本。由于牛鞭效应产生的需求波动放大，供应链上各环节会产生大量的额外成本，包括库存成本、赶工成本、加急运输成本、缺货成本等。当终端用户实际需求增加量被逐级放大时，上游制造商加班生产，加急运输给分销商和零售商，但后期发现没有这么高的实际需求到达，制造商、分销商、零售商都产生大量的冗余库存成本，且越往上游往往冗余库存越多。当终端用户实际需求减少量被逐级放大时，上游制造商调整生产计划以缩小产量，但后期实际到达的终端用户需求较高，库存无法满足需求，发生缺货并造成销售损失和商誉下降等缺货成本。

1.4.2 供应链多主体协同困难

由于供应链的结构复杂，供应链中的每个企业，甚至企业中每个部门对供应链协作的目标、要求都会存在差异。供应链中的多主体协同困难主要包括企业内部产销协同困难和上下游企业间协同困难两方面。

1. 企业内部产销协同困难

产销协同是通过聚焦协同各部门的目标，实现公司整体目标一致性的过程。对于每一个企业来说，产销协同是连接产品生命周期管理（product lifecycle management，PLM）、产品走向市场（go to market，GTM）、供应链管理和各支持部门的桥梁，是企业最为基础的经营管理工作。

产销协同不仅包括部门间的沟通，还包括实现业务上的协同和最优决策。由于需求难以精准预测和各部门组织职能不一致等，产销协同在传统的供应链环境中很难实现。需求计划是产销协同的第一步。如果需求计划产生偏差，那么供应计划也会偏离。但是正如 1.4.1 节所分析，传统的供应链存在需求信息失真和扭曲的现象，也就意味着企业很难做到产销协同。在企业内部，各部门组织职能不一致是实现产销协同面临的另一个困难。企业内部结构存在许多分支，如有制造部门、仓储部门、订单管理部门、销售部门等。当这些部门都追求自身利益最大化时，企业就很难实现产销协同（图1-6）。

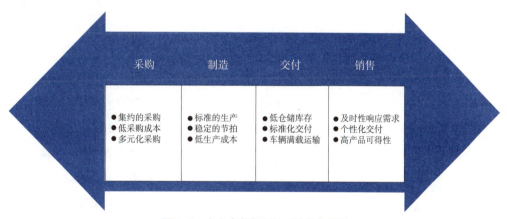

图 1-6　企业内各部门相互冲突的目标

传统供应链模式下，大部分企业都没有专门的部门承担产销协同的职能，或对产销协同进行准确的管理和推动。因此，企业要想实现内部产销协同，应当努力追求新的决策方式，探索数字化升级决策道路。

2. 上下游企业间协同困难

上下游企业间协同是指整个供应链上各企业战略目标一致，始终以整体效益最大化为出发点的供应链运作形式。由于供应链本身的动态性以及不同节点企业之间目标的冲突性，很难实现供应链上下游企业的整合和协同。

传统供应链模式下，上下游企业之间的协作往往是按照供应链中核心企业的意愿进行的。核心企业被称为"链主企业"，其他企业被称为"链属企业"。然而，链主与链属不是绝对的，而是相对的。这也增加了企业之间供应链协调的难度。以苹果手机为例，从产品设计、品牌运营、技术整合的角度来看，苹果公司是链主企业；而从整机组装生产来看，富士康是链主企业；当苹果手机通过天猫、京东等电商平台销售时，这些电商平台就是链主企业。这种情况使得上下游企业之间的协作非常复杂。供应链要求合作企业为了供应链的整体利益进行有效的协作，但企业之间的本质关系是商业交易，上下游企业之间常常存在零和博弈。供应链成员之间频繁的博弈阻碍了供应链整体效率的提高。

1.4.3 供应链不确定显著增强

近年来，供应链面临的不确定性逐渐增强，VUCA 术语中的 U 就是指不确定性。供应链不确定性会导致供应链中的企业管理难度增加、经济效益与社会效益降低，并最终降低用户满意度。从供应链流程来看，供应链不确定性的来源有三个方面。

1. 供应不确定性

供应不确定性指由于上游供应商自身的原因或者某些不可抗拒的外部力量，供应商无法在预先规定的时间或者地点，向下游企业提供既定数量和质量的服务或者商品的现象。供应不确定性主要表现在供应提前期的不确定性、供应量的不确定性、货物可得性的不确定性等方面。

2. 制造不确定性

制造不确定性是指由于企业的制造系统不可靠（如设备故障、新系统故障、制造工艺不稳定、生产计划失效等）或者其他不可抗拒的外界环境变化，最终导致整个制造过程延迟或中断的现象。

3. 需求不确定性

需求不确定性是指客户对产品需求的波动性和随机性，表现在需求产品的偏好变化、购买数量波动和价格不稳定性上。具体来说，需求不确定性可以表现在客户需求量的不确定性、需求结构的变动，还有需求分布在时间、空间上的不确定性。

1.4.4 供应链复杂性不断上升

供应链是一个涉及多级企业的网链结构，供应链上任何一个环节的变化和业务需求波动，均会影响其他环节。VUCA 术语中的 C 就是指复杂性。供应链的运作实际上是供应链各功能、要素不断协同的过程。供应链的复杂性是供应链各个要素在集成、合作、延伸、互动等变化过程中产生的，表现在供应链运作过程的多样性和动态性上。多样性的特征是相关变量的数量和种类的增加，以及它们之间关系的异质性。动态性反映了供应链相关元素的更新程度，以及它们随时间的关系和影响。

供应链的复杂性不断上升主要有两方面原因：一方面，随着共享、合作概念的普及，供应链中参与者不断增多、分支更加复杂，而合作伙伴等实体在利益、目标、类型、规模大小、环境、企业文化等诸方面必然存在差别，导致供应链的复杂性日渐增加。这种复杂性一般被称为供应链内部复杂性或结构复杂性。另一方面，在全球化发展大潮中，市场环境动荡，市场波动越来越难以预测。尤其是地缘政治持续影响全球供应链，外部市场环境导致了供应链的复杂性日益增加。这种复杂性一般被称为供应链外部复杂性。

1. 供应链内部复杂性

供应链内部复杂性可以体现在供应链网络形态的复杂性和构成供应链实体的复杂性两个维度。供应链网络形态是复杂的，它一般呈现的是复杂的网状结构，这种网状结构是由链状、树状和星状等结构形态复合而成的。同时构成供应链实体也是复杂的，因为构成供应链的主体及合作伙伴这些实体在利益目标、规模、类型、企业文化等诸多方面存在差异，所以构成供应链各实体必然存在较大的复杂性。

2. 供应链外部复杂性

供应链外部复杂性主要表现在供需过程的动态重构和外部环境动态变化两个方面。前者的来源是市场的不断变化和不可预测。供应链的动态重构，一方面是供应链的组织构成，按照供应链的发展需求进行利益、权利和义务方面的调整，吸纳新的企业，淘汰不适合的旧企业；另一方面是在某种产品的生命周期完结之后，与其相对应的供应链体系完全瓦解，并且根据市场的需求重新组成新产品的供应链。外部环境动态变化是指供应链本身就处在一个动态变化的环境中，社会经济、政治等因素在不断变化。实际的供应链系统中表现出来的动态性包括混沌、自组织和博弈等。

本章小结

本章首先对供应链和供应链管理的定义进行了梳理,介绍了经典的供应链运作参考模型,并对全球供应链、数字化供应链的起源和发展情况进行了分析。结合当前全球供应链所处环境呈现出 VUCA 特点,本章分析了传统供应链存在的信息缺失与滞后、多主体协同困难、不确定性显著增强、复杂性不断上升等问题,如果沿用传统供应链模式,会产生"牛鞭效应"更加明显、需求难以精准预测、库存水平居高不下等困难。重重困难亟待解决,供应链数字化转型势在必行。

思考题

1. 供应链的定义和基本结构是什么?
2. 什么是供应链管理?
3. 全球供应链的发展经过了几个阶段?各个阶段有什么特点?
4. 我国供应链经历了哪些发展阶段?
5. 全球数字化供应链发展具有哪些特点?
6. 我国数字化供应链发展现状及未来发展趋势怎样?
7. 分别解释电子商务化、两化融合、O2O 化及其与数字化供应链的关系。
8. 辨析数字化和信息化之间的关系。
9. 什么是"牛鞭效应"?其产生的主要原因有哪些?
10. "牛鞭效应"对企业和行业有哪些消极影响?
11. 什么是供应链不确定性?造成其原因主要有哪些?

即测即练

第 2 章　数字化供应链概述

学习目标

1. 掌握数字化供应链和数字化供应链管理的定义。
2. 熟悉数字化供应链的五个关键特点。
3. 掌握数字化供应链的整体架构。
4. 熟悉数字化供应链与传统供应链的区别。

能力目标

1. 具备识别数字化供应链基本结构的能力。
2. 具备分析数字化供应链核心业务流程的能力。
3. 具备分析数字化供应链常见战略价值和技术基础的能力。

思政目标

1. 熟悉数字化供应链的创新应用与战略价值，培养创新意识和自主创新能力。
2. 掌握数字化供应链的核心业务流程，培养服务国家战略的专业知识与精益求精的工匠精神。

思维导图

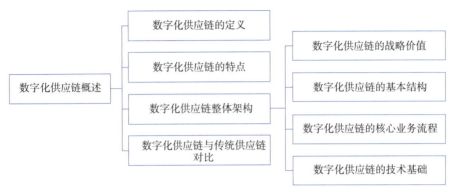

导入案例

华为是全球领先的信息与通信基础设施和智能终端提供商，近年来致力于数字化转型实践。华为为了搭建数字化供应链的整体框架，首先构建了业务数字化、流程IT（信息技术）服务化和算法使能化的数字基础能力，实现确定性业务自动化、不确定性业务智能辅助，以提升业务运作效率。然后其通过业务场景设计整合，建设了基于数字孪生的灵蜂自动物流中心和灵鲲数智云脑，重构作业模式和运营模式，实现需求实时感知、资源实时可视、过程实时可控。为了构建数字化基础能力，华为实现了从供应商到用户的端到端数字镜像，具体包括将所有业务数字化，以及整个流程和IT的自由编排。在数字镜像的基础上，华为还进行了算法建模和场景设计，大幅提升了供应链运作的智能化水平。在业务逻辑方面，华为将其分成了两个层面：第一个层面是面向作业现场，针对业务履行，其构建了敏捷、高效、即插即用、快速迭代的灵蜂业务场景，实现了现场作业的智能化和自动化。第二个层面是华为构建了灵鲲数智云脑进行数据分析、仿真模拟、预案生成和决策指挥。通过这两层逻辑，华为构建了一个面向业务现场、业务精确执行的系统增强回路。通过数字化转型，华为供应链实现了从被动响应到主动服务、从保障要素到价值创造要素、从支撑市场发展到营销要素和竞争要素的转变，其成为华为的核心竞争力之一。

资料来源：华为官网 https://www.huawei.com/，有调整。

思考题

1. 华为的数字化供应链架构具有哪些数字基础能力？
2. 华为是如何构建其供应链的业务逻辑的？

随着数字技术的蓬勃发展，新兴产业不断涌现，以数字产业化和产业数字化为鲜明特征的数字经济应运而生。数字经济时代下，供应链数字化转型已不是"选择题"，而是关乎企业生存和长远发展的"必修课"。供应链数字化转型让生产要素配置更高效、生产运营更智能、供需匹配更精准、专业分工更精细，推动着数字经济的发展。数字化供应链成为现代供应链必然的发展趋势。本章将介绍数字化供应链的特点、结构、技术基础、核心业务流程和战略价值，并在此基础上将数字化供应链与传统供应链进行对比。

2.1 数字化供应链的定义

在大数据时代，物联网、大数据、云计算、人工智能等数字技术渗透到社会各行各业，数字经济蓬勃发展，为企业发展带来了新的挑战和机遇。2018年美国最大的物资搬运、物流和供应链协会（Material Handling Institute，MHI）和德勤公司联合发布的报告指出，80%的企业认为数字化供应链未来5年将占据主导地位。数字化供应链的本质是"以用户为中心的数字化供应链管理"，包括供应链业务数据化和数据业务化两部分。其通过对供应链数据的实时收集、分析、预测、反馈、协同等，进行智能决策，达到精准对接用户需求、降本增效、控制风险的目的。

为了研究数字化供应链的概念，本书梳理了国内外相关文献对于数字化供应链的定义，如表2-1所示。

表2-1 数字化供应链定义汇总

定义	提出者及提出时间
数字化供应链是一个智能的、价值驱动的网络，该网络利用新的技术和分析方法来创造新形式的收入和商业价值	肯耐特，2015
数字化供应链是一个以用户为中心的平台，它捕获并最大限度地利用各种来源的实时信息，从而实现需求刺激、感知、匹配和管理，以实现性能优化和风险最小化	全球企业中心，2016
数字化供应链分析从商品采购到交付端到端数据信息，持续优化联合设计、新品测试、库存优化、物流透明、质量追溯，改进内部和外部仓储与物流网络，优化和创新供应结构和生态关系，保持快速高效供应	德勤，2017
供应链数字化变革四趋势：运营从"串联"改造为"并联"、由"链"到"网"、从短期改善到长期变革、从成本中心到利润中心	埃森哲（Accenture），2017

续表

定义	提出者及提出时间
透明数字化供应链是指应用ICT（信息与通信技术）、IoT（物联网）、大数据、云计算和人工智能等先进技术实现供应链的透明数字化。供应链的透明数字化是一个渐进的发展过程，这个过程包含两个阶段：第一个阶段是实现供应链的业务数据化，第二个阶段是深挖第一个阶段所积累的数据的价值，实现数据业务化	黄滨，2019
数字化供应链由数据驱动，采用数字化方式执行，旨在提高透明度、支持高级规划能力、预测需求模式以及利用现有资产。预测基于对企业与合作伙伴数据的实时访问，以及多种先进技术的广泛使用。它广泛整合供应商、制造商和用户，打造端到端视图	IBM商业价值研究院，2020
数字化供应链是以客户为中心，基于网络互相连接、协同、智能、数据驱动、动态、自适应、可预测、弹性、可持续发展的供应链	JDA（2020年更名为Blue Yonder），2017

综合上述定义，本书认为：数字化供应链是基于物联网、大数据、云计算与人工智能等数字技术，构建的以用户为中心、以需求为驱动，能够集成并最大限度地利用多种来源的实时和非实时数据，实现端到端可视、上下游高效协同、供需动态平衡、智能科学决策的网状结构。该定义包含以下五个关键要点。

（1）数字化供应链具有互联互通的网状结构，采用端到端的连接方式。

（2）数字化供应链以物联网、大数据、云计算和人工智能等数字技术为基础。

（3）数字化供应链以用户为中心，主动感知用户需求，追求用户体验至上。

（4）数字化供应链可实现端到端透明可视，全链条数据实时可集成、可分析、可共享。集成的数据既包括通过传感器等设备采集的数据，也包括通过手工录入、二次计算等方式获得的数据。

（5）数字化供应链可实现数据驱动的上下游高效协同，需求驱动的供需动态平衡，人工智能、数字孪生等技术使能的智能科学决策，而且提倡持续改进。

此外，目前国内外文献基本聚焦于对数字化供应链的研究，还没有对数字化供应链管理的明确定义。本书认为：数字化供应链管理是以用户为中心，运用数字技术收集和分析数据信息、挖掘数据价值，低成本、高效率地完成计划、采购、制造、履约、逆向等供应链业务流程的管理模式。

2.2 数字化供应链的特点

作为新环境下高效的供应链形态，数字化供应链具有五个关键特点。

1. 以用户为中心

随着用户消费需求升级（个性化、定制化和服务即时化），如何真正挖掘并满足用户需求至关重要。为了对用户消费场景进行还原，提供个性、全面的服务，需要构建一个能够主动感知需求、按需定制、准时生产的供应链网络，以满足供应链网络中任何节点的个性化需求，这正是数字化供应链以用户为中心的特点。具体而言，以用户为中心，体现在主动感知和体验至上两个方面。

（1）主动感知。主动感知指企业通过数字技术（如人工智能和大数据分析）对产品和服务的未来需求进行深入的理解和感知，实现从"描述需求"到"预测需求"的转型。人工智能与大数据分析等技术的应用使得企业可以提前感知需求，进而主动且智能地根据感知的需求调整计划。

例如，安利（中国）日用品有限公司将中国的所有成品仓储物流业务交由京东物流集团承接。京东物流集团以大数据平台为基础，通过开发销量预测与智能补货调拨系统，综合考虑各种因素，如用户的反馈等，对用户的消费趋势进行感知，进而为未来产品设计和销售提供指导性建议。同时，其根据安利（中国）日用品有限公司的业务特点提供多样化的补货策略，包括对短期的生产、库存和配送计划进行调整，更好地迎合多变的用户需求。

（2）体验至上。体验至上指企业通过数字技术（如云计算和沉浸式技术）来简化与用户的交易模式，打造端到端、场景化、个性化的用户体验，提高用户的满意度。数字化供应链能够实现C2M（customer-to-manufacturer）模式的应用。C2M又称"反向定制"或"用户直连制造"，是以制造商直接对接用户需求为特征的新型生产制造和商业形态。C2M模式可以帮助制造商深度洞察用户需求，挖掘具有潜力的细分市场，将用户和制造商直接对接，以需求驱动生产。

例如，亚马逊公司（Amazon）旗下的无人超市Amazon Go，结合了重力感应、射频识别（radio frequency identification，RFID）技术、沉浸式技术和人工智能等技术，实现了店内商品、用户、计算机三者的实时互联。当用户进入超市时，实时探测和捕捉用户从货架上取货的动作，随后将数据同步到用户的手机中，用户在穿过特别设置的"交易区"后，系统会自动识别、核算账单，然后从亚马逊账户中扣款。因此，用户无须花费时间排队结账，优化了用户体验。同时Amazon Go通过大数据相关性分析，根据用户的需求，及时向上游补货，最大限度减少用户到店却遇到商品无货的情况。

再如，京东通过 C2M 携手海信集团有限公司旗下海信空调发布了具有消费者新需求功能的空调新产品。首先京东通过大数据调研当前消费者对空调产品的新需求元素，如除菌健康、个性定制、智能感应、节能环保等特征，然后海信空调在京东对消费者调研数据的基础上进行产品研发与生产，最终为消费者带来具备健康、净化、送氧功能的新风空调，实现了真正意义上的"需求解决"方案。

2. 透明可视

透明可视，指企业利用数字技术（如大数据分析和云计算）获得透明可视的供应体系全景图，各个决策者在任何时候能准确、完整、及时地获得相应的信息。企业在与多级合作伙伴信息交互的过程中，能够对上下游合作伙伴的库存、产能、质量等信息进行监控，利用云计算、物联网、大数据分析等技术对所处环境进行扫描，结合认知技术识别相关风险事件，实现主动风险管理，进而保证供应的连续性。供应商还可以通过数字技术对动态生产、物流流程、产品质量进行实时监控，对员工行为进行规范，减少产品损耗浪费。

例如，华清科盛（北京）信息技术有限公司（以下简称"华清科盛"）将超高频 RFID 无源阵列、大规模低功耗 Mesh 网络（无线网格网络）、单边高精度 UWB（超宽带）定位、超近距离 RFID 标签定位等技术进行组合应用，覆盖了位置感知、重量感知、数量感知、任务感知、对象感知、身份感知等一系列数据采集和网络传输技术，并提供了场景化的解决方案，实现供应链环节所有物流要素的互联互通及数字化升级（图 2-1）。通过物联网独特的自动互联、自主交互功能，将工业生产全要素（人员、机器、物料、规则、环境）连接起来，帮助企业全方位"感知"供应链各环节的实时状态，用"数据"更好地驱动企业管理决策，例如让拣选动作更为精确、配送运输更加准时、库存信息更加透明、结构性优化用工成本、增强物流配送敏捷性、提高运营资金回报率等。

再如，美国通用汽车公司（General Motors Company，GM）与专业的供应风险软件公司合作，通过云技术建立起了供应链端到端的风险管理机制，同时基于云端数据扫描，建立起全球监控机制，对用户体验、基础设施和应用性能等进行监测，为终端用户提供更好的数字化服务体验。风险管理机制能够预先识别出关键供应路径，发现潜在的弱点和单点故障，主动采取规避措施。监控机制为通用汽车公司提供了可扩展的、连续的实时预警可视化平台，帮助其对风险事件快速作出响应，取得竞争优势。

图 2-1　华清科盛数字化管理驾驶舱

3. 柔性响应

传统供应链模式下,企业主要采用标准化、大批量生产方式,不仅生产和服务成本高、生产周期过长,而且缺乏生产柔性。企业收益主要依赖于规模经济。在新的消费趋势下,传统供应链标准化的大规模生产方式很难满足用户的个性化消费需求,因此,柔性大规模个性化生产线应运而生。

(1)数字化供应链利用数字技术(如物联网和大数据分析)收集实时数据和智能分析,建立起即插即用(plug and play)的供应链网络,实现局部的快速调节,让每个微观组织都能在不影响供应链整体效率的前提下随时进入或退出,完成整个供应链从固定(fixed)到柔性(flexible)的转型,产出个性化、差异化和定制化的产品。

(2)数字化供应链运用大数据分析建立排产模型,依托柔性生产线保持规模经济,借助数字技术缩短流通渠道,对企业的成本、服务、风险和持续性等多方面进行优化,在成本和用户满意度之间找到最优的平衡点,打造敏捷、快速响应、持续改进的供应链。

例如,海尔为了满足不同用户的定制需求,打造了可柔性选配产品、扩展加工能力、换模响应需求的自动化生产线。为了使生产线的生产模式更加灵活,海尔有针对性地开发了商用分布式设计区块链操作系统(enterprise operation system,EOS)、企业资源计划系统、准时制(just in time,JIT)三定配送系统等六大辅助系统。这些辅助系统不仅能够实现单台产品的用户定制,还能同时生产千余种配置的不同产品,且能够实现 36 小时快速交货。在生产方式上,海尔实行大规模定制,获得生产的规模效应。针对定制的生产方式,海尔建立了计算机集成制造系统(computer integrated manufacturing systems,CIMS),从接到订单到产品出厂,中间的每一道工序都处于计算机系统的集成管理和严格监控之下，使生产线可以实现不同型号的混流生产，同时海尔 ERP 系统每天准确自动地生成向生产线配送物料的物料清单（bill of material, BOM），通过物联网等数字技术的支持，实现定时、定量、定点的 JIT 三定配送。海尔通过柔性化的制造，保证了产品的质量和成本优势。

4. 高效协同

高效体现在数字化供应链能够实现精益管理。数字化供应链运用云计算与物联网等技术，结合精益生产的理念，不断优化产品质量和加速产品创新，实现制造和物流体系的智能化、成本最小化和运营效率最大化，打造可靠、高效、低成本、高用户满意度的生产运营体系。

高效还体现在数字化供应链能够实现资源全局最优配置。数字化供应链依托物联网、大数据和云计算，能够有效整合全链的设计、生产、供应和销售等资源，衔接研发流程、企业管理流程与生产产业链流程，有机融合制造管理、产品设计、产品服务生命周期和供应链管理、用户关系管理。因此，数字化供应链既能实现企业的价值链从单一的制造环节向上游设计与研发环节延伸，又能实现企业的管理链从上游向下游生产制造控制环节拓展，最终改变业务经营模式，达到资源全局最优配置。

协同指在数字化环境下，利用云计算、物联网和大数据分析等技术，为用户和供应商提供统一的供应链平台、共享的物流基础设施和联合规划能力，确保所有的合作伙伴都在一个共同的计划体系下运营。企业间通过业务数据化、操作规范化，实现高质量的信息共享和各类物流资源的高效配置，实现产业上下游之间的高效协同。企业内部利用移动端与网络社交等互联网技术，建立跨部门的共享互动的集成供应链计划机制与平台，有效提升供应链整体运作效能。

例如，中国宝武钢铁集团有限公司（以下简称"宝钢"）与中国第一汽车集团有限公司（以下简称"一汽"）协同创新的实践中，当一汽尚在车型开发阶段时，宝钢工作人员就参与到一汽新车型的设计、制造和选材等工作中，帮助一汽缩短了新产品的开发时间，降低了新产品开发的风险。从一汽的角度，其逐步实现与宝钢在技术、标准、数据等方面的信息共享，以促进协同创新，一汽采购部、一汽大众采购部和一汽技术中心与宝钢进行计算机信息网络的连接，为同步开发做准备。通过实施全面企业电子化管理方案（total enterprise electronic management solutions, TEEMS），一汽既可以实现企业内部业务的电子化、管理创新和业务优化，也可以与供应商、用户、合作伙伴建立电子交易系统，优化整个供应链并建立整个价值链的竞争优势。

5. 智能决策

智能决策，指企业基于数字化平台，利用大数据、智能算法和算力等资源和技术，进行科学、合理、高效的决策。数字化平台是指基于数字技术（物联网、数字孪生等）的实时可视、智能分析、决策执行三层架构能力的控制平台，通过对数据资源进行充分开发，采用云计算、机器学习等技术为供应链各环节提供决策支持，将人为因素的误差降到最低，最终实现整个供应链协同、敏捷、一致地智能运营（smart operations）。

例如，富士康科技集团基于工业互联网打造智能决策平台，其赋能逻辑从精益工厂管理的闭环思维出发，涵盖生产、经营环节，通过对数据的深入挖掘和关联性分析，在短期内实现技术跨越式创新。利用机器人、大数据分析等技术实现机器视觉智能检测，释放人力，让其从事更高价值的工作。综合运用 IoT、沉浸式技术等，实现设备精准快速维修、预测性运维，降低设备管理成本。同时，智能决策平台将生产现场有多年经验工程师的丰富知识模型化，叠加人工智能算法进行生产过程的集中优化，并且打通 ERP 系统、制造执行系统（manufacturing execution system，MES）等多系统数据，实现跨组织的管理优化决策，从单点智能迈向联合智能。

2.3 数字化供应链整体架构

数字化供应链具有以用户为中心、透明可视、柔性响应、高效协同和智能决策的特点，能够解决传统供应链所面临的困境。本节将从数字化供应链的战略价值、数字化供应链的基本结构、数字化供应链的核心业务流程和数字化供应链的技术基础四个方面来对数字化供应链进行介绍。图 2-2 为数字化供应链整体架构。

2.3.1 数字化供应链的战略价值

数字化供应链的战略价值包括运营性能优化、管理效率提升、商业模式创新和用户体验改善等方面（图 2-2 顶层）。本节对数字化供应链的战略价值进行简要介绍，具体内容将在本书第 3 章详细说明。

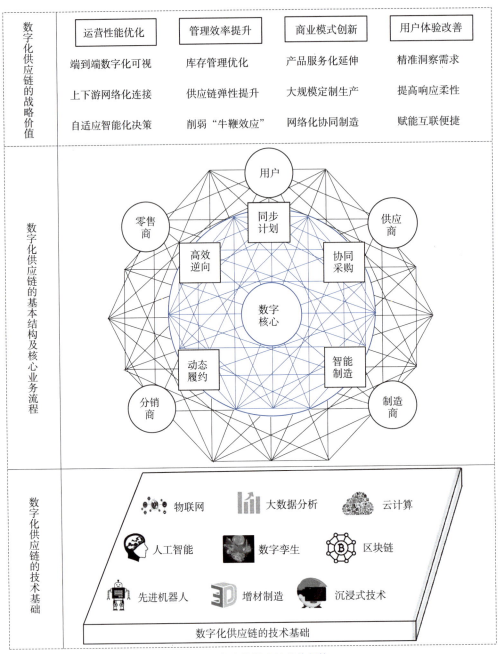

图 2-2 数字化供应链整体架构

数字化供应链整体架构 视频讲解

1. 运营性能优化

在运营性能优化方面,数字化供应链能够实现端到端数字化可视、上下游网络化连接和自适应智能化决策。数字化供应链的应用使企业能够持续且实时地追踪供应链各个环节活动,实现供应链可视化管理,在过程中沉淀企业经营发展相关各类数据，基于数据分析，支持企业的商业决策与预测。数字化供应链网络化连接上下游企业，赋能企业信息协同、资源协同、业务协同、能力协同等方面能力，打造低成本、高质、高效的供应链网络。数字化供应链使用大数据和人工智能等技术将海量数据转化为有洞察力的见解和知识，通过人机结合或自动化的方式将知识应用于业务问题，从而改善企业的决策能力和效率。

2. 管理效率提升

在管理效率提升方面，数字化供应链能够实现库存管理优化、供应链弹性提升和削弱"牛鞭效应"。在数字化供应链模式下，企业能够实时掌握库存现状，提高出库作业的及时性与准确性，实现灵活调整库存结构。数字化供应链具有更强的可视性、敏捷性、协调性和快速恢复能力，能够在当今充满不确定性的商业环境中，紧随快速变化的市场态势。同时，数字化供应链模式下，上游企业可以获得其下游企业的真实需求信息来制定供需计划，进行供给活动，从根本上避免供给过剩和不足，从而削弱传统供应链的"牛鞭效应"。

3. 商业模式创新

在商业模式创新方面，数字化供应链能够实现产品服务化延伸、大规模定制生产和网络化协同制造。数字化供应链赋能企业由单纯制造产品到产品附加服务。依靠物联网与大数据分析，将传感器、软硬件系统"嵌入"产品和装备，提升其性能和智能化水平，使制造企业实现从机械产品向智能产品转变、从提供产品向提供基于产品的服务转变。数字化供应链赋能大规模定制生产。数字化供应链赋能网络协同制造。数字化供应链能够从设计协同、生产协同和服务协同三个方面赋能供应链的网络化协同。

4. 改善用户体验

在改善用户体验方面，数字化供应链能够实现精准洞察需求、提高响应柔性和赋能互联便捷。在数字化供应链场景下，用户行为、使用数据等能够被物联网等技术实时收集，基于用户数据，供应商能够全面细致地抽象出用户的信息全貌，进而了解并跟踪用户需求变化，分析探求用户需求变化的根本原因。数字化供应链基于增材制造、人工智能和大数据分析等技术，相对于传统的供应链，具有更高的产品柔性、时间柔性和数量柔性。数字化供应链具有互联互通的网链结构，业务流程能够被最大限度地简化。数字化供应链基于云计算、区块链等技术，用户能够随时随地得到云服务，方便快捷。

2.3.2 数字化供应链的基本结构

随着云计算、物联网、大数据等数字技术的运用，传统供应链的运作结构将从"链式"逐渐转变为数字化供应链的"网状"运作结构。数字化供应链的基本结构（图2-3）是一种以用户为中心的互联互通的网状结构，采用端到端的方式连接供应商、制造商、分销商、零售商与用户，具有较高的灵活度。例如供应商通过直接与用户互动交流，可以最大化地提高信息传播效率，精准对接用户需求，更好地应对用户和市场需求的变化。根据IBM商业价值研究院2020年在报告《推进工业机械供应链数字化：工业4.0要求采用数字化供应链，以提高透明度、运行效率以及盈利能力》中的统计结果，数字化供应链与传统链式供应链模式相比，可使采购成本降低20%，供应链开支节省50%，收入增长10%。

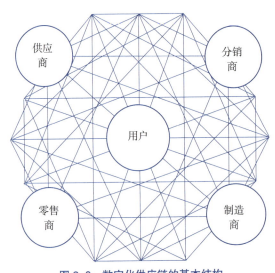

图2-3 数字化供应链的基本结构

2.3.3 数字化供应链的核心业务流程

SCOR（供应链运作参考）模型为供应链管理提供了一个重要的框架，其将业务流程、绩效指标、最佳实践和人员技能四大因素有机地统一起来。但随着数字经济需求的增长，新兴数字技术驱动着数字供应网络崛起，数字能力模型应运而生。本节分别介绍DCM（数字能力模型）的基本结构和数字能力，并在SCOR模型以及DCM的基础上，创新提出了数字化供应链的五大核心业务流程。

1. DCM的基本结构

DCM由德勤和供应链管理协会（Association for Supply Chain Management，

ASCM)于 2019 年 9 月提出,目标是为供应链行业提供一个参考模型,以指导数字化供应网络的发展。该模型以关系方式设计,希望帮助供应链从业人员构建将链式供应链转换为动态供应网络所需的数字能力。DCM 的基本结构如图 2-4 所示。

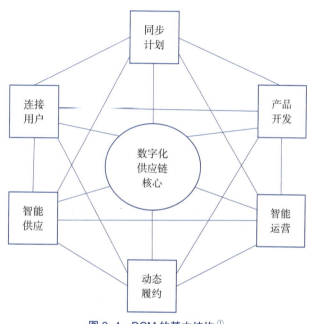

图 2-4 DCM 的基本结构[①]

2. DCM 的数字能力

DCM 建立在传统核心组件的基础上,并超越了传统核心组件,提出了六种关键数字能力。这些关键能力被称为一级能力,同时每个一级能力又包含多个二级能力。

(1)同步计划。同步计划(synchronized planning)通过集成战略目标、财务目标和战术供应网络计划,创建一个连接、并发和同步的业务计划,以实现更快的跨职能决策、更好的信息透明性、更好的用户服务、敏捷的供应网络、与业务伙伴的实时协作、资源的高效利用和财务业绩的改善。

该一级能力下的二级能力包括企业计划对账、供应网络设计、投资组合生命周期规划、智能需求管理、响应式供需匹配(responsive demand-supply matching,RDSM)、库存和供应优化。

---

① https://dcm.ascm.org/。

（2）产品开发。产品开发（product development）是通过实时数据、先进技术对用户需求作出响应，进而开发和管理产品或服务。产品开发增强了企业和用户之间的沟通与数据的可见性，不仅能够提高企业生产力，还能够提高产品设计质量。

该一级能力下的二级能力包括产品组合管理、产品平台架构与系统工程、资源配置管理、产品协同开发、数字开发等。

（3）智能供应。智能供应（intelligent supply）是指以最佳价格从供应商处采购商品和服务，提高采购效率、改善供应商关系、降低供应风险。

该一级能力下的二级能力包括品类管理、寻源执行、智能合约（smart contract）管理、采购与合规、发票和付款处理、供应商合作等。

（4）智能运营。智能运营（smart operations）应用数字技术打破"信息孤岛"，使企业在业务推出速度、产品和服务创新、运营效率等方面实现整体改善，并借助自动化技术和团队管理能力优化人才组合配置。

该一级能力下的二级能力包括员工培训、数字流程孪生、行动指挥中心、总操作同步、自主过程控制等。

（5）动态履约。动态履约（dynamic fulfillment）是指依靠相互关联的跨企业系统，将正确的产品或服务在正确的时间，以正确的数量、质量提供给正确的用户。

该一级能力下的二级能力包括自动履约监管、全渠道订单履约、高效仓库运作、运输路径优化、自适应网络响应、高效运输运营等。

（6）连接用户。连接用户（connected customer）是指感知用户需求，侧重于信息的收集和实时反馈，并在整个供应网络中使用这些信息。

该一级能力下的二级能力包括用户定制体验、用户问题管理、智能产品跟踪、产品即服务（product-as-a-service，PaaS）、监控与洞察等。

3. 数字化供应链的五大核心业务流程

经典的 SCOR 模型主要基于业务流程视角，对供应链中计划、寻源、制造、交付、退货和使能六大基本业务流程进行了描述。但直到最新的 SCOR 12.0 版本，其仍未发展成为一个成熟的数字化供应链运作模型体系。DCM 则基于能力视角，给出了数字供应网络所需的数字支持能力，并采用一级能力和二级能力的划分方式，有利于供应链架构的模块化和灵活集成，但 DCM 忽略了对数字供应网络业务流程的描述。因此本书在 SCOR 模型以及 DCM 的基础上，提出了数字化供应链的五大核心业务流程（图 2-5）：同步计划、协同采购、智能制造、动态履约和高效逆向。

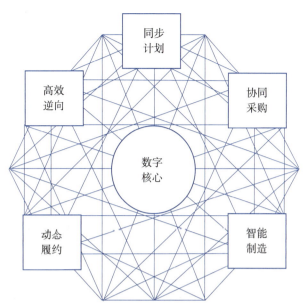

图 2-5　数字化供应链的五大核心业务流程

数字化供应链的五大核心业务流程均是基于数字核心来实现的。数字核心包含数据可视性、数据共享性和数据驱动性三个方面。数据可视性侧重于数据采集维度，指通过物联网、大数据等数字技术对供应链各业务流程的设备、产品、物料、产线、订单、用户等多维数据进行实时采集和可视化展现。数据共享性侧重于数据共享维度，指通过云计算、区块链等技术实现供应链中供应商、制造商、经销商、零售商等各参与主体的数据跨组织、跨业务流程连接与安全共享。数据驱动性侧重于数据分析和利用维度，指通过大数据、人工智能等技术将连接后的数据分析，发掘出更大价值，利用分析结果驱动供应链中计划、采购、制造、履约、逆向等业务流程的智能决策。

不断深入的高性能数据分析可以帮助供应链各主体及时发现问题、迅速解决问题。表 2-2 给出了数字化供应链五大核心业务流程的具体范畴概述，本书将在第 4 章对这五大核心业务流程进行详细描述。

表 2-2　数字化供应链五大核心业务流程范畴

业务流程	流程范畴
同步计划	同步计划是指数字化供应链中企业内部各部门之间、供应链上下游的企业与企业之间利用实时共享的数据，共同制订一个涉及成本、库存、进度等多方面业务集成性计划的流程

续表

业务流程	流程范畴
协同采购	协同采购是指企业通过使用数字化系统或平台与供应商实现纵向采供协同、与同行业企业实现横向集约采购协同，高效率、低成本地获取生产经营所需产品或服务的流程
智能制造	智能制造是指基于数字技术与先进制造技术深度融合，贯穿于设计、生产、管理、服务等制造活动各个环节，具有自感知、自决策、自执行、自适应、自学习等特征，旨在提高制造业质量、效益和核心竞争力的先进生产流程
动态履约	动态履约是指数字化供应链上的各参与主体利用数字技术实时感知用户的需求信息，动态选择成本、时效、体验最优的履约方式，打破线上线下的传统履约边界，最终在正确的时间以正确的数量和质量向用户交付正确产品与服务的流程
高效逆向	高效逆向是指在数字技术的推动下，企业使用数字化平台实现对逆向供应链的实时监管，通过数据分析自动确定退回产品的最佳处理渠道，根据历史数据和实时更新的其他信息来完成诸如是否翻新、重新变更路线、变卖或报废退回产品等决策的流程

2.3.4 数字化供应链的技术基础

数字化供应链的技术基础包括物联网、云计算、大数据分析、人工智能、数字孪生、区块链、先进机器人、增材制造、沉浸式技术等（图2-2最底层）。物联网、云计算、区块链、先进机器人和增材制造侧重于实现产业升级，创新产品与服务、生产制造体系和商业运营模式。人工智能、数字孪生、沉浸式技术和大数据分析侧重于实现智能决策、重塑商业模式和生态系统，主动感知需求和提高用户体验的能力等。本书的第5章会对其进行详细介绍。

1. 人工智能、增材制造、先进机器人

人工智能（artificial intelligence）使数字化供应链具有自学习和自适应能力。人工智能可应用于增强智能、科学决策，重塑商业模式和生态系统，提升用户体验，革新供应链流程。因此，人工智能可为数字化供应链提供自学习、自适应的能力。

增材制造（additive manufacturing，又称3D打印）使数字化供应链中大规模数字化定制成为可能。增材制造的工艺流程简单，随需而制，虽无法和传统批量生产的供应链所带来的规模经济效益相比，但其使低成本的分布式制造成为可能，带来库存和供应链的大幅简化。

先进机器人（advanced robot）使数字化供应链降低运作成本，提高生产效率和安全系数。先进机器人设备替代大部分传统人工的任务，如货物分拣、搬运、分类、存储等，提高供应链整体运作效率，能够节省人力，提高生产力。

2. 区块链、大数据分析

区块链（block chain）确保数字化供应链的完整性及可见性。区块链技术可以实现供应链中的信息共享，降低供应链成员之间的交易成本，提高供应链的效益。例如利用智能契约来协调供应链和利润分配。

大数据分析（big data analysis）确保数字化供应链全程可视化发展，保障实时掌握供应链中产生的数据信息，及时追踪了解供应链的整体运行情况。

3. 云计算

云计算（cloud computing）实现数字化供应链的互联互通和信息共享。云计算可以为供应链内部和跨供应链的实时信息共享提供支持，减少信息不一致和时间延迟，从而抑制"牛鞭效应"等传统供应链难以解决的问题。

4. 数字孪生

数字孪生（digital twin）实现数字化供应链透明化。数字孪生通过将物理场景数据传入虚拟空间、利用数字模型进行仿真计算，辅助物理场景的业务决策，提升数据价值、优化作业流程。

5. 物联网、沉浸式技术

物联网（internet of things，IoT）作为最底层的连接技术，实现物与物、人与物的万物互联，通过网络对互联后的物理设备（智能设备）进行实时数据采集和传输。物联网既是解决供应链数据共享问题的有效途径，又是供应链创新技术应用的基础。

沉浸式技术（immersive technology）实现数字化供应链与虚拟世界的交互。沉浸式技术包括虚拟现实（virtual reality，VR）、增强现实（augmented reality，AR）和混合现实（mixed reality，MR）等。沉浸式技术为数字化供应链提供了更安全的运作环境、更短的响应时间、更高的容错率、更好的上下游协作等。

2.4 数字化供应链与传统供应链对比

与传统供应链相比，数字化供应链的优势明显。数字化供应链的关键特征（即以用户为中心、透明可视、柔性响应、高效协同、智能决策等）使数字化供应链能够更好地满足用户需求，成为数字经济时代主流的供应链模式。如表2-3所示，本节将从供应链组织、供应链协同、供应链业务和供应链风险四个方面对比传统供应链和数字化供应链，展现数字化供应链的优越性。

表 2-3 传统供应链和数字化供应链对比

对比指标		传统供应链	数字化供应链
供应链组织	组织结构	以企业为中心的线性结构	以用户为中心的网状结构
	连接状况	上下游分离、阻隔，信息传递滞后	上下游端到端互联，信息传递畅通、即时
	驱动流程	离散、按顺序执行的事件驱动型流程，基于历史数据和个人经验的决策	端到端的统筹式洞察驱动型流程，基于实时多维大数据的智能决策
供应链协同	管理工具	使用企业内部ERP系统等	通过数字化协同平台
	信息共享	非实时信息交换，跨企业、跨部门有"信息孤岛"	多来源实时信息交换，端到端透明可视
	战略协作	与个别合作伙伴建立战略合作意向，但缺乏数据共享和深度协同	与上下游多个合作伙伴深度战略合作，联合制订计划、设计流程，共同提升盈利能力
供应链业务	需求预测	不连续、非实时的数据驱动，简单统计分析与经验预测	实时大数据驱动，智能分析与精准预测
	计划制订	不完全集成的供应链计划，基于经验手动制订	完全集成的供应链计划，基于共享数据的内外部同步计划
	采购方式	通过电话、邮件沟通，人工采购成本高、易出错	通过平台高效协作、智能计算，自动化采购降本增效
	生产模式	"一刀切"策略，大规模非个性化生产，对市场变化柔性响应不足	差异化细分策略，大规模个性化生产，对市场变化快速柔性响应
	物流运输	劳动密集型的运输，消耗大量人力物力	智慧物流运输，运用数字技术和智能设备
供应链风险	风险成因	除自然灾害、国际关系等外，常因信息传递滞后或失真引发采购风险、库存风险等	除自然灾害、国际关系等外，常因数据共享而存在数据监管漏洞和网络安全风险
	风险应对	弹性不足，风险冲击后供应链恢复能力弱	富有弹性，风险冲击后供应链可以快速恢复

1. 供应链组织

（1）组织结构。传统供应链（图1-1）一般具有以企业为中心的线性链式结构，上下游采用串联方式连接。制造企业往往需要通过分销商、零售商等多层级才能获得用户需求信息，信息的隔阂和滞后让企业无法快速掌握用户需求变化，所以其只能以自身企业为中心，根据历史数据和经验来设计产品与制订供应计划。

数字化供应链（图2-3）一般具有以用户为中心互联互通的网状结构，采用端到端的并联方式。制造企业可以直连用户，直接掌握用户多样化、个性化需求信息，并根据实时多维数据（如电商平台采集用户购买和浏览数据、物联网平台采集用户使用数据等）来大规模定制产品，真正实现以用户为中心。

（2）连接状况。传统供应链上下游按照供应商、制造商、分销商、零售商、用户的顺序串联，无法跨环节直连，存在天然的阻隔，而且各参与主体相对分离，它们有相互独立甚至矛盾的目标。它们没有很好的数据采集和分析方式，仅有的数据散落在各个部门不同系统内部，上下游之间信息传递存在滞后。

数字化供应链上下游多主体通过全链的数据共享和信息沟通，实现供应链从供应端到需求端的全面互联。如制造商可以和零售商、用户连接，根据零售商实时销售数据来安排发货计划，根据用户实时需求数据来制订生产计划。如多级供应商都可以和制造商直连，便于产品质量溯源和协同创新。

（3）驱动流程。传统供应链采用离散、按顺序执行的事件驱动型流程，供应链中的企业往往基于历史数据和管理者经验进行决策。传统供应链的经营活动是分散的，供应链各个运作环节之间往往没有高效的沟通和衔接，各企业只能独立制定自身决策。

数字化供应链一般具有端到端的统筹式洞察驱动型流程，供应链中的企业往往能够收集供应链中多个参与主体的多维数据并联合对其进行最大限度的统筹式洞察，基于数据进行智能决策。这里的多维数据涉及订单、产品、设备、物料、产线、用户等不同维度。

2. 供应链协同

（1）管理工具。传统供应链管理大多使用 ERP 系统，如 SAP ERP、Oracle ERP、用友 ERP 等。ERP 系统只提供了核心业务的资源计划解决方案，不能满足企业整体数字化转型的需求。而且 ERP 系统的应用难以突破不同企业之间的组织边界。

数字化供应链通过物联网连接所有人、机、物，构建数字化协同平台。数字化协同平台能够构建全业务域数据连接，实现端到端可视，打通全渠道履约。利用数字化协同平台，上下游企业可以高效协同合作，共创最大化价值。

（2）信息共享。传统供应链上的信息由供应商、制造商、经销商和零售商等各主体甚至各主体内不同部门分别掌握和存储，跨企业、跨部门信息共享难度大，容易形成"信息孤岛"。此外，供应链上下游之间信息一般只能通过订单来传递，普遍存在信息缺失和滞后的缺点，非实时信息交换。

数字化供应链基于物联网、大数据、云计算等数字技术，可以进行多来源实时信息交换，信息不再局限于订单，而延伸到产线、设备、用户甚至外部环境等不同维度。多个供应链成员进行数据共享，实现从供应端到需求端的透明可视，共同感知用户需求来提升响应能力，共同识别风险来提升应对能力。

（3）战略协作。传统供应链模式下，企业仅与个别合作伙伴建立战略合作意向，但是由于传统供应链成员之间无法完全共享信息，难以做到从战略到战术的深度协作以及多业务流程的全面协同。

数字化供应链模式下，企业可以与上下游多个合作伙伴深度战略合作，通过物联网等技术共同采集数据，通过云计算等技术跨企业共享数据，通过区块链、人工智能、数字孪生等技术共同分析利用数据，基于数据联合制订计划、设计流程，共同提升盈利能力、降低潜在风险。

3. 供应链业务

（1）需求预测。传统供应链一般基于不连续、非实时的数据，进行简单统计分析，加入历史经验判断，对用户需求进行预测。由于数据数量少、质量差，加之较少利用人工智能等智能技术，所以预测准确度不高。

数字化供应链基于互联网、物联网等技术获取整个供应网络的所有相关信息（包括用户历史和实时购买行为、竞争对手产品和价格信息等），利用人工智能等智能技术深度分析数据价值，精准预测未来需求。

（2）计划制订。传统供应链模式下，企业主要依靠管理者自身经验和市场洞察手动制订计划，时效性和敏捷性较差。同时，由于信息系统的制约，企业制订计划的过程往往只涉及内部人员，企业外部的供应商、物流商等参与主体较少参与计划的制订。

数字化供应链模式下，制订计划可在多部门多主体间集成进行，且能够持续改进。不再局限于企业内部，企业与上游供应商、下游分销商和零售商可以基于共享数据进行同步计划，甚至在采购、生产、物流等环节自动制订与执行计划。

（3）采购方式。传统供应链中采购双方一般通过电话、邮件沟通或当面沟通，不仅成本高、效率低，而且双方信息掌握不全面、不及时，导致采购商在供应商选择过程中非常盲目，容易出现供应产品质量和交期难以控制等问题。

数字化供应链中采购双方通过平台高效协作，可以解决信息不对称的问题，进而降低企业采购成本。自动采购系统可以根据当前库存商品的消耗速度、供应商补货周期、商品货价历史变化数据等智能计算最佳补货时点，提高效率。

（4）生产模式。传统供应链一般采取"一刀切"策略，大规模生产非个性化产品。传统的规模制造生产线流程和生产加工顺序较为固化，生产工艺落后，缺乏柔性制造能力，难以满足个性化、多样化定制的市场需求。

数字化供应链采取差异化细分策略，通过"用户细分—触点细分—资源细分—产品设计—产品提供"的流程，面向不同用户提供差异化产品和服务。基于用户数据来分析、挖掘个性化需求，打造大规模混线生产的柔性制造体系。

（5）物流运输。传统供应链中一般采用劳动密集型的运输方式，流程冗长，耗费大量的人力和物力，不仅成本高，而且效率低。货物缺乏数字化监控与追溯体系，破损与丢失率较高。

数字化供应链中采取智慧物流运输，利用数字技术对物流运输全渠道监控、跟踪、管理和干预，并采用多元化的运输方式，如采用无人车、无人机等智能设备进行"最后一公里"的配送等。同时，利用智能算法结合实时交通状况可优化路线，提高履约效率。

4. 供应链风险

（1）风险成因。传统供应链除面临自然灾害、国际关系等风险外，常常由于企业间信息传递滞后或失真引发多种风险。例如对供应商实际供给能力和产品质量不了解的采购风险、对需求和供给不确定造成库存水平不可控的库存风险等。

数字化供应链模式下，全链可以及时共享数据，大幅降低传统的采购风险、库存风险等。但由于数据共享可能带来数据监管漏洞和网络安全风险，而且供应链数据安全具有"突破一点，伤及全链"的特点，危害性大。

（2）风险应对。传统供应链对各类型风险识别与预判的能力不足，无法提前感知未来潜在的风险。一旦风险发生，造成供应链中断等不良影响，传统供应链很难在短时间内恢复，而且损失的绩效大，弹性不足。

数字化供应链利用物联网、大数据分析等技术可以对供应链所处环境进行全面扫描，结合人工智能识别和预判潜在风险事件，建立早期预警系统。一旦风险发生，对供应链造成中断影响，立刻通过更换供应商、调整生产计划、寻找替代运输路线、恢复备份数据等方案解决，快速响应，富有弹性。

本章小结

本章通过梳理国内外相关文献，总结得出数字化供应链的定义、数字化供应链管理的定义及数字化供应链的五个关键特点，即以用户为中心、透明可视、柔性响应、高效协同和智能决策。本章着重从数字化供应链的战略价值、数字化供应链的基本结构、数字化供应链的核心业务流程和数字化供应链的技术基础等方面帮助读者理解数字化供应链的整体架构。最后，本章进行了数字化供应链和传统供应链的对比，说明数字化供应链在组织、协同、业务、风险应对等方面显著优于传统供应链。

思考题

1. 数字化供应链的定义是什么？
2. 数字化供应链有哪些特点？
3. 数字化供应链应用了哪些数字技术？
4. 数字化供应链的结构相比传统供应链的结构有哪些优势？
5. 数字能力模型和供应链参考模型 SCOR 12.0 有什么区别与联系？
6. 数字能力模型有哪些关键能力？
7. 数字化供应链的核心业务流程有哪些？
8. 数字化供应链有哪些战略价值？
9. 在传统供应链和数字化供应链中分别如何预测用户需求？
10. 传统供应链和数字化供应链的信息共享方式有哪些区别？

第 3 章　数字化供应链的战略价值

学习目标

1. 掌握数字化供应链的四方面战略价值。
2. 熟悉供应链可视化、供应链弹性、供应链柔性的定义。
3. 熟悉数字化供应链对于优化运营性能与提升管理效率的路径。
4. 熟悉数字化供应链创新商业模式的方向。

能力目标

1. 具备利用数字化供应链优化运营性能的能力。
2. 具备利用数字化供应链提升抗风险的能力。
3. 具备利用数字化供应链改善用户体验的能力。

思政目标

1. 理解数字化供应链对千行百业的重要影响,培养以专业知识服务国家发展的价值观。
2. 熟悉数字化供应链商业模式的创新路径,培养创新意识,锻炼创新能力。

思维导图

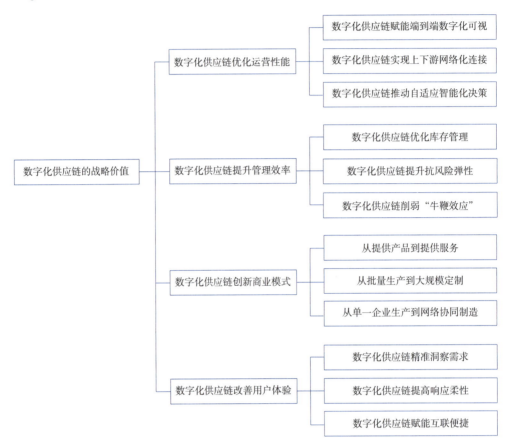

导入案例

盒马（中国）有限公司（以下简称"盒马"）是阿里巴巴集团旗下以数据和技术驱动的零售连锁商超，线上线下同售的创新全渠道零售模式的开拓者。中国是生鲜零售的超级市场，传统生鲜供应链流通环节多，冷链成本高，配送周期长，产品损耗大，上下游信息不对称，供应链效率低，配送到客户手中往往"不够鲜"。而盒马作为一家新零售企业，其供应、销售、物流履约链路已实现数字化，每一个业务环节、业务关键点都做到了端到端可视化，利用大数据、人工智能技术和优化算法，实现了决策智能化和流程优化，从而有效优化了供应链运营性能。盒马运用大数据、移动互联、智能物联网、自动化等技术及先进设备，实现人、货、场三者之间的最优化匹配，在品质管理上全程溯源，控制源头风险，在销售渠道上实时同步线上线下信息，充分发挥两种渠道各自的优点，进而削弱"牛鞭效应"，极大地提升了管理效率。盒马不仅重塑了全渠道商业模式,并且基于消费个性化和场景化特点,深刻洞悉用户需求,重构用户价值。通过"线上 App+ 超市 + 餐饮 +30 分钟配送到家"的新型全渠道零售业态,革新了"场"和"人"的连接方式,更好地满足了用户的即时需求,提高了客户响应柔性,给用户带来了全新的消费体验。

资料来源:《盒马——全渠道运营下的数字供应链革新》。

思考题

1. 传统生鲜零售市场在供应链管理中存在哪些痛点?
2. 盒马的数字化供应链起到了哪些效果?

数字化供应链具有以用户为中心、透明可视、柔性响应、高效协同与智能决策的特征。有别于传统供应链,数字化供应链以新一代信息通信技术为基础,以同步计划、协同采购、智能制造、动态履约、高效逆向为核心业务流程,实现了重要的战略价值并获得了独特的竞争优势。本章将从四方面详细阐述供应链数字化转型带来的价值提升:①数字化供应链从赋能端到端数字化可视、实现上下游网络化连接、推动自适应智能化决策三个层面优化了运营性能。②数字化供应链应用数字技术使得库存管理(inventory management)更有效、供应链抗风险弹性更高,进而削弱了"牛鞭效应",提升了管理效率。③数字化供应链使企业价值创造的基本逻辑发生新变化,从提供产品到提供服务、从批量生产到大规模定制、从单一企业生产到网络协同制造等方面实现了商业模式创新。④数字化供应链通过精准洞察需求、提高响应柔性、赋能全渠道互联互通,打造了一体化供应链,全方位改善了用户体验。

3.1 数字化供应链优化运营性能

3.1.1 数字化供应链赋能端到端数字化可视

1. 传统供应链可视化的困境

供应链可视化(supply chain visibility)是指在采购、生产、加工、流通、分销等供应链环节中对传输实体的身份、位置和状态数据的及时记录。实体是在供应链中移动的任何对象,包括物品、物品的包装(如纸箱、玻璃瓶或金属盒)、用户订单、订单的包装(如托盘、手提袋或可回收塑料容器)、装载设施(如集装箱、拖车、轨道车或飞机的均载装置）或运输工具（如火车、轮船或飞机）。供应链可视化能够使得供应链各主体实时掌握供应链上下游的库存、供需状况、生产和采购计划等信息，使得企业内外部准确快速地进行业务信息交流，进而提升供应链运作效率、资源利用率和响应速度（图3-1）。

图 3-1　供应链端到端可视化

而传统供应链各职能部门制定的流程、运营模式和组织布局在业务节点间形成了"信息孤岛"，阻碍了供应链的可视化。"信息孤岛"是指在企业内部与企业间相关业务信息、目标乃至用户数据都没有共享，部门作为企业内的单个业务单元运行，企业间彼此相互隔离，业务部门之间、企业间几乎没有沟通、无法进行正常的信息交流，犹如一个个分散、独立的岛屿。导致"信息孤岛"的原因主要有：①供应链各参与方由于区域、部门建设的独立性形成各自为政的模式，使供应链参与企业缺乏全局观念和共享意识。②信息与业务流程在企业间相互脱节，使得供应链各参与方专注于自己的流程和目标，每个参与方都会从自身利益最大化出发从事业务活动，忽略了供应链整体的效率与利益，如强势的零售企业会对上游供应商压低成交价格、提出苛刻的配送条件等，而强势的供应商会拒绝下游企业的讨价还价、拒绝设计方案的改动等。③不同部门倾向于使用不同的技术、解决方案和工具来支持其运营，以不同的方式存储和管理数据，这使得利益相关方很难处理并利用共享的数据。信息孤岛使得需求预测准确度不高、与供应链上相关方沟通效率低、供应链整体不协调。

2. 数字化供应链端到端可视的价值与意义

数字化供应链使得供应链各参与方持续且实时地追踪供应链各业务环节的活动，破解供应链信息孤岛的困境，实现供应链可视化管理。供应链各参与方在开展业务的过程中能够沉淀其经营发展相关的各类数据，并基于对这些数据的分析进行有效预测，从而提供支持性的商业决策。同时，基于物联网的供应链可视化为供应链上下游提供了有关业务流程实时准确的信息，在产品追溯、运输控制、库存管理等方面发挥了重要的作用，有效地减轻了传统供应链中链式信息传导所导致的信息扭曲失真带来的供应链风险。

例如，小米在供应链端到端的可视化层面从物料供应商主数据对象出发，实时地监控供应链各个环节的活动，结合采购订单、交货单收货等节点数据，来分析成品达成情况与库存周转计划波动情况，并且辅助业务管理者模拟砍单计划调整对整个交付计划和供应链伙伴的全面影响，最终推荐业务管理的执行方案。小米利用数字化供应链将供应计划、资源寻源、采购交付和生产制造全面打通，通过数字化工具实现了产品从设计到销售的端到端精准交付和成本管控的精细化管理，帮助小米管理者实现了智慧决策，更好地洞察市场先机。

在供应链数字化转型中，用户需求数字化是整条供应链最强大的驱动力。用户需求数字化就是对用户的消费、行为、属性等维度进行数字化的转化，对庞大复杂的数据进行处理，使供应链上各参与方都能够实时获取用户数据，得到终端用户的真实需求，构建用户画像，从而制订自身的采购、生产、配送等计划。通过数字化供应链，供应链各参与方都能实现从供给端到需求端全链数据的实时可视，这为供应链的动态调整与优化奠定了数字化基础。

3.1.2 数字化供应链实现上下游网络化连接

1. 传统供应链上下游连接的困境

供应链是从采购原材料开始，制成中间产品及最终产品，最后由销售网络把产品送到用户手中的，由多实体、多组织连成的整体功能网络。各实体、各组织之间的协同效率共同决定了供应链的效率。传统供应链中信息单向流动、供应链参与方单点连接决定了生产和消费两端存在大量信息不对称的现象，导致供应链各参与方在协同合作上存在诸多弊端。例如：供应链上下游企业以自身利益为目标，沟通方式老旧，效率低下；寻源采购、订单跟踪均在线下进行，无法及时响应变化；制造商和供应商系统基本没有衔接，主要以人工进行催单和对账；产品、物料、价格没有历史记录，后续查证对比缺乏依据等。并且，传统供应链中制造商与供应商过于相互依赖，生产线的抗扰动能力较差，面对变化的市场需求，企业难以及时匹配供需资源，进而导致竞争力的下降、用户的流失。

2. 数字化供应链推动上下游网络化连接的价值与意义

数字化供应链通过推动供应链上下游网络化连接的方式赋予企业信息协同、

资源协同、业务协同等方面能力，打造低成本、高品质、高效率的供应链网络。

在信息协同方面，数字化供应链利用物联网、人工智能、大数据等技术，将人、机、料、法等在现实世界中原本环环相扣，但在传统供应链中总是单向流通的信息双向联通，将供应链中单个参与企业与其他参与方、社会相关方贯通连接，形成数据联通、信息共享体系，并通过持续的数据积累，形成大数据智慧反哺协同网络上的各参与方。

在资源协同方面，数字化供应链促进协作网络上各参与企业、社会参与方资源的共享、互补和匹配，通过高效便捷的协同方式提高资源利用效率，优化供应链总成本。在数字化供应链中，生产与消费可以动态对接，实现供应链供需两端的低成本、高效率匹配，从而稳定地提升供应链各参与企业的竞争力。

在业务协同方面，数字化供应链利用技术来进行产品的概念化与设计，通过改变业务线性推进方式、提高设计效率、推动业务价值流的各参与方高效协作，推动终端用户参与到产品设计与生产过程中，降低研发费用和产品维护成本，形成以用户为中心的价值创造和协同工作网络，从而实现广泛而深刻的业务创新、集约而快速的运营效率提升，有助于企业快速响应不断变化的用户需求。

例如，深圳市携客互联科技有限公司，专注于以云和大数据的新一代信息技术，为制造业提供供应链管理和优质制造资源对接的互联网化解决方案。深圳壹连科技股份有限公司（以下简称"壹连科技"）作为电器和电子连接线需求系统供应商，存在供应链管理信息不透明、流程不受控、数据不协同的痛点。携客云新一代供应商关系管理（supplier relationship management，SRM）软件作为数字化供应链协同平台，与壹连科技线下采购实务操作优势互补，连接了企业及其供应商，通过数字技术共享信息，构建了高效、敏捷、协同的数字化供应商管理与执行体系，实现了采购业务的全流程高效受控，助力制造企业提质、降本、增效，实现了为制造企业和产业链上的供应商伙伴赋能，在信息协同、资源协同、业务协同方面均取得了卓越成效。

3.1.3 数字化供应链推动自适应智能化决策

1. 传统供应链在决策中的困境

传统供应链决策是以未经分析处理的历史数据和管理者主观经验为基础的简单策略。随着市场环境不确定性和复杂性的提升，供应链参与主体也越来越多，供应链上各参与主体需要考虑多维度影响因素的动态变化。供应链决策影响着生产商、供应商、经销商、物流商、零售商、服务商、终端用户等多元主体的利益。通常，销售或发货历史记录在统计上用来生成最初的需求预测，然后通过各部门协商最终确定销售和运营计划。整个过程由于遵循各种顺序步骤可能相当漫长而复杂，因此传统供应链面临着策略保守、协商沟通不畅、资源利用效率低下、数据挖掘能力不足的困境。这使得传统供应链决策对于现状的改善较为有限，供应链系统的优化存在瓶颈，亟须更智能的决策方式来处理与分析供应链上下游的数据、应对供应链各环节的不确定性、解决层出不穷的问题。

2. 数字化供应链推动自适应智能化决策的价值与意义

智能化决策，是指利用大数据和人工智能等技术将海量数据转化为有洞察力的见解与知识，通过人机结合或自动化的方式将知识应用于业务问题，从而改善企业的决策能力和效率。据全球知名 IT 研究与顾问咨询公司 Gartner 测算，到 2030 年，决策支持/增强将超过所有其他类型的人工智能活动，占据全球人工智能衍生商业价值的 44%。智能决策支持系统的构建开始成为新的时代趋势。

数字化供应链通过人工智能的应用逐步引入数据驱动的在线模型学习技术，并使模型在使用过程中进一步完善与进化。基于机器学习算法，数字化供应链非常擅长在大型数据集中发现异常信息，并得出预测性见解。因此，当供应链参与方遇到时间、成本和资源约束等多方面的挑战时，数字化供应链能够成为解决这些问题的理想选择——利用数字技术进行预测与需求规划，降低成本、及时交付并根据自动化分析来提供相关的交互式决策。这些决策可以基于海量的历史数据，自动、大规模地实时定义最佳行动。

例如，中祥英智能图像不良自动分类系统利用人工智能图像识别技术，可连续不间断地进行图像缺陷检测，及时发现各种疵点，对严重的瑕疵停机报警，并对所有疵点进行统计和记录，以作为等级评定的原始数据。同时通过数据分析，形成数据闭环，进行缺陷溯源。并且系统算法能够根据实际业务不断进行迭代更新，技术成熟度不断提升。此外结合智能看板，该系统还能实时反馈和显示生产过程，给决策者、经营者和管理者提供判断与决策依据。

另外，数字化供应链一方面能够利用各类人工智能技术以及脱敏后的海量消费数据来挖掘用户痛点，训练一整套模型以精准模拟海量用户对各种商品的搜索、浏览、收藏、购买、评论等一系列行为，并且从数据中综合考虑商品的每一维属性和功能从而给出优化建议；另一方面还能预测商品上市后的销量及用户评论情况，从而自动设计出满足不同人群需求的商品，帮助供应链参与企业提升销量。供应链参与企业还可以将设计出的新品放入这套模型，查看它在模拟环境下的表现，从而决定是否继续优化设计方案。

例如，海尔打造了C2M——以用户交互为核心的互联工厂模式，强调用户体验与连接，从产品的创意研发到生产物流，全程用户可视可交互。通过产品、设备、组织运营的模块化设计，海尔打造出了一条可柔性选配产品、扩展加工能力、换模响应需求的自动化生产线。用户的需求，无论是自然语言描述、对话或者是图像，都能够被人工智能（图像和语义识别技术、推理）解析为产品技术要求，从而智能决策产品设计和生产计划。

3.2 数字化供应链提升管理效率

3.2.1 数字化供应链优化库存管理

1. 传统供应链库存管理的困境

库存表示用于满足未来需求、暂时处于闲置状态的资源。库存管理是指在订购、存储、使用和销售库存的过程中，有效地管理库存，保持库存的最佳水平，以避免库存短缺和过剩。库存是协调供需关系的一个有效的缓冲机制，因为需求的不确定性，企业通常会储备一些库存以抵御缺货、需求不确定的风险。但持有较高的库存不仅会导致仓储成本上升，还会使得无法产生收益的投入成为沉没成本，这也意味着推出新产品、投资研发或者升级制造能力的下降。因此在仓储成本和缺货风险中找到平衡是企业所重点关注的问题。

传统供应链立足于单一企业进行库存管理，从自身库存所带来的存储成本和订货成本出发确定经济订货批量与订货点。这种管理方式在市场竞争并不激烈、用户需求变化并不频繁的情况下具有一定适用性。但当前全球经济受疫情扩散影响，传统供应链在库存管理中存在的"过度依赖人工、信息闭塞、仓储数据滞后"等问题日渐暴露，增大了供应链风险。并且传统供应链对仓库中的各种产品、原材料等物质的出入库以及库存资源变化产生的大量数据信息只进行简单收集与分析，虽然一定程度上避免了库存资源的浪费，但由于未经过数据挖掘无法找到事物间的内部联系，使得固定的库存资源无法适应变化的市场环境，在提高库存空间利用率、降低库存成本的实施效果上并不理想。

2. 数字化供应链优化库存管理的价值与意义

数字化供应链使得供应链参与方的物流作业更加透明，使其能够及时准确地掌握库存的真实数据，并能高效地跟踪与管理用户订单、采购订单以及仓库等信息，为物流作业的分析提供基础数据的支撑。通过对实时库存数据进行留存、提取并分析，能够得出各种仓储绩效，如拣货效率、入库效率、装车效率、出库量等，进而对这些绩效进行分析，最大限度提升仓库管理效率和效益。由此可见，数字化供应链从两方面优化了库存管理。

一方面，数字化供应链提升了出入库数据的准确性。数字化供应链的应用，使企业能够准确获得物料到库时间，物料进库后仓管员逐一扫描货物条码，自动与系统提供的入库订单进行比对，确认无误后信息会同步录入系统，有效避免了人工录入数据产生的延迟和失误。进库后系统会自动规划最优路径，数字化仓储管理系统可与自动导引运输车（automated guided vehicle，AGV）对接，颠覆拣货作业模式，将"人找货"转变为"货找人"。管理人员能够实时掌握库存现状，避免产生管理混乱，提高出入库作业的及时性与准确性。

另一方面，数字化供应链实现了灵活调整库存结构。数字化供应链的应用使企业实现对仓库中剩余原材料数量的实时跟踪以便检查空间利用率。射频识别和传感器标签可以保存更多关于物品的信息，并将这些信息传达给库存系统，从而实时同步更新剩余物品的数量、订购的产品数量和所需的材料数量。实时的信息传递能够提高供应链上各节点的协调性，打破信息闭塞的局面，强化与用户之间的沟通，并且数字化供应链通过利用大数据等技术对未来用户需求作出预判和分析，从而实现库存结构灵活调整，形成智能化的库存管理体系。

例如，京东利用其天然的数据收集优势来获得诸如库存、销量、采购、促销、内配、供应商退货、销量预测等大数据，进行全销售模拟、促销模拟、采购模拟、调拨模拟、供应商退货模拟等，得出库存健康报告。根据不同的报告，分析现货率、周转率、滞销、下柜等状况，并且能够自动学习采购专家的优秀经验，对补货模型进行自动评估与迭代优化，达成现货与周转的最优决策。数字化供应链不仅实现了库存的自动化管理，而且能够通过模型优化库存结构，降低滞销占比，节省库存成本，实现阶段性的补货与时间的匹配等，从而减少库存周转天数，提高库存周转率（图3-2）。京东在2021年三季度财报中公布，其库存周转天数已经降至 30.1 天，这个数字代表着京东在 30.1 天的时间内，实现了仓库内千万级 SKU（最小存货单位）货物的销售与更新。

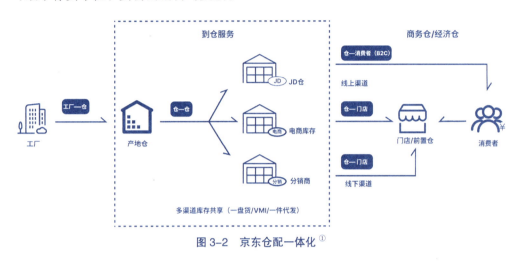

图 3-2　京东仓配一体化①

3.2.2　数字化供应链提升抗风险弹性

1. 传统供应链缺乏弹性的困境

供应链弹性（supply chain resilience，有时也被译为供应链韧性）是供应链系统的一种动态演化能力，是指面对突发风险事件产生的扰动时，供应链迅速作出反应，采取适应性行为降低负面影响，并在系统发生形变后，恢复到初始或理想状态，且在此过程中实现供应链改进的能力。

传统的线性供应链模型中，每个节点的经营都取决于上一个节点的输出，并直接影响下一个节点，因此当某一节点企业遭受风险的时候，其后的几乎所有企业都会受到打击。此外，当原材料供应商和零售商位于供应链的两端时，彼此之间很难有实时精准的信息传递，信息不对称导致预警信息不能及时传递、损失不能及时挽回。在经济全球化大背景下，供应链各参与企业间的合作（包括全球化采购和生产外包等活动）日趋密切。同时，商业企业为了降低成本，广泛采用去库存和精益生产的策略，这些手段在提高供应链效率的同时也增加了供应链网络的复杂度和脆弱性，再加上由自然灾害、政治、经济因素等引起的各类风险事件频频发生，对供应链造成了极大的打击。

---

① 京东物流官方网站，https://www.jdl.cn/supplyChain。

2. 数字化供应链对于提升抗风险弹性的价值与意义

当前，世界正在经历百年未有之大变局，各类风险事件显著增多。供应链韧性（弹性）的重要性已上升至国家战略高度，党的二十大报告明确提出"着力提升产业链供应链韧性和安全水平"。发展数字化供应链对于提升供应链韧性（弹性）具有重要的价值与意义。通过数字化供应链的网链结构，连接了包括供应商、制造商、分销商、零售商、用户、物流服务商等伙伴，彼此互联互通，形成韧性生态系统。数字化技术主要从增强可视性、敏捷性和协调性三方面赋能供应链，增强其应对风险的自适应、自修复能力。供应链参与企业基于数字化技术灵活配置企业内部与上下游的资源，快速准确地响应风险冲击造成的各方面影响。此外，通过共享平台和大数据分析等技术，供应链各节点企业能迅速形成合力，建立敏捷的数字化团队，及时了解供应链所受到的影响，快速响应并解决问题，提高整个供应链经受突发风险后的自修复能力，使供应链各参与方在当今充满不确定性的商业环境中，拥有抗风险的弹性。因而数字化供应链在风险发生时实现了减少供应链损失以及增强供应链快速恢复能力两方面的效果。

一方面，数字化供应链减少了因信息不对称造成的供应链损失。供应链各环节的参与者能够及时获得其运作所需的关键信息，并通过这些信息创造业务价值，极大地降低意外事件所带来的负面影响，规避业务损失。通过构建企业内部的数据架构及流程，收集并利用数字技术分析实时数据，以控制塔监控整个供应链，可以显示出整个供应链中的数据、关键业务指标和相应的洞察，同时帮助供应链参与企业更全面地了解问题，识别这些问题的根源，帮助其确定优先级并加以解决，为建立供应链预警系统奠定基础，甚至可以通过大数据分析，防患于未然。

另一方面，数字化供应链增强了供应链参与企业的快速恢复能力。企业外部风险的冲击会对产业供应链的持续竞争力形成挑战，使企业面临人力短缺、成本增加、现金流紧张和供应链不确定性增高等问题。物联网技术与区块链技术在数字化供应链中的结合可以实现物流信息智能共享和物流活动协同，上游制造商与终端零售商可以显著提高库存调配和需求预测的准确性，使得供应链更加透明。数据分析技术的使用可以帮助组织管理者识别潜在的威胁或干扰源，以便制订业务连续性计划，在中断事件发生时加快恢复速度。同时数字化供应链建立了基于企业事件的供应链预警体系，根据供应链预警信息和状况，合理规划供应链运营方式，运用数字化能力建设企业供应链弹性体系，稳定供应链运营，提升供应链效率。

例如，华为基于数字化供应链的建设成果，经受住了各类自然灾害、突发事件和全球疫情的极限考验，有效支撑了公司的供应连续性。2020年3月，意大利米兰疫情发展迅速，周边国家陆续出台防疫政策，阻断了物流路径。3月6日，经克罗地亚上船至意大利安科纳的驳船停航；3月14日，斯洛文尼亚禁止从意大利方向过来的司机入境，常规卡车回程线路中断。面对此种情况，华为供应链集成全球海、陆、空的物流资源，构建多路径、多梯次的物流资源备份，实现物流路径的动态调整。当供应商、代工厂或物流路径主用资源不可用时，备用资源可迅速启用和切换，实现供应网络的自愈自优。

3.2.3 数字化供应链削弱"牛鞭效应"

1. 传统供应链出现"牛鞭效应"的困境

"牛鞭效应"是供应链上的一种需求波动放大现象，表现为信息流从终端用户向供给端传递时，无法有效实现信息共享，使得信息扭曲而逐级放大，导致需求信息出现越来越大的波动。供应链的流程越长，供应链中的角色越多，产品加工制造越复杂，其覆盖的空间范围越广，供应链中的"牛鞭效应"就越明显。"牛鞭效应"的消极影响越来越严重，导致了严重的供给过剩和产能过剩，造成了严重的资源浪费和环境压力。在传统供应链管理理论框架下，无论是最佳订货批量模型，还是最优补货提前期模型，都是基于生产商、经销商与零售商自身利润最大化的决策，尽管可以通过供应链综合计划、协作计划、预测与补货等方式尽可能地消除供应链中的"牛鞭效应"，但依旧存在供应链全链条利润厚此薄彼的零和博弈现象。

2. 数字化供应链对于削弱"牛鞭效应"的价值与意义

正如第1章中"牛鞭效应"成因的分析，"牛鞭效应"产生的原因就是从终端用户收集来的需求信息在沿着供应链向上传递的过程中被不断地曲解。数字化供应链重构了供应链消费端、供应端、运输端三个方面的需求传导机制及业务逻辑，从源头削弱了"牛鞭效应"产生的可能性。消费端的数字化能获取真实的用户需求，消费端不再是中间商的预测或者是非理性的囤货，控制有效需求的方法能削弱层层传递的影响。供应端的数字化在于实现库存管理的透明化，物联网技术的发展能够实时传递节点企业的库存信息，这样商家能够监控供应链网络上各个合作企业的库存情况，不再忌惮上游库存不足而盲目囤货。运输端的数字化能够使物流状态保持透明，提高配送效率，提高用户端的体验。数字化供应链的这三个方面的需求传导机制使上游企业可以获得其下游企业的真实需求信息。上下游企业都可以根据相同的原始资料来制订供需计划、进行供给活动，所以它能够从根本上避免供给过剩和不足，从而削弱了传统供应链的"牛鞭效应"。

例如，2014年底，京东和美的达成了战略合作关系。京东与美的供应链的深度协同，实现京东和美的在销售计划、订单预测、物流补货等方面数据的充分共享，终端用户的需求波动的实时感知，完成了从销售计划到订单预测以及订单补货的深度对接。在生产预测协同中，京东将基于对历史销量数据的模拟，应用相应的数据模型，并参考促销、天气等复杂因素树立对未来销量的预测，为美的的生产计划和备货计划提供有力参考。在订单预测协同中，京东将智慧采购能力与美的共享，京东参考销量预测、备货周期、送货时长、安全库存，以及京东和美的仓库的支援关系，自动计算出京东每个仓库的建议补货量，实现智能补货。双方运营效率得到大幅提升，库存率和缺货风险得到有效降低，进而成功削弱供应链中的"牛鞭效应"（图3-3）。

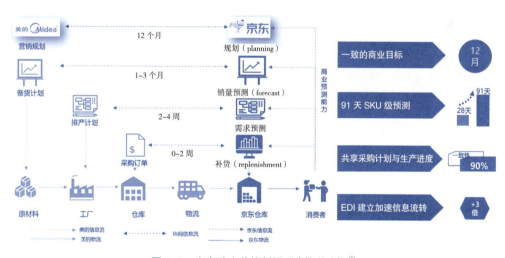

图 3-3 京东助力美的削弱"牛鞭效应"①

---

① 《京东：工业互联网助力一体化供应链》报告。

3.3 数字化供应链创新商业模式

3.3.1 从提供产品到提供服务

近年来,随着信息技术革命的发展,人类社会正在逐步进入数字时代,数字化技术已经向社会经济生活全面渗透,并成为经济增长和社会演进的新动能。国家"十四五"规划提出加快数字社会建设步伐,适应数字技术全面融入社会交往和日常生活新趋势,促进公共服务和社会运行方式创新。数据信息成为这一时代关键生产要素。有效获取、控制和利用数据信息,进而降低或消除不确定性,是提升企业核心竞争力的关键。数字化供应链将不仅仅优化运营性能和管理效率,更有可能创造出新的商业模式,定义新的竞争范式。

1. 产品服务化延伸的必要性

国际金融危机后,各国纷纷意识到虚拟经济的脆弱性,开始重新审视制造业战略定位,加快推进制造业服务化发展,制造业再次成为国际竞争的制高点。发达国家"再工业化"核心是推动制造业技术变革,同时制造业服务化也是当前全球制造业转型升级的主要方向之一。新一代互联网、个性定制、智能制造等制造业创新都需要加强制造业和信息技术、工业设计、营销咨询、技术服务等高端生产性服务业的深度融合,美国的先进制造业伙伴计划、德国的工业4.0战略等制造业的顶层设计都内含了制造业服务化的发展倾向。

我国工业和信息化部等十五部门联合印发的《关于进一步促进服务型制造发展的指导意见》提出服务型制造是制造与服务融合发展的新型制造模式和产业形态,是先进制造业和现代服务业深度融合的重要方向。服务型制造是制造企业由以提供产品制造为核心向提供产品、服务和整体解决方案并重转变的过程,既满足了用户个性化需求,又延伸了制造业价值链,并且促进了工业经济向服务经济过渡。制造业服务化使价值链由以制造为中心向以服务为中心转变,在产品附加值构成中,制造环节占比越来越低,而服务增值却越来越高。与产品相比,服务的可模仿性更低,制造企业可以通过服务提升经营的差异化程度,提高用户忠诚度和盈利能力。

在市场需求和政策推动下,国内一些行业龙头企业开展了富有成效的探索,制造业服务化呈现出积极的发展态势,在装备制造、通信设备、信息技术、汽车、智能设备等领域涌现出一批成功的案例。然而与发达国家相比,我国对制造业服务化的认识仍在起步阶段，制造企业服务化水平普遍偏低。这一方面是因为，我国制造企业大多处于产业链的加工组装环节，产品技术含量和附加值低，使企业对生产性服务业需求不足，主要停留在批发零售、仓储物流等低端服务领域；另一方面是因为，我国大部分制造企业都不具备足够的服务化转型能力，在价值链延伸、提供集成服务和整体解决方案、产品定制服务等方面仍有不足，核心竞争力没有得到有效提高。

2. 数字化供应链赋能产品服务化延伸

数字化供应链赋能企业由单纯制造产品向产品附加服务延伸。依靠互联网与大数据技术，将传感器、软硬件系统"嵌入"产品和装备中，智能产品通过收集与分析用户的数据和状态，提升其性能和智能化水平，使制造企业实现从机械产品向智能产品转变、从提供产品向提供基于产品的服务转变。以服务为导向的制造（service-oriented manufacturing，SOM）应运而生，它将分散的制造和服务资源整合在一起，以实现高度的资源协同，实时满足工厂不断变化的条件和不同的操作要求。从传统制造商向服务型制造商的转变，不仅意味着价值主张的重新设计，还意味着产品结构的调整。SOM 分为三种类型或模式，即面向产品的服务（product-oriented services，POS）、面向使用的服务（use-oriented services，UOS）和面向结果的服务（result-oriented services，ROS）。通过 POS，制造商销售产品，将产品所有权转移给运营商，并以传统方式提供各种服务。通过 UOS，制造商将产品和相关服务的使用权出售给运营商一段时间，但不将产品所有权转让给运营商。通过 ROS，制造商直接提供功能，而无须将产品所有权转让给运营商，运营商根据产品的功能向制造商付款。

服务化包含一系列与提供硬件即服务相关的概念，终端用户可能不需要购买服务化设备，即可从设备供应商那里获得相关的服务，包括设备预测性维护、装备能效优化、产品衍生服务等。通常，服务化属于即用即付的商业模式中的一部分。数字化供应链使管理活动从传统产品制造环节向两端延伸，将行为触角延伸至产品的整个生命周期，探索基于产品的增值服务和基于需求的服务，利用数字技术打通产品出厂后的物流服务、仓储服务、配装服务等产品流通环节，由提供有形产品转变为提供"产品+服务"，从而提高服务效率、盈利能力和用户体验。

例如，美的开放生态为用户打造全流程饮食生态体验闭环，通过"智能化硬件+科学饮食内容服务+优选的生态产品"组合方式，开创了从"产品提供"到"烹饪解决方案"的新型模式和健康生活方式。以美的智慧健康饮食为例,2021年6月,美的 IoT 与薄荷健康达成战略合作,结合美的智能厨电为用户提供更为精细化的健康餐饮营养信息,针对不同人群需求提供食材营养信息,打造了全健康烹饪饮食闭环,让用户不仅吃得方便,更吃得健康和细腻。

用户需求会随着社会经济、自身经济状况、消费环境和个人偏好的变化而变化,因此能否发现用户需求的变化,并作出快速应对和调整,为用户提供全生命周期的服务,已成为制造企业核心竞争力的重要影响因素。随着互联网新技术的深入发展和应用,制造企业进一步创新服务模式,向用户提供研发设计、生产制造、安装维护、人员培训等一体化服务及系统化的产品整合,进一步扩展业务,实现竞争优势逐步转向在产品全生命周期向用户提供全方位的服务。

例如,2021 年海尔卡奥斯联合传统企业青岛双星推出了橡胶工业互联网的子平台——胎联网"智慧云"平台。通过在每个轮胎安装小型传感器,汽车的位置、里程数、胎温、胎压、行驶路线、路况、载重、磨损等数据被记录并通过传感器上传到云端。"智慧轮胎"不仅性能好、寿命长,发现异常数据后还会马上报警,胎联网平台就立刻向驾驶员、管理后台和服务站发出预警信息,保证司机的安全驾驶。这种"智慧轮胎"无须购买与维修保养,只需按行驶里程付费,让传统企业实现了从卖轮胎到卖公里数的颠覆性转变。

3.3.2 从批量生产到大规模定制

1. 大规模定制的必要性

传统的推式供应链,是指生产商或品牌商按照下游用户的订单或基于历史数据的销售预测来组织生产,从而避免产品滞销和产能过剩。但这种供应链的驱动力来自经销商,而不是真正的终端需求,只是把产品滞销的压力转移给了渠道。相对地,拉式供应链的驱动力来自真正的终端用户的需求。随着近年来互联网商业模式和用户日益增长的"个性化"消费需求,大规模化定制浪潮已现端倪。相对于熟悉的规模化生产,大规模定制是一种全新的商业模式,包含多种业务类型,可分为按订单销售(sale-to-order, STO)或称为按库存生产(make-to-stock, MTS)、按订单装配(assemble-to-order, ATO)、按订单制造(make-to-order, MTO)、按订单设计(engineer-to-order, ETO)或称为用户驱动的反向生产模式(CTM 或 C2M)。按库存生产是指企业通过匹配库存与预期的用户需求进行生产活动。按订单装配是指企业接到用户订单后，将企业中已有的零部件经过再配置后向用户提供定制产品的生产方式。按订单制造是指企业在收到经销商发送的订单后开始的生产制造活动，通常允许用户购买根据其需求进行部分定制的产品。用户驱动的反向生产模式是四种类型中当前社会最为流行的趋势，是指制造商可以直连用户（图3-4），基于互联网、大数据、人工智能等技术以及生产线的自动化、柔性化能力，运用庞大的计算机系统随时进行数据交换，按照用户的产品订单要求，设定供应商和生产工序，最终生产出个性化产品的工业化定制模式。用户驱动的反向生产模式的火热实际上反映了业界对响应型供应链的追捧。在消费模式变化的拉动下，以用户为中心的拉式供应链成为供应链变革的重大方向。

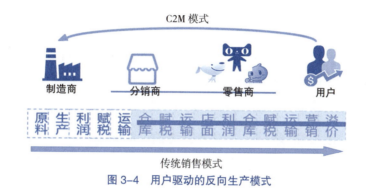

图 3-4 用户驱动的反向生产模式

而这种的变革背后是供应链重点的转移，供应链在不同时期有不同的重点。最初期供应链的重点在于制造能力和运营效率的提高，但是目前供应链的重点已转移到如何有效且快速地响应终端用户的需求上。因为当今社会已进入供给相对过剩的时代，相对于当前的需求，产能已经达到饱和状态。供需不匹配不再是因为需求不足或供给不足，而是因为需求频繁变化，但供给的产品却无法满足市场需求。用户自我意识的觉醒让他们越来越倾向于自由表达需求，需求也因此越发多样化、个性化。在这种情况下，一味地批量生产而忽视用户的真实需求很可能导致严重的呆滞库存和资源浪费，而规模定制低成本高效率地响应了用户个性化的需求，成为越来越多企业追求的目标。

2. 数字化供应链赋能大规模定制

大规模定制是一种集企业、用户、供应商、员工和环境于一体，在系统思想指导下，用整体优化的观点，充分利用企业已有的各种资源，在标准技术、现代设计方法、信息技术和先进制造技术的支持下，根据用户的个性化需求，以大批量生产的低成本、高质量和效率提供定制产品与服务的生产方式。和传统的批量生产相比，大规模定制的核心在于在产品品种的多样化和定制化提升的同时，不会相应地增加成本（即实现规模经济）。它在生产系统的设计、管理和优化上都要困难得多，需要将物联网、大数据、人工智能技术融入生产系统之中，实现智能生产。个性化定制下用户的需求及喜好是多样化、零散化、非标准化的。在"互联网+"时代，这些零散的个性化需求被整合起来。应采用现代化信息处理技术，挖掘其深层次标准，将零售转化为集采，通过数字化智能制造满足大众的个性化需求。

数字化供应链背景下的企业能够精准对接用户个性需求，在实现针对个性需求组织大规模定制的基础上，进一步平衡成本与质量、供货周期、货物安全、资金安全等多因素之间的矛盾。在生产过程中，工厂首先可以通过射频识别技术对归属某个用户的原料进行标识，确保数据在所有流程所有步骤中透明可访问。在制造执行系统中，由人工智能技术根据用户的需求确定生产计划，基于物联网采集的信息，对生产流程进行控制和优化，指挥机器人等自动化的生产和物流设备实施生产，从而提高生产效率。同时，供应链的数字化改造增强了全链的可见性和透明度，为实现资源跨企业、跨生产任务的灵活配置提供了必要的信息条件，借以加强对物流、信息流的计划、管理和控制，实现对整个供应链的全面优化管理，提高上下游的协作性，保证在提供定制化的产品和服务的同时，实现规模经济性。

以服装行业为例，数字化个性定制通过个性化消费需求集采实现数字化生产的低成本、高效率、快速生产。制约服装批量定制化生产的关键在于灵活多变的服装版型制作与设计。企业通过收集建立版型数据库、面料数据库、款式数据库、工艺数据库等，将三维的款式数据库与服装衣片建立一一对应关系，通过不断更新、优化，实现版型数据化、模块化。快速有效地收集用户需求及体型信息并无缝对接到相应数据库中是服装数字化个性定制开始的关键。服装定制生产中，企业将传统的生产流水线升级改造为基于互联网信息化的网络数据传送生产流水线。工人可以根据用户需求进行流水线加工，最终实现同一流水线生产不同款式及设计的产品。企业的生产部门通过互联网信息技术进行各个模块的有效重组，最终实现定制的数字化生产。

另一个例子是上汽大通汽车有限公司使用数字化解决方案，极大地促进了定制汽车的批量生产，显著提高了用户服务水平——从下单到交货只需不到4周的时间。由此产生的影响包括：减少35%的上市时间，缩短产品交付周期达20%，实现99.8%的配置精确度，缩短30%的加工及换线时间。用户可以使用网络应用程序定制和下单，随后便可在App上追踪生产状态，获取整个订单的生产及配送方案。该公司会根据用户订单需求，使用3D（三维）仿真和数字孪生技术来实现汽车的定制。借助高效的数字化供应链，每辆车的配置和生产队列会实时发送给供应商，供应商准时按顺序供应发货。

3.3.3 从单一企业生产到网络协同制造

1. 网络协同制造的必要性

随着信息技术、互联网技术和物联网技术的发展，网络协同制造已成为制造业未来发展的方向。协同制造是指充分利用网络技术、信息技术，实现供应链内及跨供应链的企业在产品设计、制造、管理和商务等的合作，最终通过改变业务经营模式，达到资源最充分利用的目的。从生产模式而言，协同制造是基于敏捷制造、虚拟制造、网络制造、全球制造的生产模式，它突破时间和空间的边界约束，依托互联网等技术使供应链上下游企业共享用户、设计、研发、生产、管理等信息。它把传统的单一企业串行生产的工作方式转变为并行工作方式，缩短产品研发周期和生产周期，快速响应个性化用户需求。通过面向工艺、生产、成本的设计，供应商直接参与设计研发，提高产品设计水平、可制造性和成本的可控制性，提升用户满意度。

2. 数字化供应链赋能网络协同制造

数字化供应链从设计、生产和服务三个方面赋能供应链的网络化协同。

设计协同是指利用计算机技术、多媒体技术和网络技术，在协同设计平台上支持工作群体成员在共享环境下的协同工作、交互协商、分工合作，共同完成某些设计任务。它支持多个时间上分离、空间上分布而工作又相互依赖的协作成员的协同工作。生产协同是指通过互联网创建供应链网络，供应链各参与方可动态地共享用户需求、产品设计、工艺文件、供应链计划（supply chain planning，SCP）、库存等信息。任何用户需求的变动、设计的更改、上下游物料的供应情况在整个供应链的网络中快速传播，及时地做到动态协调与响应。服务协同是指在数字化供应链的支持下，企业能够着眼于产品全生命周期，从用户需求、卖方信贷、产品租赁、售后服务、备品备件直至回收再利用全过程的管理和服务。在产品智能化的基础上，实现产品运行状态的在线数据采集，通过物联网进行数据传输，结合产品运维知识库，进行在线诊断和分析、在线服务、预防性维修等，提高用户服务的满意度，为用户和企业本身创造新的价值。

例如，中航工业西安飞机工业（集团）有限责任公司为将研发、采购、制造、客服融为一体，构建了一个协同开发与云制造平台，形成一套先进的智能制造业务体系，催生航空装备产品发展的新模式。该公司通过飞机协同开发与云制造平台，在飞机设计过程中，实现飞机概念设计、详细设计、仿真计算、工艺设计的异地全程参与。针对用户的每一个调整，设计部门可以及时跟进，并与制造厂和零部件供应商沟通方案调整的可操作性，进而实现设计环节的高效联动，以及主设计商、主制造商、供应商、专业化生产单位和航空公司单位之间的高度协调。

通过数字化供应链赋能网络协同制造，内部可以实现产品从原料到生产包装的整体质量追溯；外部可以实现整个分销渠道的高质量管理，能够进行防窜货、防伪查询等一系列管理动作。对内利用标识解析技术，结合工业互联网平台、智能制造和产业金融等方式，能够对供应链管理模式进行重组优化，确保及时响应用户需求，提高内部运营的效率。对外通过有效集成不同设计企业、生产企业及供应链企业的业务系统，实现设计、生产的并行实施，大幅缩短产品研发设计与生产周期，降低成本。

例如，河南航天液压气动技术有限公司以往存在重复劳动、工作效率低下、产品设计周期较长、产品质量无法保证等问题。通过航天云网 INDICS 平台，该公司实现了：①云端设计、复杂产品的多学科设计优化。②与总体设计部、总装厂所的协同研发和工艺设计。③作业计划的全过程管控，实现计划进度采集反馈与质量采集分析，最终达到研发周期缩短 35%、资源利用率提升 30%、生产效率提高 40% 的目的，产品质量一致性得到大幅度提升。

3.4　数字化供应链改善用户体验

3.4.1　数字化供应链精准洞察需求

1. 传统供应链洞察需求的困境

洞察需求，主要包括对市场需求的追踪及需求预测，即对过去及当前市场需求的分析与对未来市场需求的预估。通过对过去及现在的需求数据加以分析，预测未来某一时段内用户对于产品的需求，企业可以提前购买原材料、安排生产活动，以快速响应用户需求。因此，数据收集的完整度与预测的准确性，直接影响了企业的生产计划和用户满意度。需求数据是企业运营的基础。企业需要收集并分析预测在什么时间内生产什么产品，有了分析与预测才能制订计划。比如市场部会先根据需求数据作出需求预测，采购部门才能按照需求预测结果进行采购，生产部门才能按照需求预测结果进行排产。新时代年轻人需求变化速度更快、个性化特征更为明显，终端用户需求的洞察越来越重要。

在供应链管理中，需求的收集、处理与利用有助于管理者规划如何将合适的产品在合适的时间以合适的方式送达用户。然而传统供应链在需求数据的收集与处理方面存在一些不可忽视的问题：①供应链上下游节点间存在数据开放程度低、需求数据共享壁垒多、信息安全隐患高的问题。这使得企业对于用户需求能见度和可视化程度较低，所以传统供应链中的需求预测一般基于不连续、不全面的数据，预测的结果也与市场实际需求差异较大。②供应链条上存在需求反馈即时性较弱的问题，这在一定程度上导致了预测和供给的滞后性。③需求反馈存在"信息失真"的现象，受制于传统供应链对于用户需求信息反馈的不准确、大数据精准识别技术应用缺乏等因素，传统供应链中的需求反馈和回应环节中存在信息扰动与失真现象。

2. 数字化供应链精准洞察需求的价值与意义

数字化供应链依托各参与方共享的采购需求、市场行情、供应商物料、卖家资质、交易历史、合同履行等供应链数据，应用先进分析和人工智能技术建立智能分析模型，开展数据整合、需求预测、支出分析、价格分析等活动，为供应链参与方提供精准的需求预测。当前供应链各参与方能够获取的数据类型和数据量都远比过去丰富，既包括遍布于网络的用户评价数据、社交媒体数据等非结构化用户数据，也包括用户在使用智能互联产品时传感器收集的结构化数据。供应链各参与方通过分析这些数据，既能够获得整体用户的群体行为特征，又能够在个体层面上更精准地刻画用户行为，从而设计出更加贴近用户需求的产品。以亚马逊公司为例，除了交易数据以外，它还可以将用户浏览、购买、使用、评价等数据都记录下来，包括搜索的关键词、页面的停留时间等。这些行为特征往往是用户偏好及其个性化需求的直接表现，加上强大的数据分析能力、机器学习的应用，可以准确而快速地获取用户的需求，使得制造商设计并生产符合市场需求的产品成为可能。在数字化供应链场景下，用户的行为数据能够通过供应链网络进行收集，用户的使用数据能够通过智能设备终端进行收集，这样全面细致地抽象出用户的信息全貌，能够了解并跟踪用户需求变化并分析探求用户需求变化的根本原因。

由此可见，数字化供应链精准洞察需求可以为用户和企业带来产品研发、生产和营销三方面的提升。

从产品研发的角度来看，可以洞察用户对于产品品类方面的需求，明确产品的核心价值，优化企业产品结构，规划正确的需求覆盖范围。从数据分析角度出发，解析用户提出需求的背景、动机、场景及痛点，从而进行新产品的研发规划、产品定位和定价策略，提升产品对用户需求的匹配度。

例如，唯品会利用平台大数据分析客群的特质和需求，助力品牌进行产品研发，并将用户数据反馈给品牌商，助力生产品类调整。唯品会通过品牌最短授权链确保货源品质，凭借专业买手团队、供应链能力与特卖活动运营，打造极致低价购物体验；同时，不断加深与品牌方的合作关系，利用平台优势，深度分析平台客群，根据客群的特质和需求，联动品牌进行产品研发和包装，甚至是款式开发和面料选择，打造专供款产品，为唯品会用户提供差异化好货。

从生产的角度来看，通过对用户产品迭代需求的及时追踪，将用户需求与企业的生产目标相结合，利用数字化供应链帮助企业制订短、中、长期目标，促使企业以销定产，合理地安排生产计划，满足用户的需求，避免出现供不应求的短缺情况，对生产进度的安排具有指导意义。

例如，SHEIN 快时尚跨境电商平台，根据用户的消费记录，快速判断流行趋势，通过对前端大量高频上新的高性价比产品持续进行试错迭代，精准累积用户需求后组织供应链以"小单快返"模式实现精准排期及快速生产，成品时间只需 3~7 天，比 ZARA 缩短一半，成功满足了用户对服装行业的需求（图 3-5）。

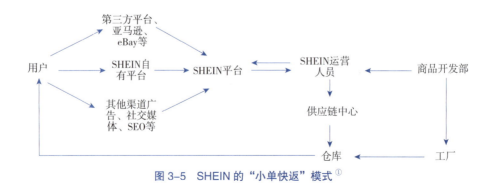

图 3-5　SHEIN 的"小单快返"模式[①]

[①] 国泰君安证券报告《享跨境电商与网红流量红利，SHEIN 扬帆正劲》。

从营销的角度来看，可以基于 RFM 模型（最近一次消费 R，消费频率 F，消费金额 M）来预测用户购买可能性，而后基于用户网络行为和购买记录来预测用户对某个内容的喜爱程度，预测用户对什么热点、爆款感兴趣，从而使用这种预测结果为特定用户推荐内容营销主题。

以电商平台为例，用户购买的数据都会留存在电商的交易平台上，通过 RFM 模型分析用户活跃程度和交易金额贡献，进而进行用户价值细分，把基于数据所形成的用户标签按照不同的组合形成画像，用以分析用户行为和偏好。针对不同特点的用户分类，能够在最合适的时间，以最合适的方式将各种优惠信息触达用户，实现精准营销，从而满足用户需求。

综上，在数字化供应链赋能下，用户的个性化、多样化、碎片化的需求能够被精准捕捉，量化为具体产品特性。甚至用户因自身认知的局限性无法直接表达的需求也能够被清晰解构，企业根据用户需求设计并开发差异化的产品功能，用户能够获得更贴合自身需求的优质产品和服务。

3.4.2 数字化供应链提高响应柔性

1. 传统供应链缺乏柔性的困境

柔性是系统以变应变的能力，不是消除市场或用户需求变化的影响，而是去响应变化，所以柔性表示响应或应对的能力。供应链柔性是指企业快速地响应、有效地应对企业生产经营活动中市场/用户需求变化或由其引起的不确定性的能力。供应链柔性的目标是快速对变化的市场需求进行响应，调整企业战略以应对这种变化，从而在尽可能降低因变化增加的运转成本的同时提高满足用户需求的服务水平。供应链柔性主要包括产品柔性、时间柔性和数量柔性，其中产品柔性是指供应链根据用户需求变化快速设计新产品的能力；时间柔性是指供应链响应用户需求的速度；数量柔性是指供应链应对用户需求数量变化的能力。供应链柔性是通过提高企业各种资源的柔性而灵活、敏捷地适应外界变化，响应用户多元化、个性化、碎片化的需求，以柔性的组织管理、柔性的人员和柔性的生产系统，快速响应变化的用户需求，提高企业供需匹配能力。同时，供应链柔性也可以通过提高运营效率、减少库存积压，达到降低成本的效果，从而实现用户购买成本的降低。

传统供应链中参与企业基本采用流水线生产模式大批量生产标准化产品，对用户需求追踪的速度不佳，响应用户需求变化的策略保守，供应链的价值局限在降低成本上，因而对用户需求的反馈不够及时与精准，通常导致产品滞销或供不应求的两种极端状况，使企业成本猛增，而用户需求得不到满足。此时供应链不够灵活的弊端就逐渐显现，并且由于经济全球化的趋势与新时代年轻人的需求变化速度快，传统的大规模生产方式已经不能满足差异化的消费需求，使得企业在传统供应链管理下无法快速响应用户在产品创新及时效性方面的要求，导致用户在产品柔性、时间柔性以及数量柔性方面均得不到良好的体验。

2. 数字化供应链提升响应柔性的价值与意义

数字化供应链使得各参与方触及从前接触不到的间接合作伙伴（如用户的用户、供应商的供应商等）、掌握从前掌握不了的资源，为用户带来成本相关外的改善。供应链各参与方可以使用更少的资源完成更多的目标，从而在当今更为复杂和激烈的市场竞争环境中，通过与销售单位合作来直接满足用户不断变化的需求，将供应链由消耗资源的"成本中心"转型成为一个提升产能、快速应变的"利润中心"。因此数字化供应链从三个方面提升柔性。

首先，数字化供应链能够提升产品柔性。数字化供应链使预测与需求感知更精确。通过精准感知用户个性化、多样化需求以及匹配的生产能力，同时借助控制塔或其他数字化平台能使企业实时地掌握自身全部业务发展现状，更全面、准确地了解需求、发现需求、预测需求，进而设计出令客户满意的产品，更合理地安排原材料供应和产品生产，准确地根据市场竞争情况及自身发展战略作出决策，及时引入新产品，提升产品柔性。将变化的用户需求转化为具体的产品特性，从提高生产能力与生产灵活性入手，极大地提高用户满意度。

例如，良品铺子从门店信息化、物流信息化到如今实现全渠道数字化运营。良品铺子打造的柔性数字化供应链，颠覆了曾经生产与零售终端脱节的经营弊端，以消费需求作为研发起点，与供应商形成互动型研发机制，与高校及科研院所等"外脑"合作，构成平台化创新。最重要的是，这种创新机制能根据市场变化实时调动整条供应链，从研发、生产到销售产品，实现供应链的柔性快速反应，让新产品第一时间触达用户。财报数据显示，作为全品类专业零食品牌，2020年良品铺子全渠道 SKU 共有 1 256 个，全年全渠道终端零售额超过千万的有 275 个。正是由于数字化供应链的作用，在零食市场同质化竞争惨烈、消费升级的情况下，良品铺子通过产品柔性成为行业的头部企业。

其次，数字化供应链能够提升时间柔性。数字化供应链能够使供应链全面互连，实现端到端的信息共享，使供应链企业与用户之间实现无缝连接，所有供应链企业分享业务计划、预测信息、库存信息、进货情况以及有关协调货流的信息。信息的联通使供应链上下游企业在面对频繁波动的市场需求和复杂的外部环境时，以信息的及时传递与资源共享快速适应变化的市场需求，通过提升时间柔性提高企业的市场竞争能力。

例如，美的以用户需求为导向，为高效满足用户订单推出了 $T+3$ 模式（图 3-6）。T 是指周期，美的将一款产品从用户下单到送达用户手中，分为 4 个周期：客户下单周期（T）、物料准备周期（$T+1$）、工厂生产周期（$T+2$）、物流配送周期（$T+3$）。4 个周期，每个周期 3 天完成，这样用户从下单到收货，只需 12 天。$T+3$ 的实施，大幅提升了美的供应链的整体快速反应能力。满足订单不再依靠高库存，而是凭借快速反应能力。$T+3$ 模式使美的供应链柔性得到很大提升，用户需求的快速变化得到及时响应。

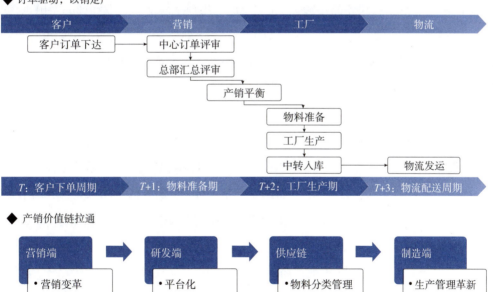

图 3-6　$T+3$ 流程关键点 ①

---

① https://www.logclub.com/articleInfo/NDIwODM=。

最后，数字化供应链能够提升数量柔性。借助大数据和人工智能技术分析海量的结构化与非结构化的外部数据，供应链上各参与企业都可以共享数据。通过对数据的分析，利用数字技术精准掌握用户需求数量的变化，改变制造商与供应商单纯的"买"与"卖"的关系，实现供应链上下游企业共建同盟关系、共享需求信息、共担风险。在面对用户需求波动频繁的情况下，变革采购方式，缩短采购提前期，提高数量柔性。

综上，在数字化供应链的赋能下，用户在产品、时间、数量等方面不断变化的需求都可以被柔性地响应。供应链柔性的提高不仅优化了用户体验、提升了用户满意度，而且更好地实现了供需匹配，从而降低了用户购买成本。

3.4.3 数字化供应链赋能互联便捷

1. 传统供应链渠道单一的困境

渠道是产品或服务从生产者向消费客户转移的通道，是用户与企业的连接点，也是两者互动的媒介。按照用户与企业连接方式的不同，渠道可以分为线上渠道（用户在线上与企业和商品接触）、线下渠道（用户在线下与企业和商品接触）、线上线下融合渠道（线上和线下都可以接触）。线上线下融合渠道即为全渠道，全渠道意味着多个销售渠道协同一致并融合交汇，满足用户从了解商品、体验或感受商品、购买商品到商品送达的全过程。

用户可以通过多种渠道购买到一件产品或服务，在这个过程中产品本身并没有发生改变，改变的是购买与销售方式及相关的服务。随着用户对线上渠道的信任程度增加，企业和生产者也随时代步伐纷纷开拓网络渠道，力求更有效率地缩进与用户的距离，吸引更多用户。电商平台与物流业的发展使得线上渠道地位稳步提升，但线下渠道的用户亦不在少数，线下渠道依然是部分用户的安心之选。传统供应链中，线上渠道与线下渠道相互独立，对于线下渠道来说，信息与商品的有限性导致可选择范围较小，而用户时间和精力损耗较多，以及价格不透明等因素可能会产生较多的消费成本；而线上渠道对于用户而言，缺乏商品的可触感、即时拥有及购物的互动体验等特性。

2. 数字化供应链赋能互联便捷的价值与意义

数字化供应链使得全渠道履约成为可能，无论用户通过何种方式下订单，系统都可以自动选择最优的方式进行履约，使得全渠道互联、履约更便捷（图3-7）。

实体与网络渠道各有优劣，越来越多的企业认知到两个渠道之间的差异及短板，并通过各种营销手段及创新举措弥补单一渠道的劣势，以求更好地发挥渠道效用。传统渠道与网络渠道的整合在不断推进，实体渠道不断向网络渠道发展，线上平台也逐渐向线下开拓实体渠道，如京东线下开设近百万家京东便利店，小米公司除在官网、第三方电商平台销售外还在全国范围内开设小米之家，这些都是为了最大限度地接触最广泛的用户、弥补单一渠道的短板。

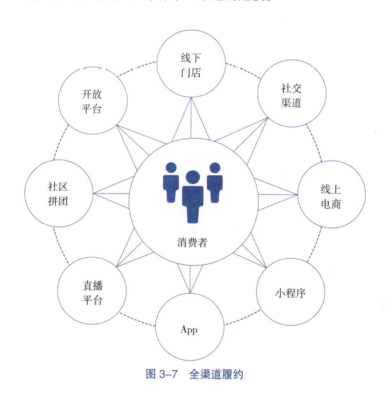

图 3-7　全渠道履约

数字化供应链使企业能够全渠道承接用户订单，整合全渠道库存，与上游供应商、门店、下游的物流配送深度协同，通过智能化履约决策选择成本、时效，体验最优的履约路径，打破线上线下的传统履约边界，最终达到降低用户成本、优化用户体验的目标。在全渠道模式下，用户与商品的触点是多样化的，可以无缝切换。用户可以在线上了解商品，在线下门店体验或感受商品，在线上购买，最后在门店取货。在这个过程中，用户既能够享受线上全面了解产品信息的便利性和多样性，又能体验线下门店及时性的产品及服务。

例如，京东与沃尔玛合作，施行"三通"战略，即用户互通、门店互通和库存互通。其中库存互通即实时库存共享，这重新构建了京东和沃尔玛的安全库存，节省了运营成本，精益求精了库存健康状况，优化了一定的现金流量。京东使用沃尔玛商店直接接触用户，协同沃尔玛商店进行商品预测和补货，使用 AI（人工智能）引擎、大数据和其他新兴数字技术，挖掘并分析用户需求，从而动态调整库存水平和分销计划。与传统的店内提货不同，当用户购买沃尔玛在京东销售的商品时，快递员可以从最近的沃尔玛商店（最接近订购用户）提取货物，直接送达用户目的地而不是从某个仓库交付，这大大提高了物流网络效率，进一步缩短了交货时间，优化了库存周转。京东和沃尔玛借助深层供应链合作实现了线下和线上零售的整合，高度供应链管理和执行系统之间的集成，以及及时的用户需求洞察力分析，增强了用户体验，通过供应链网络效率和成本优化赢得用户忠诚度。

依托数字化供应链，企业能够在用户消费过程中优化线下购买、付款等各项流程，在订单形成后，就近、就全从仓库或门店发出订单商品，缩短包裹在途时间，亦可快速开拓并落地线上订单门店自提、线上订单门店 O2O 发货、线下订单云端发货等多种场景，满足不同用户的多样化需求，让用户获得升级的消费体验。同时，数字化供应链连接品牌商和零售商，更整合了社会化渠道商的供应与仓配资源。在消费过程中所产生的消费数据也会在供应链中实现可视化，通过消费端需求反推产品设计、产能投放、产品流通等各个环节，打破消费边界，让生产端更加精准地对接用户实际需求，从而为商品带来新的销售增长渠道、更好地实现市场渗透，为用户带来"线上 + 线下"的全渠道新体验，实现供应链各参与方的共赢。

例如，达达集团研发的"海博全渠道业务聚合平台"具备整合处理多个线上渠道包括三方 O2O 平台、电商平台、小程序、App 等自有渠道、自有社群以及线下渠道订单的能力。该平台基于商家自有底层系统，下设运营系统、全渠道履约系统、数据系统多个模块，其中运营系统囊括门店、商品、订单、用户、营销、价格等全方位管理，全渠道履约系统可为门店提供从仓储、拣货到配送一体化的履约解决方案，数据系统包括对账管理、财务数据、运营数据等。用户只需选择自己最便利的渠道下单，平台便可以自动选择最优的方式进行履约和配送，极大地提升了用户体验。

综上，在数字化供应链的赋能下，用户可以享受线上线下融合的全渠道履约便捷和多渠道一致体验。无论通过何种方式下订单，用户都可以利用线上查询的便利性和线下触达的及时性,享受到透明的订单追踪、最优的履约路径、愉悦的购物体验。

本章小结

本章重点阐述数字化供应链的四大战略价值:优化运营性能、提升管理效率、创新商业模式、改善用户体验。3.1 节阐述了数字化供应链从端到端数据集成和可视、供应链上下游参与企业网络化连接、供应体系自适应智能化决策三个方面优化运营性能,实现了生产与消费的动态对接、供需两端的智能匹配。3.2 节阐述了数字化供应链促使库存管理更加先进、供应链弹性得到提升,整体集成效应从根本上削弱了"牛鞭效应",成为企业成长的新驱动。3.3 节阐述了数字化供应链使供应链参与企业实现了从提供产品到提供服务、从批量生产到大规模定制、从单一企业生产到网络协同制造的转变,提供商业模式创新的核心能力。3.4 节阐述了数字化供应链使得企业对用户需求洞察更精准,能够敏捷响应用户需求变化,提高产品、时间、数量柔性,打造多渠道履约、互联便捷的服务方式,全面提升用户体验。

思考题

1. 数字化供应链破解传统供应链可视化的困境并实现端到端可视的方式有哪些?

2. 数字化供应链推动上下游网络化连接能够给企业带来哪些优势?

3. 数字化供应链实现自适应智能化学习的意义是什么?

4. 库存管理为何会成为企业痛点?数字化供应链将如何解决这一痛点?

5. 数字化供应链对于提升抗风险弹性有哪些价值与意义?

6. 为什么数字化供应链能够赋能制造业服务化、大规模定制与网络协同制造这三种商业模式创新?

7. 数字化供应链如何赋能企业破解渠道单一的困境,实现互联便捷?

第4章 数字化供应链的核心业务流程

🔍 学习目标

1. 掌握数字化供应链五大核心业务的定义、功能和优势。
2. 熟悉数字化供应链五大核心业务的具体实现流程。
3. 了解传统供应链业务流程的局限性。

🔍 能力目标

1. 具备在实践中应用数字化供应链五大核心业务的能力。
2. 提高熟悉传统供应链计划、传统制造业的发展历程并识别企业所处阶段的能力。

🔍 思政目标

1. 掌握数字化供应链各项核心业务的具体内容,培养精益求精的工匠精神和科学严谨的职业素养。
2. 熟悉数字化供应链各项核心业务的理论基础和具体实现流程,增强学思结合、知行统一的实践能力。

思维导图

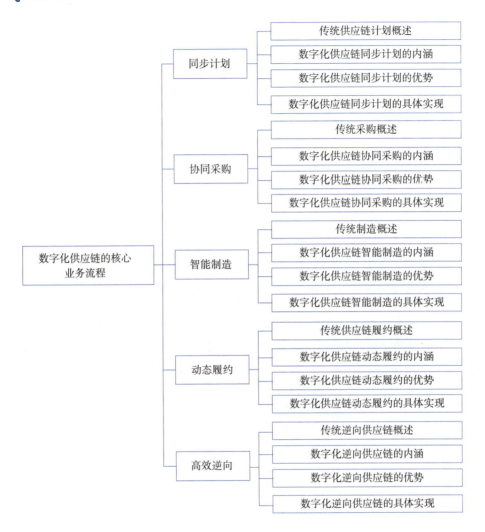

导入案例

"灯塔工厂"被誉为"世界上最先进的工厂",是由达沃斯世界经济论坛和麦肯锡咨询公司共同遴选的"数字化制造""全球化 4.0"示范者,代表当今全球制造业领域中智能制造和数字化最高水平。它们将"制造"提升至"智造",将数字化和制造业深度融合,为其他制造企业提供了宝贵的启示和借鉴。

2022 年 3 月 30 日,世界经济论坛在瑞士日内瓦公布了新一批"灯塔工厂"名单。截至 2022 年 3 月,全球"灯塔工厂"总数为 103 家,中国拥有的"灯塔工厂"已经增至 37 家,占比超过 1/3。目前在中国,海尔是拥有"灯塔工厂"最多的企业之一。早在 2012 年，海尔就开始智能制造转型的探索实践，从大规模制造转型大规模定制，推出了面向全球、全行业的工业互联网平台——卡奥斯 COSMOPlat。

卡奥斯 COSMOPlat 的核心优势是以用户体验为中心的大规模定制。通过平台建立起工厂与用户之间的连接，用户可以根据自己的喜好专属定制家电等产品的颜色、款式、功能等，这些个性化的用户需求直接反馈到工厂，工厂根据用户不同的需求进行规模化定制生产，快速交付，实现柔性智能制造。

天津海尔洗衣机互联工厂作为海尔集团"灯塔工厂"之一，率先落地全球首个智能+5G 智慧园区，打造华北区首家衣联生态大规模定制示范基地。依托海尔智家物联生态创新模式和卡奥斯 COSMOPlat 工业互联网平台大规模定制能力，海尔洗衣机互联工厂在多个核心业务领先：在计划环节，通过衣联生态平台，打造用户使用全周期场景方案，制订产销协同计划；在制造环节，采用更柔性的兼容波轮和滚筒混流生产模式，实现规模化定制；在履约环节，采用高效的 3 层立体物流配送体系，实现对需求波动的快速响应。基于此，在用户端得到个性化定制的场景和服务的同时，工厂端也大幅缩短了从定制生产到交付的时间，而质量水平、响应速度也提升了 50%。

资料来源：《不只卓越，海尔"灯塔工厂"引领未来智造新航向》。

思考题

1. 在本案例中，海尔洗衣机互联工厂有哪些核心业务领先？
2. 对比传统供应链，结合本案例的内容，谈一下"灯塔工厂"的优势。

传统供应链业务流程由五大核心业务组成，它们分别是计划、采购、制造、履约、逆向。在传统供应链业务流程中，各业务流程串联进行，其本质是线性的，即各项业务逐个顺次首尾相连接，按照计划、采购、制造、履约、逆向的顺序依次进行。物流、信息流、资金流沿着供应链在各参与企业中依次传递。

与传统供应链业务的串联方式不同，转型升级后的数字化供应链转变成动态互联的系统。数据在数字化供应链中的实时共享大大提高了整个供应链的响应能力，物流、信息流、资金流都可以实现并行互联。传统供应链与数字化供应链中物流、信息流的关系如图 4-1 所示。

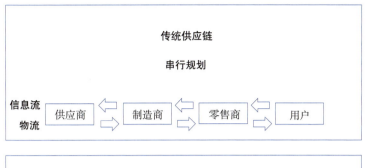

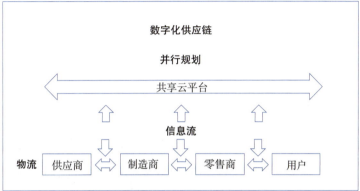

图 4-1 传统供应链与数字化供应链中物流、信息流的关系

如图 4-2 所示,供应链业务流程在数字化转型升级后将变成五大核心业务流程:同步计划、协同采购、智能制造、动态履约、高效逆向。数字化供应链五大核心业务流程具有互联、融合的特点,其中数字核心包含数据可视性、数据共享性、

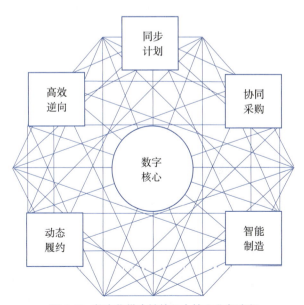

图 4-2 数字化供应链的五大核心业务流程

数据驱动性三个方面。本章将围绕供应链核心业务流程在传统供应链业务概述和数字化供应链五大业务的内涵、优势等方面展开论述，并在此基础上分别对数字化供应链五大核心业务的具体实现步骤进行介绍。

4.1 同步计划

4.1.1 传统供应链计划概述

1. 传统供应链计划的定义

第 1 章中我们曾谈到供应链运作参考（SCOR）模型，在 SCOR 12.0（图 4-3）中，传统供应链的六个关键流程分别是计划（plan）、采购（source）、制造（make）、交付（delivery）、退货（return）、使能（enable）。其中，计划（plan）是在平衡需求和供应的基础上，制定一系列行动方案，更好地为其他流程服务的环节。根据计划定义的内容，供应链计划致力于协调供应链中各类资源，建立供应链各业务流程运营计划，以最高的效率、最小的成本完成生产与分销商品的任务，提高用户的满意度。

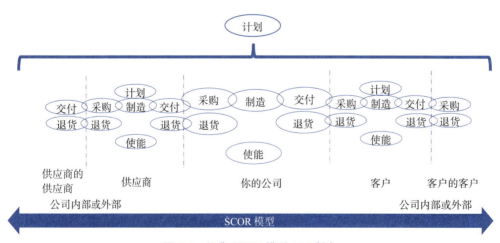

图 4-3 经典 SCOR 模型 12.0 版本

早期供应链计划的逻辑是：根据预测和订单生成主需求计划→根据主需求计划生成主生产计划→根据主生产计划、物料清单、现有库存、计划接收量、提前期等生成产品的物料需求计划→根据货源百分比和分销清单、分销货源等生成发运目标的百分比→生成多组织的相关需求。后来随着供应链计划功能的改善，它被集成到一个统一的系统（如 ERP）中进行整合预测、计划和执行。

在传统供应链中，供应链计划通常由供应链上各参与主体各自单独制订。ERP 由美国 Gartner 公司于 1990 年提出，它是最早被提出的供应链计划系统。ERP 是建立在信息技术基础上，以系统化的管理思想为企业决策层及员工提供决策运行手段的管理平台。ERP 系统的推出原本是为了帮助企业实现供应链管理，但由于受到信息技术发展的限制，ERP 系统的应用难以突破不同企业的组织边界，即 ERP 是企业内部系统，只能在各企业内部实现供应链管理，但企业与企业之间仍难以通过信息的有效沟通对市场作出快速反应。

如图 4-4 所示，供应链计划一方面在需求端管理预测需求，另一方面在供给端管理资源计划。在此基础上，利用需求和供给两者的预测情况制订合理的供应链计划。S&OP（sales and operations planning，销售与运营计划）是供应链计划的重要组成部分，也是供应链计划中关键的一环。关于 S&OP，将在接下来的"传统供应链计划的发展历程"中介绍。

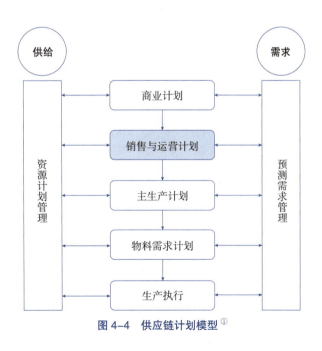

图 4-4　供应链计划模型 [①]

---

① 卓弘毅《从 S&OP 到 IBP，升级的背后隐藏了什么样的商业逻辑？》。

2.传统供应链计划的发展历程

（1）S&OP。S&OP是供应链计划中关键的一环，也是早期公司常用的一套商业流程，它可以帮助公司更好地管理供求关系。在APICS（美国生产与库存管理协会）字典中，S&OP被定义为"设定整体制造产量及其他活动水平的一种功能，其目的是最好地满足当前计划中的销售水平，同时实现整体商业目标，如盈利、高生产力、有竞争力的客户交付周期等"。

S&OP是一个以月为单位滚动进行的过程，它将企业最新的需求计划与既定商业目标进行比较分析，进而不断改善企业的经营行为。在这个过程中，将最新的需求预测用于指导供应链的运作，根据供应和需求的数量来计算最优的生产供应计划。S&OP通过连通、协调企业内部各职能部门，将企业的销售活动、市场活动、研发活动、运营活动、财务活动等有效地结合起来，站在企业的角度通盘考虑职能部门中原本各自独立分散的计划和活动，以企业的整体利益为目标为企业创造一个协作、高效的商业运作环境。需要强调的是，S&OP较为偏向于与前端任务对接，即面向需求侧的协同计划。S&OP的核心是供应和需求的整合，其约束条件的展望期为12~18个月。

随着S&OP的不断发展，企业通过每月的销售与运营过程管理，即计划、采购、生产、库存管理、市场营销、销售、推出新产品等活动之间的结构化协作，不断改进供应链关键驱动因素。这一过程的不断演进、优化发展称为IBP（integrated business planning，集成业务计划）。

（2）IBP。IBP是现如今许多ERP和SCP（供应链计划）转型的方向。IBP是将销售、市场、研发、运营、物流、财务等信息全部整合在一起的计划过程，其重点是加强计划的数字化转型和业务整合，它将传统S&OP的情景扩展到整个供应链，提供了一个无缝衔接的管理流程。IBP是替代S&OP下一代业务计划的代表，在IBP时代，供应链中各参与主体需要更多地考虑与前端业务的深度融合，视野不再局限于企业内部，而是放眼于整个供应链系统，技术上则更加强调数字化赋能及业务模块整合，IBP周期中各项业务的重点及展望期等信息如图4-5所示。承载IBP的新一代供应链计划平台能帮助企业进行数字化转型并实现数字化供应链建设。它使企业在决策过程中变得更加敏捷，具有系统输入实时化、分析能力加强化、工作流程自动化以及能够利用价值链模拟端到端场景等优点，降低了供应链计划的复杂性。

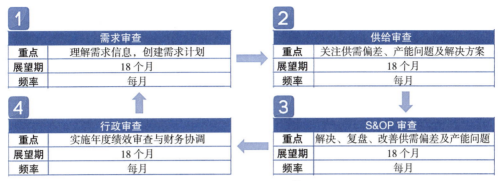

图 4-5　IBP 周期[①]

3. 传统供应链计划存在的问题

随着数字技术的发展和企业对供应链要求的不断提高，传统的供应链计划已经不能满足当今的需求，存在着许多问题。

（1）预测偏差。传统供应链计划制订过程中需考虑所有环节的供应、需求、财务等信息，依靠人工计算不同商业场景下与计划绩效相关的指标。这种方式预测需求的不准确性高，直接影响需求计划的质量，且后续的资源分配计划、产品研发计划等均依赖于最初的需求计划，将导致整个供应链的计划受到影响。

（2）效率低下。由于信息系统的制约，企业制订传统供应链计划的过程往往只涉及企业内部人员，企业外部的供应商、物流等供应链其他参与主体无法参与计划的制订。而且传统供应链计划以月为单位，时效性和敏捷性较差，这将延长企业对下游客户的交货周期，难以满足大多数消费者对产品和服务交付速度的预期。

（3）信息离散。传统供应链系统中输入的信息类型十分复杂，这些信息同时被企业的不同部门接收后用以参考制订供应链计划，这就使得在不同的供应链计划中存在重复的信息输入过程，造成资源浪费。此外，这些信息的模式可能存在结构、时效性等方面的差异，使得整个供应链系统是一个充满噪声的无序系统。

4.1.2　数字化供应链同步计划的内涵

1. 数字化供应链同步计划的定义

随着数字计算能力和数据处理技术的进步，企业可以将传统供应链计划升级为同步计划。同步计划是指数字化供应链中企业内部各部门之间、供应链上下

---

① SINHA A，et al. *Digital Supply Networks*，有调整。

游的企业与企业之间利用多维共享的数据，共同制订一个涉及成本、库存、进度等多方面业务集成性计划的流程。同步计划支持供应链上各企业内部、企业与企业之间在计划过程中的共同目标，利用人工智能、机器学习、机器人和认知过程自动化等数字技术，企业可以在最细粒度的水平上优化结果，自动化决策工作流程，并实现实时的端到端生态系统协作。通过使用供应链上的实时数据，企业还可以掌握多维度（如财务、物理、运营等）场景，并优化其总体策略。

同步计划描述了这样一种状态：整个供应网络中各参与主体利用持续的、实时的数据流，根据实际需求动态地、准确地规划供应，在一个各参与主体相互关联的数字供应网络中，通过跨节点的数据共享使各类产品和服务以更准确的计划在正确的时间和地点进行采购、制造、配送等活动。同步计划可以利用机器学习和人工智能等技术拥有高度灵活、动态、高效的预测和主动规划能力，使现实中的供需高效匹配。

2. 数字化供应链同步计划的功能

同步计划是一个涉及供应链各参与主体内部各部门、上游供给端以及下游需求端的实时性集成性计划。一方面，同步计划涉及企业内部资源采购、产品生命周期管理、销售等信息的同步；另一方面，它还涉及企业所在供应链的上游供应商供给和下游用户需求等信息。在数字化供应链中，同步计划使得企业内外部各环节的需求与供应匹配度更高，同步计划具有以下功能（图 4-6）。

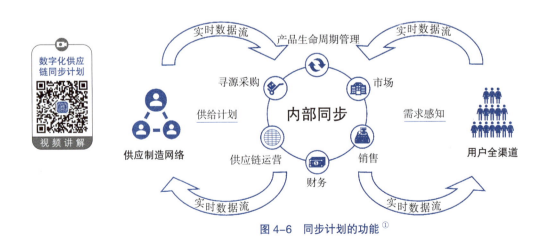

图 4-6 同步计划的功能[1]

---

[1] SINHA A, et al. *Digital Supply Networks*.

（1）同步企业内部各部门信息。在同步计划中，企业内部可以无缝衔接采购、生产、销售、研发、财务等计划，使企业内部的所有功能与影响企业最高层级和最低层级的共同目标保持一致。这种同步利用了支撑同步计划的同源数据层，不断集成来自各个部门参与者和与其连接的驱动程序的信号。其目标是通过同时规划所有受限的资源，找到最优的生产和库存水平，从而实现产能规划、库存规划和劳动力规划等。

（2）同步供应链上游企业供给计划。与传统供应链上各参与主体串行的协作方式不同，在数字化供应链中，同步计划是通过供应链上各参与主体并行协作完成的。与上游企业供给计划信息的同步是指将本企业供应链运营、需求等信息同步给多级供应商，帮助供应商输出最优计划和排产方案；同时，供应商生产进度等信息又反向提供给本企业，方便本企业的生产计划和其他物料采购安排。

（3）同步供应链下游用户需求感知。对下游用户需求感知是指利用实时数据流建立对下游用户的产品和服务需求信息的预测，通过历史数据、客户评价和环境因素等信息，缩小需求计划决策中的偏差，不断改进以提高同步计划的质量。当基于大量多维数据建立需求分布后，人工智能技术就可以更加精准地预测需求。此外，本企业的生产和销售计划同步给用户，方便用户合理制订采购计划和确定渠道选择。

（4）同步联动业务的计划与执行。与传统供应链中孤立的计划和执行相比，数字化供应链的计划和执行实现了同步联动，这也是同步计划的一个创新功能。在制造方面，高级计划与排程系统（advanced planning and scheduling system，APS）的计划和制造执行系统（manufacturing execution system，MES）的执行同步联动。MES 接受 APS 的生产计划指令，实现生产作业和生产线制造流程的执行管控，同时 MES 又收集执行状态数据反馈给 APS 等生产计划系统以迭代优化决策，实现闭环反馈。在采购方面，物料需求计划（material requirement planning，MRP）系统的计划与供应商关系管理（supplier relationship management，SRM）系统的执行同步联动。SRM 系统接受 MRP 系统的采购计划指令，实现采购过程的执行管控，同时 SRM 系统又收集供应商寻源、评估、管理等过程中的数据反馈给 MRP 系统等采购计划系统以优化采购决策。

4.1.3 数字化供应链同步计划的优势

1. 提高供应链响应能力

数字技术支持下的同步计划能够使供求信息更为准确、迅速地在供应链上下游之间传递,提升了供应链整体反应能力。在数字化转型升级的过程中,各个环节之间的信息鸿沟、数据孤岛逐渐被打破,信息的实时化、透明化使供应链各参与主体的资源和能力得到充分整合,实现了对客户需求的全面响应。

在数字化供应链中,下游需求变化和环境变化的信号能够及时地被上游环节所获得,从原料、中间品供应到最终生产环节的同步性都得到了提升。

例如,2019年10月4日,面对太平洋海面上的第19号台风"海贝思",华为供应链灵鲲智能运营中心集成台风风险数据、订单数据、发货计划数据,在收到预警信息的15分钟内完成台风轨迹和车船GPS(全球定位系统)模拟仿真,识别到在台风路径上将有22个发货批次、25种物料运输受到影响后,1个小时内启动了台风预案,向一线代表处发送台风影响预警,8小时内完成船期和航班计划的调整。10月12日,台风在日本伊豆半岛登陆,中心附近风力达到14级。执行之后,实际仅1种物料、12个发货批次受到影响,且物流延误控制在1天。

2. 减少供应链资源浪费

资源浪费往往是由于信息不对称造成的。在传统供应链中,由于采办流程不透明,企业基层业务人员无法了解当前采办进度,对于到货日期的不确定会通过多报计划、提前报计划来应对,但过早提报的计划准确性差,导致到货时生产任务已经发生变化,出现物资在仓库内无人领取的情况。此外,由于信息的不透明,对于这种无序计划造成的库存无法追责,也进一步恶化了这一情况。同步计划可以避免由于信息沟通不充分、采办流程不透明、流程不清晰、采办时间不明确等问题造成的资源与实际情况不匹配的情况,减少由于供需信息不透明而增加的安全库存,有效降低了资源浪费和库存成本。

3. 缩短供应链业务周期

随着企业分工的进一步细化,有些产品的制造过程被拆分为供应链上下游的协作生产,因此无论是在企业内部的各工厂之间,还是在各企业之间,都存在客户需求信息交换过程复杂、上下游生产计划进度协调困难、上下游对账工作复杂等问题。同步计划有助于供应链上下游多方在企业内外部进行客户需求信息、生产计划和进度的协同,将对提升产业链效率、提高资源利用率、缩短供应链业务周期起到明显作用。

4. 促进供应链利益协同

传统供应链计划与数字化供应链同步计划的一个显著区别就在于同步计划不仅考虑了本企业的资源利用，还兼顾了与供应链上下游其他参与主体之间的信息和资源共享效率，库存状态、缺货情况、生产计划、运输安排等信息都能够通过一定方式完成信息集成数据共享。通过同步计划，供应链上下游企业可以共赢协同发展，实现整条供应链的利益最大化。

4.1.4 数字化供应链同步计划的具体实现

1. 建立同步标准

数字化供应链同步计划实现的基础是建立起不同的供应链系统之间的有效通信标准、数据交换标准，以及协调和冲突管理机制。供应链上各个参与主体之间既有同步的协作功能，也有独立的自主功能。当供应链的整体利益和各个参与主体的个体利益相冲突时可以通过统一标准得到协商解决，这样供应链的同步计划才得以实现。

各个企业建立起自己的内部通信标准、数据交换标准，与上游供应端、下游需求端和各合作伙伴建立供应链协同计划和作业标准，共同搭建一个同步计划平台，运用大数据、云计算、人工智能、物联网及区块链等数字技术，实现供应链上下游的产供销计划活动协同发展，进而实现供应链数字化生态建设和企业价值提升。

2. 预测用户需求

需求预测作为供应链的重要一环，负责提供每日、每周或每月的销量预测结果，预测结果的准确度将直接影响供应链上下游协同的效果和计划的成败。可以通过在预测初期对产品进行分类，针对不同的产品类型设计不同的预测算法来提高预测的准确性。

产品分类完成后，结合商品历史出库量和价格、实时浏览量等特征，建立多因素影响模型。利用多种统计模型和机器学习技术，完成多因子拟合预测分析，实现对每个品类或 SKU 未来一定周期的需求预测。做需求分类前，需要收集不同区域和渠道的历史销售数据，利用需求规律和变异系数对需求进行总结和分析，区分出哪些商品的需求是高波动的、哪些是间歇性的、哪些是稳定平滑的，再结合实时需求特征的分析，对不同商品设计采购策略、库存策略、补货策略。

此外，商品的需求还存在明显的地域性，同一个产品不同的包装规格、颜色在不同区域销售都可能存在差异。零售行业如果按照"一刀切"的方式备货，必然会导致区域间库存失衡。因此，设计品类布局、库存数量时要掌握不同区域的需求偏好，做好不同地区的制造、库存计划，结合仓容情况计算出每个区域合理的备货品类及数量。

【案例4-1】太平鸟服装数据驱动预测用户需求

服装品牌太平鸟早期的市场需求预测来自经验和直觉，不同采购商的多次询价给企业带来市场中存在过高需求的错觉，实际上采购商的市场和终端客户会有大量的重复。2017年9月，天猫与太平鸟共同宣布，将在线上线下全渠道融合等领域开启全方位新零售战略合作，借助阿里巴巴的资源和服务开启了数字化转型的大幕。线上，太平鸟积极探索社交零售新渠道，通过微博、小红书等受当下年轻人欢迎的方式与消费者互动；线下，太平鸟全面升级直营门店，嵌入VR（虚拟现实）、RFID技术实现数据化选品、智能就近发货、智能数据反馈等专业服务。增强客户消费体验的同时，太平鸟通过近5 000家门店终端获取客户动态信息，在依托阿里巴巴沉淀下来的海量用户行为数据的基础上，进行消费需求测试和产品推送，深度把握客户需求趋势。借助AI化、数字化算法，形成客户消费取向和趋势画布，通过大数据技术进行精准识别，避免重复的客户计数，实现了数字化对产品需求预测的深度赋能。

资料来源：中国管理案例共享中心《数字化赋能——太平鸟破解库存控制难题》。

3. 梳理现有资源

在企业制订同步计划过程中，需要明确企业所在供应链中上游供应端、下游需求端以及其他合作企业的相关信息，通过这一过程获取资源供需情况的实时数据，让一切指标成为数据支撑。对企业内部现有资源的整合包括对现有产线、资金、劳动力、库存、物流等方面的资源整合。对企业外部现有资源的整合是指利用数据梳理当前企业所在供应链中供应商提供的供给资源、物流商提供的仓储运输资源等，进而实现自主的供需匹配和计划制订，提升资源配置合理性以及应对冲击的自适应和自修复能力。

4. 共享集成数据

同步计划的实现需要不断积累实时和历史数据，收集、整理、分析这些数据，将其作为数据共享平台处理的"数据源"。例如在数字化供应链中，采购、制造等过程中的实时状态数据可以共享，以此相互调整多方任务的优化进行，提高信息的实时性和准确性。通过对供应链上企业上下游实时数据的反馈分析，纠正企业同步计划在实施过程中出现的偏差，做到对同步计划的监控、实时优化。这样可以保证同步计划从实施到结束均处在一个实时反馈、持续改进的过程之中。

5. 制订协同计划

在建立同步标准、预测用户需求、梳理现有资源、共享集成数据完成后，利用已有数据根据企业具体业务指导企业完成采购计划、制造计划、交付计划、逆向计划的制订。同步计划的制订为企业其他采购、制造、履约等活动提供依据，指导企业其他活动的相应部门进行资源和信息整合。

4.2 协同采购

4.2.1 传统采购概述

1. 传统采购的定义

传统采购是指企业为取得与自身需求相吻合的产品和服务而必须进行的所有活动，包括采购计划的制订、产品的询价和议价、采购合同的签订以及产品验收入库的流程。企业根据生产需要，在月末、季末或年末编制需要采购物品的申请计划；然后由物资采购供应部门汇总成企业物品计划采购表，报经主管领导审批后，由采购部门组织实施采购计划；通过与供应商的询价和议价达成合作，双方签订采购合同；最后，对采购的物品进行验收入库后，相关部门组织供应以满足企业生产的需要。在传统采购工作中，采购活动是企业管理的重要工作，它关系到企业的生产经营活动是否能正常进行，也关系到企业流动资金占用的多少。传统采购的运作流程如图4-7所示。

2. 传统采购的发展历程

（1）采购产品为中心阶段（19世纪中后期）。19世纪中后期的世界正处在经济发展的初期，生产资源相对匮乏，供应渠道并不充裕，采购只是组织中各个部门的辅助功能，采购者的大部分时间用于对其他职能部门的要求作出反应。因此，采购职能没有战略方向，采购者的首要任务是寻找合适的供应商并确保供应，大部分时间用于组织日常工作和应急工作，缺乏跨职能、跨部门的沟通与协作，对组织的贡献较小。

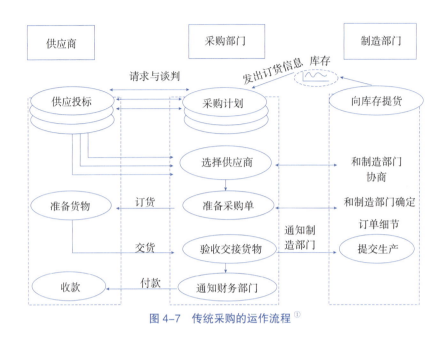

图 4-7 传统采购的运作流程[①]

（2）采购运作过程为中心阶段（20世纪初期—20世纪50年代）。第一次世界大战和第二次世界大战期间，由于战争需要，军用物资和原材料的采购占据了较大的比例，采购得到了更多的重视。随着采购新技术与新方法的出现，采购者开始应用这些技术与方法，高层管理者开始意识到采购对盈利能力的促进作用。由于这个阶段的市场竞争不够激烈，原材料市场相对比较充裕，企业经营的重点是满足和扩大市场需求，所以采购依然隶属于企业各部门，对组织的贡献主要体现在成本控制上，能为企业带来3%~5%的成本节约。

（3）采购关系为中心阶段（20世纪60—90年代）。这个阶段的采购技能与方法更加丰富，采购人员更加专业化，越来越多企业的采购部门从生产部门或其他部门独立出来。采购部门追求的是系统总成本最小化，即主动确立节省资金、满足供应、降低库存等一系列目标，而不仅仅是以控制所购部件的单位成本为目标。该阶段采购被纳入战略性决策的制定范畴，采购部门通过及时向公司其他部门提供对公司战略可能产生影响的原材料潜在价格和供货情况信息，并选择适当数量的供应商建立供应商网络，实现了面向过程的作业管理模式的转变，支撑和加强了企业的竞争优势。这个时期的采购对组织的贡献表现为节约了10%~20%的物料成本和1%~10%的订货成本。

---

① 王常华主编《供应链管理》。

（4）供应链管理为中心阶段（21世纪初至今）。近年来随着供应链管理的飞速发展，采购逐渐成为供应链管理中强有力的一环。企业运用供应链管理、全球采购等现金管理概念，将生产计划、物料计划、采购、仓储、运输集成为一个反应迅速、总成本最低、响应市场要求灵敏的网链结构。采购完全融入企业的竞争战略中，成为企业集成战略的一部分。企业开始以采购对企业所做贡献的多少对采购工作进行绩效考核。此时的采购更注重产品质量和更紧密的供应商战略伙伴关系，采购物资直接进入制造部门，供应商与制造商建立了战略合作伙伴关系，参与供应商的产品设计和产品质量控制过程，同步化供应链计划，通过提供供应商信息反馈和教育培训支持来促进质量改善与质量保证。一些先进的企业以积极主动的战略方式提高供应链的效率，战略采购逐渐兴起。21世纪的采购对组织的贡献主要表现为节约了大概25%的物料成本和30%的供应链管理成本，整体提升了企业竞争地位。

3. 传统采购存在的问题

（1）信息交流效率低下。选择供应商是传统采购活动的首要任务，企业需要在众多供应商中选择最适合企业的供应商。在供应商选择过程中，供需双方倾向于隐瞒部分信息，因为在此过程中向对方提供的信息越多，对方的竞争筹码越大，对自身产生的不利影响越大，所以供需双方缺乏有效的信息交流与沟通，致使传统采购过程是一个信息不对称的博弈过程。

（2）质量控制难度较大。传统采购模式下，只能通过对到货的检查验收等事后把关方法实现对原料质量的有效控制，企业难以参与到供应商的生产组织过程和有关的质量控制活动中，导致双方工作不透明。缺乏合作增加了采购部门对原料质量控制的难度，不合格产品出现概率的增加也会对整个后续工作流程产生不利影响。

（3）战略合作意识不强。传统采购模式中，企业通常将供应商看作竞争对手，这是一种"零和竞争"模式。传统的供需关系是临时性的，在短时间的合作过程中竞争多于合作。由于缺乏合作与协调，采购过程中的大量时间被消耗在解决日常问题上，企业没有更多的时间做长期预测和计划工作。供需之间合作意识的缺乏也增加了生产运作过程中的不确定性。

（4）用户需求响应迟钝。由于供应和采购双方在信息沟通方面缺乏及时的信息反馈，在市场需求发生变化的情况下，采购方也不能改变供应方已有的订货合同，这将导致采购方在需求减少时增加库存、在需求增加时供不应求的情况发生的可能性增加。重新订货需要增加谈判过程，因此供需之间对用户需求的响应不能同步进行，缺乏应对需求变化的能力。

4.2.2 数字化供应链协同采购的内涵

1. 数字化供应链协同采购的定义

协同采购是指企业通过使用数字化系统或平台与供应商实现纵向采供协同、与同行业企业实现横向集约采购协同，高效率、低成本地获取生产经营所需的产品或服务的流程。供应链纵向上下游之间高效采供协同可以实现供需精准匹配，联合应对库存风险，动态响应用户需求，提升采购效率；供应链横向同行业各企业集约采购协同可以实现规模效应，降低采购成本。同时，企业内部实现各部门需求的集成，提升议价能力；企业外部实现多渠道采购，降低绑定单个供应商的风险。在数字化协同采购中，相关参与方通过高效衔接的数字化工具，基于大数据分析和算法驱动形成决策智能化、流程自动化的全新协作方式，大幅提升采购效率、降低采购成本，实现更敏捷、更透明、可持续的采购。

2. 数字化供应链协同采购的功能

数字化供应链协同采购在横向和纵向、企业内部和外部这两个维度有着不同的功能。

在数字化供应链采购的横向协同上，同一行业中有相同采购意向的企业通过集约采购产生的规模效应获得更优惠的采购价格，进而有效降低采购成本；在数字化供应链采购的纵向协同上，采购商和供应商实时协同采购需求与供应，进而有效避免原料的库存堆积和缺货情况的出现，提升供应链的稳定性。

对企业内部而言，拥有数字化供应链的企业能够在企业内部有效地进行信息收集，极大地降低冗余，避免库存积压问题的产生；集合各部门需求来统一采购，提升议价能力，降低成本。对企业外部而言，企业可以实现在同一数字平台上对多个供应商进行原料价格和质量的充分比较，节省采购的时间和成本，助力企业由单一供应商采购模式转向多渠道采购，降低绑定单个供应商的风险。

4.2.3 数字化供应链协同采购的优势

1. 降低采购成本

数字化供应链协同采购可以解决供需双方信息不对称的问题，进而降低企业采购成本。作为企业供应链的管理核心，采购部门对外连接供应商，对内连接各职能部门。信息不对称是采购部门运营过程中的难点所在，对外采购部门需要花费大量的时间与供应商、渠道商、分销商等主体往来以收集信息；对内采购部门往往难以及时获取各部门的需求反馈，大批量的采购压价往往会牺牲部分的适用性。由于数字化特有的"连接"优势，数字化相关技术和工具可帮助采购部门打通供应商与企业内部，打破"数据孤岛"，降低信息不对称带来的协作困难，实现真正的协同高效，降低采购成本。

数字化供应链集采管理系统可以整合企业分散采购资源，发挥采购系统规模采购优势，帮助企业获得更加优惠的采购价格，降低采购成本。采用采购系统分级管理，搭建管理层驾驶舱、智慧供应链集采管理平台可以有效监控项目招标全过程，充分发挥联合优势，实现统一对外的作用，提高企业的抗风险能力。采购系统将最大限度地降低成本，实现效益最大化。

例如，上海甄云信息科技有限公司推出了"一体化数字采购管理平台——甄采云"。该平台是基于云部署的采购全场景管理平台，覆盖企业的生产性及非生产性物资采购，一站式满足企业供应商管理、采购申请、寻源定价、合同、订单执行、对账、开票、付款等采购全流程管理，为企业的采购与交易提供一体化的智能管理平台和解决方案，帮助用户提升采购效率、降低采购成本。该平台的战略寻源为企业实现需求提交与收集、供应商开发、采购招标、询比价、竞价、合同管理等全流程、低成本的寻源过程。企业依靠该平台共享资源、共建生态的经营理念获得了议价优势和质量保障，降低了直接采购成本。

2. 提升协作效率

在数字化供应链协同采购的过程中，自动采购系统可以自动执行重复性任务，提升运作效率。企业通过互联网与外部协同，交易企业间的供应链得到互联，买卖交易关系更加透明化，沟通效率也得到了提升。

思爱普（SAP）公司调查结果显示，采购部门将 52% 的时间花在了对账和合规性审核等事务性活动中，此类工作耗时耗力，而且无法给企业采购创造价值。数字化采购系统则可以根据当前库存商品的消耗速度、供应商补货周期、商品货价历史变化数据等判断最佳补货时点。以丹麦制造公司 VELUX Group 为例，该公司对供应链运营进行数字化转型并简化了供应商之间的协作之后，每月 20 000 个订单中的 64% 实现了自动化。现在，VELUX Group 与 200 多家供应商无缝地进行交易，改善了运营流程，缩短了交货期，节约了大量时间。

机器人流程自动化（robotic process automation，RPA）可以对采购金额占比高、需求相对稳定的原材料进行自动下单。在企业数字化采购流程中，大部分环节具备人工智能或机器人解决方案的应用潜力。罗兰贝格对采购负责人的意向调查显示，在寻源、供应商管理尤其是对账环节，对人工智能应用的需求最为迫切。人工智能和机器人流程自动化也在改变包括支出分析和采购到付款（procure to pay，P2P）的一系列关键的采购活动。这些工具可提高效率、加快流程并减少错误。例如，IBM 使用机器人流程自动化来解决发票被冻结的问题，将解决时间从之前的 32 分钟平均减少到 90 秒。与此同时，在解决被冻结发票问题的环节中，人工参与率下降了 95%，提高了整个交易的质量、监督和可追溯性。

3. 助力精益生产

数字化协同采购中，供应链的上游供应商与下游企业之间可以实现高效协同，双方信息的实时互通有助于减少企业的库存冗余、降低库存成本以及实现对需求市场的快速响应，进而助力企业精益生产。企业精益生产的核心包括对市场的快速响应和对零库存的追求。

在对市场的快速响应上，协同采购借助数字平台将供求等信息更为准确、更为迅速、更低成本地在供应链上下游之间进行传递，提升了供应链整体反应能力。数字技术驱动采购端到端协同与优化，实现以数据支持的柔性供应链，提升企业对宏观环境、用户及市场变化的快速响应能力。

在对零库存的追求中，信息的实时化、透明化使供应链参与者的资源和能力得到了充分整合，逐渐打破了各个环节之间的信息鸿沟和数据孤岛，使上下游之间达到更有效的协同。企业可以实时告知供应商生产零部件等的原料需求和生产线的闲余情况，同时了解供应商的库存信息，通过供应商对企业生产线上所需原料的准时供应，实现用户需求的全面响应，降低企业的库存成本和库存水平。

协同采购过程中，计划倒排模式的实施使精益化生产更加有效地进行。协同采购对协同作业计划、到货计划、实物齐套情况以及可能发生的过程差异进行实时监控和响应，形成"计划—信息—采购—物流—生产"的一体化。数字采供平台与企业的企业资源计划系统、高级计划与排程系统、制造执行系统数据互联，形成供应计划看板、双方共享计划以及供应配合的信息与数据。供应方企业随时准确掌握下游需求，采购方企业随时掌握供应可能异常。双方采供协同可以达成更优的生产与供应节奏，助力实现精益生产。

4.2.4 数字化供应链协同采购的具体实现

1. 采集分析动态数据

数字化供应链协同采购体系的核心要素是数据，预测用户需求、了解满足这些需求的产品或服务、确定合适的供应商和合理价格等运营活动都需要数据的支撑。

（1）采集和处理数据。数据经过采集、传输、存储、计算后得以应用。数据的采集包括系统日志采集、设备数据采集和网络数据采集，企业运用传感器、探针、应用程序接口（application programming interface，API）调用等设备或技术实现采购业务数字化。采集的数据经过传输以满足数据迁移、集中管理的各种需求。结构化或者非结构化的数据以关系、图、键值对等结构存储在磁盘等介质上，便于企业进行大规模批量处理、流式计算、图计算、集群资源管理和调度。

（2）可视化展现和分析数据。数字技术实现了硬件与软件、软件与人以及企业价值链各环节、企业内部各部门的连接，极大程度上消除了信息不对称。不同来源和不同历史时期的数据转化成计算机可读形式并被集中储存下来，企业根据使用者的需求进行整合、调度、模拟，可视化输出成人类能解读的形式，再根据个性化需求提取和处理已经具备可用性的数据，通过数据可视化展现其中的规律，通过数据分析变现为商业价值。一方面评估已合作供应商绩效，另一方面寻源和引入潜在供应商。

埃森哲发布的《数字化采购：开启采购新时代》报告指出，数字化采购系统通过人工智能和便捷的在线工具，可以帮助采购人员实时获取业态洞察与分析数据，通过更智能的方式，利用数据模型，为企业的日常运营和决策提供更全面的支持。数字化供应链协同采购将采购信息转化为数据，利用采购数据推动企业采购的发展，简单的"供应商—采购商"的单边关系将进化为"多对多"的供应生态网络。

2. 智能预测采购需求

结合数字技术，通过获取和分析相关订单信息及生产销售数据，数字平台能够智能预测企业的采购需求。

数字化供应链应用信息技术可以实现采购流程的自动化，记录实际发生的情况：执行过的交易、支付过的发票、购买过的物品以及签署过的合同。使用大数据技术挖掘更深层的数据，可以获得更多背景信息，如用户购买了什么、为什么购买等。这些信息是构建预测模型的基础，能帮助企业在未来作出更明智的采购需求决策。智能原材料/零部件需求预测可以动态地指导提前储备，减少备货时间。

供应商可以实现与企业网络的无缝连接，获得需求预测信息和实时库存情况。根据需求信号，企业自动发布采购订单，供应商系统读取该订单，根据采购订单的日期和数量创建仓库订单，然后自动创建装运订单用于运输，并将装运通知与发票一起发送给企业。

例如，杉数科技的"求解器+智能算法"助力小米实现精准预测，快速制定最优补货方案。算法方案中预测引擎基于库存数据和销量数据，通过需求修正还原真实需求，得到需求数据，再将需求数据通过机器学习模型进行训练与预测，得到未来一段时间的需求概率预测结果。杉数科技对小米产品进行分类，并结合合理的需求修正，配合差异化的时间序列、机器学习等模型进行门店的需求预测概率分布。根据业务结合数据进行产品分类后，使用泊松分布构造长尾品的需求概率分布，结合差异化的预测与分货逻辑，实现与常规品的区分管理。根据历史补货数据，计算历史到货市场的频率分布、门店对各发货大仓的偏好程度；根据总量、预测结果、到货时长规律、分货偏好规律等约束，建立全局优化的运筹优化模型，求解出每天的分货结果。

3. 精确匹配供需双方

在智能预测采购需求的基础上，数据交换等技术的运用使得上游供应商的供应能力数据透明可视。下游采购商需求与上游供应商的供给通过数字化连接得到有效匹配，产销协同得以实现。

硬件与软件、软件与人以及企业价值链各环节、内部各部门通过数字技术的连接，极大程度上消除了信息不对称的弊端。以区块链技术为基础的协同采购云平台使企业的采购管理过程更加公开和透明。借助此平台，供应方可以向采购方提供真实的业绩、资信、历史交易情况和信用记录等信息，采购方可以更加客观、准确、公正地筛选出符合条件的优秀供应方。同样，供应方也可以在该平台看到企业的相关需求信息，进而筛选出符合供应条件的企业。对于采购方在平台发布的需求数量，供应方可以将自己的产品价格与质量和其他竞争对手公平竞标。

【案例 4-2】用友采购云赋能上下游实现快速交易

用友采购云基于云计算、大数据、人工智能等数字技术，连接供方、需方、人员、商品等一切对象，构建便捷的社会化商业网络，赋能上下游，快速实现交易（图 4-8）。用友采购云支持直接物料、间接物料、工程服务三大交易场景，提供一站式采购服务，打通社会化交易与企业供应链、制造流程，连接供应商、2B（to business，面向企业）电商，帮助企业获取全球资源。平台支持大数据高性能交易处理和智能化匹配推荐，让采购交易更简单。

用友采购云平台支撑鞍钢集团 1 000 亿级年采购，帮助鞍钢集团打造符合国家三星认证标准的招采平台，规范了招标采购流程，实现了 50 000+ 客商集中、标准、科学的管理，优化了供应商结构。用友还为中国大唐集团有限公司打造集"采购、销售"于一体的工业品超市，实现集团统一寻源、统一定价，自助式采购。该平台整合上下游客商超 80 000 家，构建全新供应链网络协同共享平台。

资料来源：YonBIP 采购云 – 智慧采购 SaaS 服务平台和社会化网络交易平台，https://www.yonyou.com/sem/cgy.html。

图 4-8 用友采购云服务架构[①]

---

① 用友集团官方网站，https://www.yonyou.com。

4. 协同商定产品价格

采购方和供应方匹配完成后，双方进行产品的价格商定。例如，企业协同采购云平台建立了信用查询引擎、区块链协同采购数据的可视化商业智能（business intelligence，BI）系统、采购平台决策支撑系统。企业可以通过信用查询引擎对区块链中智能合约信息进行查询，调取供应商的信用评价、历史履约情况等信息，通过人工智能技术建立供应商智能寻优算法，自动计算供应商信用指数。决策支撑系统可以持续地分析交易平台上产生的大量交易信息，为供应商和企业的原料的定价提供数据支持。

基于区块链技术的协同采购云平台能够有效解决采购主体共享信任问题，营造公平、公正、公开的"阳光采购"环境，加快推进企业采购信息化进程，借助电子化手段实现采购管理的标准化、规范化、科学化、精细化。协同采购平台的可视化商业智能技术通过分析历史数据，为采购管理提供大数据分析技术、展示手段以及数据模型等，服务于生产经营和采购管理决策。数字技术帮助采购方对供应商的生产过程、检验过程及包装和发运过程实施监督，对质量体系文件的实施情况进行检查，进而和供应商有效协同价格。

德勤发布的《采购的未来——数字化颠覆传统采购模式》报告指出，数字化采购智能预测供应商谈判的场景和结果，分析并推荐最优供应商和签约价格，同时自动执行供应商寻源任务，最终建立可预测的供应商协作模式。认知计算和人工智能技术可以构建敏感性分析模型，预测谈判双方条件变化对签约价格及采购成本的影响，帮助谈判人员识别关键因素与节点，控制谈判风险并削减采购成本。

5. 实时调整采购订单

产品的价格确定之后，采购方和供应方需完成采购订单的签订来推进采购流程。采购方通过实时采集与分析供应方生产能力和往期订单数据，优先把订单安排给生产能力富余、生产质量好的供应方，从而有效应对市场的突发风险。供应方通过数字平台获得采购方的原料库存数量、生产线的运作情况等信息，进而预测原料后续的需求变化。双方也可以通过平台实时沟通，当采购方需求变动或供应方供给能力变动时，对采购订单进行调整。

数字平台还可实现对供应方产线状况的实时监控，迅速发现风险环节，结合订单自动拆解匹配机制，快速获得可替代厂商信息并自动分配生产任务，有效提高市场应对能力。供应链全链条信息共享可以帮助企业强化信息处理能力，动态监测供应链运转情况,提高对紧急事件的快速响应能力,赋能供应链弹性和应急效率。全链数据信息的实时共享和供需自动匹配机制可以帮助企业最大化利用现有产能,最优化协同效率。

【案例 4-3】携客云打造协同平台助力制造企业获取实时信息

携客云供应商关系管理系统在制造企业与供应商之间架起数据共享、流程互联的在线化快速协同平台,基于互联网 SaaS(software as a service,软件即服务)化部署,提供给制造企业供应链全业务流程协同和供应商完整生命周期管理协同工作平台。平台与制造业内部管理 ERP 系统数据互联,自动采集订单需求以及需求变更的信息,并自动发布给对应的供应商企业,供应商企业通过平台将获得及时、准确的需求来源以及需求的变化,确定生产及供应。通过平台的使用,供需双方可减少 80%~90% 的文件处理以及沟通工作量,订单的实时调整有效地减少了信息处理不及时所引致的错误生产与库存。企业对抗外来风险的能力得以加强,需求变化带来的生产浪费得以减少。

资料来源:携客云官方网站 http://www.xiekeyun.com。

4.3 智能制造

4.3.1 传统制造概述

1. 传统制造的定义

传统制造是指在机械工业的时代背景下,利用某些资源(物料、能源、设备、工具、资金、技术、信息和人力等),按照市场要求对资源加工生产并最终转化为可供人们使用和利用的大型工具、工业品和生活消费产品的过程。传统制造是劳动密集型活动,通过耗费大量自然资源和充分利用廉价劳动力的优势来生产产品。传统制造下的产品具有科技含量低、创新水平低和应变能力差等特点。

2. 传统制造业发展历程

在历史进程中,随着工业革命带动科技和产业高速发展,制造业也发生了翻天覆地的变化,并彻底地改变了人们的生产和生活方式。在制造业的发展历程中,人类一共经历了四次工业革命(图 4-9),每次工业革命大约间隔一百年。第一次工业革命带领人类步入了机械化时代;第二次工业革命让人类由此迈入电气化时代；第三次工业革命则是属于信息化时代。如今，信息物理融合系统促进产业智能化变革的第四次工业革命正悄然而至。

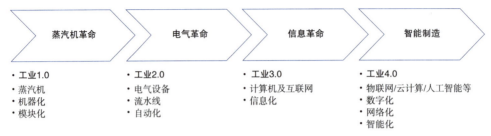

图 4-9　制造业的发展历程

18 世纪 60 年代，以蒸汽机作为动力机被广泛使用为标志，第一次工业革命率先在英国、欧洲大陆和北美等地广泛传播开来，开创了用机器代替手工工具的工业 1.0 时代。从生产技术方面来说，工厂代替了手工工场，机器代替了手工劳动，机器化进程拉开帷幕；从社会关系来看，在工业化的飞速发展下，依附于落后生产方式的自耕农阶级随之消失，工业资产阶级和工业无产阶级也不断形成与壮大。这次革命促使人类的生产方式发生了重大转变，生产力得到了突飞猛进的发展，人类由此进入崭新的"蒸汽时代"。

第二次工业革命发生在 19 世纪 60 年代后期，以电力的发明和广泛应用为标志，大规模流水线生产模式得到了广泛应用，生产成本大幅下降。1866 年，德国人西门子发明了发电机，经过多次改进，到了 19 世纪 70 年代，实际可用的发电机问世。电器开始代替机器，电力成为补充和取代以蒸汽机为动力的新能源。随后，电灯、电车、电影放映机相继问世，人类进入工业 2.0 的"电气时代"。19 世纪 70—80 年代，以煤气和汽油为燃料的内燃机相继诞生，90 年代柴油机创制成功。内燃机的发明解决了交通工具的发动机问题，推动了石油开采业和石油化工工业的发展。第二次工业革命不仅推动生产技术由机械化向电气化、自动化转变，也使人类的生活方式发生了翻天覆地的变化。

第三次工业革命开始于 20 世纪 40—50 年代，以计算机、互联网的发明与应用为主要标志，一场涉及信息技术、新能源技术、新材料技术、生物技术、空间技术和海洋技术等诸多领域的革命拉开了帷幕。第三次工业革命开启了第二次世界大战后科技领域发生重大变革的工业 3.0 时代。从 1980 年开始，微型计算机迅速发展，此后电子计算机的广泛应用和以全球互联网络为标志的信息高速公路不断缩短人类交往的距离。有学者认为,第三次工业革命核心就是信息技术革命。

如果说"工业1.0"是蒸汽时代,"工业2.0"是电气时代,"工业3.0"是信息时代,那么"工业4.0"则是利用新一代信息通信技术促进工业变革、引领世界迈入智能制造的时代。物联网、云计算、人工智能、机器人等技术都促进了"工业4.0"的发展。"工业4.0"时代下,数字化、网络化、智能化正日益成为未来制造业发展的主要趋势。其中,数字化和网络化是基础,是制造业向智能化发展的前提。"工业4.0"时代的核心特征是能够通过新一代信息通信技术降低供需之间的信息不对称,加速供给与需求之间的相互联系和反馈,从而催生出用户直连制造等商业模式。第四次工业革命中产生的"互联网+制造业"智能制造模式实现了大规模定制生产和网络化协同制造。

3. 传统制造模式存在的问题

(1)产品更迭慢。我国是制造业大国,行业中产能过剩、供过于求的态势明显。比如煤化工、多晶硅、风电制造、平板玻璃等行业,同品类产品太多,同质化竞争激烈。传统的规模制造生产线流程和生产加工顺序较为固化,生产工艺落后,缺乏柔性制造能力,难以满足个性化、多样化定制的市场需求。此外,市场上新的设计理念和开发模式持续涌现,但由于缺乏信息化支撑和智能化数据反馈,设计要求与制造能力不匹配的问题时有发生,大大降低了新产品开发的效果。例如,传统飞机从研发到使用需要7~15年,汽车从研发到使用需要约5年时间。在当今时代,新消费正逐渐渗透进人们的日常生活,大量消费场景层出不穷,用户潜在的、隐形的需求需要以更快的速度被挖掘和满足。

(2)生产效率低。传统工业制造没有先进的三维制造工艺和仿真虚拟等交互技术作为支撑,十分依赖制造人员的经验。例如,工业汽轮机叶片的制造采取分工式工序,首先需采取传统的专用机床加工产品基准工序,随后用高精度数控设备进行关键五轴型面工序加工,最后生产叶根、叶冠等。这种模式流程繁多且难以协调各环节时间,导致整个叶片的制造周期长达3个多月。另外,批量完成的叶片加工由于存在叠加误差,组装时无法达到产品设计一致性要求,从而无法满足客户的需求。此外,传统的加工制造多借助仿形设备或手工模具进行,由于产品模具数量过多难以把控,很多产品的质量和精度难以得到保障。

(3)运营成本高。首先,传统制造工业企业购买设备需要投入大量资金,但许多工业设备只能用于完成部分产品的关键工序,无法保障产品制造全流程的质量与安全。其次，传统制造业消耗了大量的时间和资源，残次品率却居高不下，也无法为大规模定制提供保障，最终导致产品生产成本高、收入少和效益低等问题。再次，传统制造模式在物理上造成了"数据孤岛"，数据共享成本高，使用价值却很低。最后，随着原材料和劳动力成本日益上涨，传统制造业陷入了难以突破的困局。面对成本的上涨，除了要竭尽所能地降低成本，更需要改变运营模式，培育新的盈利能力和利润增长点。

4.3.2　数字化供应链智能制造的内涵

1. 智能制造的定义

在工业和信息化部等八部门联合印发的《"十四五"智能制造发展规划》文件中，智能制造的定义为：一种基于新一代信息技术与先进制造技术深度融合，贯穿设计、生产、管理、服务等各个制造环节，具有自感知、自决策、自执行、自适应、自学习等特征，旨在提高制造业质量、效益和核心竞争力的先进生产方式。智能制造既是工业4.0的核心目标，也是我国实现"中国制造2025"的重要方向。

2. 智能制造的功能

（1）动态运行感应。动态运行感应是指利用物联网进行物理世界中供应链各环节的设备、产品、物料、产线、订单、用户等多维数据收集，通过专用采集设备、通用控制设备、专用智能设备实现对工厂内设备的接入和数据采集，通过数据采集网关等配置实现对工厂外智能产品的远程接入和数据采集，通过智能终端等设备采集用户交互数据，最终将全部数据汇聚，使得智能工厂具备全面的动态感知能力。

通过数字技术连接机器、人员和流程，工厂的运转效率得到了提升，产品和服务的质量得到了提高。图4-10展示了一个智能工厂的动态运行感应流程，智能制造下的智能工厂实现了万物互联，"管理信息系统"将企业资源信息整合到ERP平台，实现物流、信息流、资金流的一体化；"仓储系统"集合基础信息管理、货位管理、仓储管理、出库管理等功能模块，通过与ERP、SCM等系统相结合，实现企业仓储信息的完善管理，满足先进先出和精细化管理的要求；"生产现场系统"是一套面向制造企业车间执行层的生产信息化管理系统，它包含了排产模块、生产追溯模块、物流周转模块、品质管理模块和设备管理模块；"销售-客户系统"主要包含销售管理模块，实现了客户分级管理、从商机到出货的全过程管理，支撑分支机构和销售人员众多、分布地域广的销售模式,实现销售协同管理和销售过程的管理,并改善市场和研发、供应链之间的协同问题。

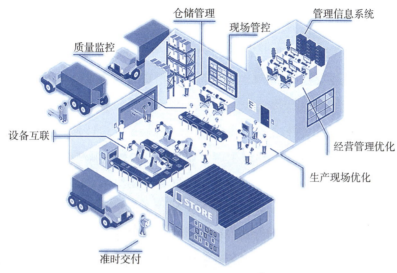

图 4-10　智能工厂示例①

(2)数字流程孪生。数字孪生是一种采用模型和数据对现实世界实体或系统进行数字表示与仿真的过程。数字孪生技术是实现数字流程孪生、物理工厂与虚拟工厂交互融合的最佳途径。

数字流程孪生具有三点优势:首先,数字流程孪生可以缩短生产周期。通过设计工具、仿真工具、物联网等手段,将物理设备的各种属性映射到虚拟空间中,形成一个可拆卸、可复制、可修改、可删除的数字图像,提高制造者对物理实体的理解和再设计。其次,数字流程孪生能够监控生产流程。通过在虚拟空间中完成映射,反映相应实体装备的全生命周期过程以监控和改进整个生产线,甚至可以实现对产品开发设计到生产整个制造流程的监控。最后,数字流程孪生能够优化生产过程。通过对数据进行多维度的分析,产生对于生产各环节的洞察,为提高生产效率、降低生产成本提供决策指导,从而优化整个生产过程。

(3)行动指挥中心。作为智能制造的执行中心,制造执行系统能够解决车间生产任务的执行问题,为用户提供一个快速反应、有弹性、精细化的制造环境,帮助企业降低成本、按期交货、提高产品和服务的质量。制造执行系统能够增强

---

① 新浪财经,《智能制造新模式下的工厂应用了哪些系统?》。

物料需求计划的执行功能，通过执行系统把物料需求计划同车间作业现场控制联系起来。这里的现场控制包括可编程逻辑控制器（programmable logic controller，PLC）、分布式控制系统（distributed control system，DCS）、数据采集器、各种计量及检测仪器、机械手等。从企业的生产计划管理、生产过程控制、产品质量管理、车间库存管理、项目看板管理共五个维度提高企业制造执行能力。

（4）自动过程控制。智能制造通过新一代信息通信技术改变了传统自动化生产控制模式。按照灵活性、快速响应、成本效率以及投资回报率高等要求，建立一个高度灵活、数字化的智能生产制造系统，将生产制造体系与产品生命周期管理整合在一起，形成一种以产品全生命周期为核心的智能制造生产模式。一方面，通过获取机器操作（基于传感器）、生产计划（计划系统）、仓库信息（仓库系统）、制造执行（MES）和物料移动（运输系统）的相关信息，根据这些集成的系统和流程，可以使用 AGV/UAV（自动导引运输车 / 无人机）等进行物料自动移动、存储和运输的工厂操作。另一方面，通过机器人流程自动化技术可以实现库存过账、交货和发票生成等交易流程的自动化。实时、科学的决策指令从这里发布，最优化、高效化的资源配置将从这里开始。

4.3.3 数字化供应链智能制造的优势

1. 快速响应用户需求

智能制造最明显的优势就是能快速响应市场变化。所谓"快速响应"不仅指传统意义上的缩短常规产品交货期，还强调缩短根据用户个性化需求开发"新产品、新服务"的研发周期。当今世界瞬息万变，为了更好地应对与日俱增的市场竞争压力、满足消费者不断变化的需求，从过去的大规模批量生产模式向大规模定制生产模式转型显得十分必要。

传统的规模化工业生产模式通过大批量生产提高效率，但生产线相对固定单一，难以满足不同客户个性化、小批量的订单需求。数字化供应链中的智能制造生产线实现了模块组合功能，消费品、汽车、钢铁等行业企业可以基于用户数据来分析、挖掘个性化需求，打造大规模混线生产的柔性生产体系。在模块组合生产中，借助物联网技术，对生产模块中混线定制的个性化半成品与成品进行实时追踪、组合配置与调度。通过打通消费互联网与工业互联网，推广需求驱动、柔性制造、供应链协同等新模式，实现工厂的柔性化生产，解决了大规模生产向定制化生产转型带来的诸多不确定性、多样性和复杂性等问题。

2. 高效组织生产流程

借助标识解析技术，生产全过程的数据被打上了批次烙印，从原材料供应、加工、生产各个工艺环节到成品最终送达消费者手中，整个链条的每个环节彼此建立关联，每个环节的关键参数均存在记录，如关键工艺参数、设备参数、操作情况等。当其中任意环节出现质量异常时，可精确追溯前段任意工艺环节，获取、分析各环节相应时点的参数，确定异常产生的原因。运用大数据分析工具建立质量预测分析模型，通过主动分析原辅材料质量检验数据、设备工艺参数变化等，发现潜在质量问题，及早作出预警并及时解决，从而实现产品质量的同一化与优质化。

智能制造所应用的信息化系统是以缜密、精确、大规模的逻辑和模型为基础的智能系统，具备基于现有数据进行自主分析、推理、判断的能力，面对故障具备自主诊断和修复的能力，在工业生产中能够使整个生产流程高效率地运行，显著提高企业的创新能力和服务能力，优化生产流程中的设计、运行及决策能力，并基于已有的物理制造系统，充分融合智能传感、先进控制、数字孪生、工业大数据、工业云等智能制造关键技术，从生产、管理的全过程优化出发，实现制造流程高效化。

3. 大幅降低运营成本

成本管理是企业管理的核心和重点环节，成本控制决定着企业的生存和发展，是智能制造的重要维度。一方面，通过把精益管理思想与成本管理思想相结合，按照财务维度，逐层从车间、工段到机台和生产线明确各层级岗位对应的可控成本费用范围及相应的成本目标，按照业务维度，结合生产计划和物料清单将成本目标分解到各产品规格，结合各产品的生产工艺，制定工序成本定额标准体系，输出产品各工序定额成本，建立产品的目标成本，最终完成岗位成本自我改善的目标，使企业获得较强的竞争优势。另一方面，通过先进技术优势压缩各项业务成本，包括使用机器代替人工来节省人力成本、精准预测需求以降低库存成本、工业知识机理复用以降低生产成本、预测性维护以降低停工成本等。

4.3.4 数字化供应链智能制造的具体实现

1. 采集多维数据信息

智能工厂通过构建智能化生产系统、网络化分布生产设施，实现了生产过程的智能化，并成为实现智能制造的重要载体。智能制造对人、机、法、料、环进行连接，实现了多维度的融合。

实现数字化供应链智能制造的第一步是采集多维数据，推进生产过程数字化及管理流程智能化。这里所说的多维度，包括工厂内外部各维度的数据。内部数据主要包括原材料数据、设备数据、生产线数据、制造环境数据等，外部数据主要包括订单数据、用户数据、供应商数据等。例如，在仓储管理层面，仓库通过采集货物条码数据防止在进出存管理中发生实物漏错混的问题；在生产线上，通过校验物料条码数据防止错用物料，通过关联物料与产品数据便于质量追溯，通过采集视觉识别数据进行质量检测；在生产设备上，采集设备运行参数以便做设备维护保养；在运营管理层面，采集订单流转过程的数据，详细记录当前订单的备料、生产、检验、发运、在途等状态。

利用自动化采集设备（如传感器、视觉识别设备），借助信息系统 [如 ERP 系统、CRM（客户关系管理）系统] 整合的方式采集数据，工业互联网云平台可以对采集的海量数据进行存储，通过数据互联实现供应链中包括用户、产品、设备、产线在内所有节点的相互连接。数字世界中供应链网络实现了全面连接，以此来带动物理世界中供应链上下游的数据连接与信息同步。

在数据采集的基础上，工业互联网的云平台和各应用对连接后的数据进行分析与发掘。数据分析包括以可视化为主的描述性分析、以规则判断为主的诊断性分析、以机理建模为主的预测性分析等多种类型。不断对高性能数据进行深入分析，有助于供应链各主体及时发现问题、迅速解决问题。

2. 制订生产计划与排程

在完成第一步的多维度数据采集之后，第二步是制订生产计划与排程。计划部分主要通过综合考虑产能、工艺、设备、人力、班次、工作日历、模具、委外资源、加工批次等各个约束，解决"在有限产能条件下，交期精确预测、工序生产与物料供应最优、详细计划制订"的问题。排程要实时地考虑目前的负荷、能力、材料供应等多因素，合理安排车间订单生产工序。

APS（advanced planning and scheduling，高级计划与排程系统）具有多约束、多目标优化的特点，在生产过程中被广泛使用。APS 用于解决生产中多工序、多资源的优化调度问题，它基于运筹学和约束理论构建模型与算法，考虑企业内外的资源限制，输出满足"以最短时间达到最有效目标"的具体生产计划。APS 功能分为高级计划（advanced planning）和高级排程（advanced scheduling）。最终输出订单交货计划表、采购需求计划表、生产工单计划表、生产工序计划表、设备资源使用计划表、工单投料计划等，自动排出订单交货日期，创建采购申请单，跳转工单开工日期和完工日期，进行生产派工等。

APS 主要具备以下功能：①制订详细计划。APS 可以制订全面的车间计划，包括设备、工装及班组人员计划。②制订投料计划。APS 通过对工序的物料需求进行汇总统计，设定精细化和基于工序的投料计划。③自动化排程。APS 可以根据系统设定，通过遗传算法、模拟退火算法等先进的排程算法自动进行排程，不仅能够实现毛坯车间、零件车间、半成品车间、成品车间的同步计算，还能实现供应商、客户需求的端到端全流程同步计算和供应商、工厂、客户之间的全流程集中。④满足紧急插单。APS 实时监控计划排产进度，随时处理意外情况。在遇到紧急插单的情况下，APS 可以迅速调整计划，智能调度、满足订单的准时交货，降低订单延迟率。⑤实现滚动排程。APS 实现对全工厂的软件建模，实时掌握实际生产完成情况。制订滚动排程时，在综合考虑生产实际情况后进行更新。⑥进行交期评估。APS 根据订单的优先级或订单规则，考虑多种约束瓶颈进行倒排程和正排，模拟计算出合理的订单承诺，快速准确地进行交期答复。⑦计划可视化。APS 提供资源、负载、订单、库存以及项目甘特图等的可视化展示，从不同维度全方位地展示计划结果，同时支持多维度的自定义报表（图 4-11）。

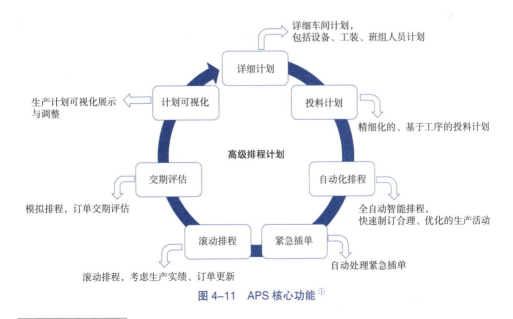

图 4-11　APS 核心功能[1]

---

[1] SINHA A，et al. *Digital Supply Networks*.

3. 智能生产执行与控制

在第二步完成制订生产计划之后，第三步是智能生产执行与控制。

以往车间生产管理大多采用车间作业管理（shop floor control，SFC）系统，由管理工作中心（work center，WC）生产作业单元来改变物料形态或性质，主要靠手工汇报进度、工时、相应的损耗。如今，随着制造精益化、数字化的发展，智能制造时代的工厂开始广泛使用MES（manufacturing execution system，制造执行系统）。MES面向车间生产过程管理与实时信息管理，主要解决车间生产任务的执行问题，提高工厂的制造能力和生产管理能力。MES主要包含11个模块：工序详细调度、作业人员管理、生产单元分配、资源状态管理、产品跟踪管理、质量管理、文档图样管理、设备维护管理、设备性能分析、车间数据采集、制造过程管理。

在生产过程中，MES用于实时掌握各生产线的产量数据，从而班组成员可以随时获得当前生产任务的进度。通过电子看板、发送邮件等方法对现场异常状况进行及时通报，管理人员能够即时了解产线的实际情况并快速作出应对。在过程控制上，制程防错可以保证产品按照事先设计好的途程流转，减少跳站、漏测等行为，保证产品生产过程的完整性。对每个工序的操作步骤做完整的验证，防止操作员作业过程中遗漏操作。实时记录并且控制质量检查点，提升质量水平。

随着下一代MES的发展，制造运营管理（manufacturing operations management，MOM）系统应运而生。MOM系统包括了MES的功能，并将维护运营管理、质量运营管理和库存运营管理与生产运营联系起来，详细定义了各类运营管理的功能及各功能模块之间的关系，以整体解决方案的方式应用于制造过程。MOM系统边界如图4-12所示。

在智能生产执行与控制过程中，除了智能制造生产系统的作用之外，机器人、3D打印、沉浸技术也越来越普遍地应用于制造过程中。如今，工业机器人的多关节机械手拥有高自由度、大容纳性等特点，可匹配各种机械装置来展开生产活动，基于智能机械加工辅助后端的智能制造生产线就此建立。3D打印在产品制造过程中的应用使材料的利用率得到了提高，并且对于结构复杂、精确度较高的产品而言，采用3D打印往往能够实现较好的效果，真正满足客户个性化、定制化、高精度的需求。沉浸技术在不同制造场景中都得到了广泛使用，如在以往的航空发动机装配过程中，对于人力的需求往往过大，再加上发动机零件类型众多，装配效率迟迟得不到提升，而沉浸技术在航空发动机装配中的应用体现在为工人模拟了发动机三维模型的虚拟装配,可以降低装配失误率,大大减轻工人的责任与压力,有效帮助工人提高发动机装配熟练度,在减少成本的基础上大幅度提升了效率。

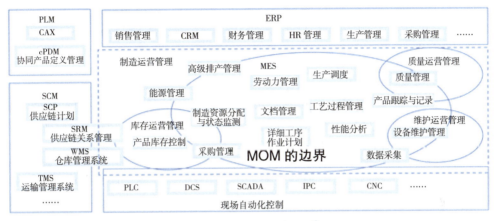

图 4-12　MOM 系统边界①

4. 全局动态优化决策

数字化供应链智能制造的最后一步是全局动态优化决策。在前几个步骤的工作完成后,大量传感器已经完成了状态感知,智能工厂将采集的工业大数据通过物联网传递到云平台上做实时分析,然后将实时分析的数据结果通过由人脑和计算机相结合产生的人工智能作出决策,反馈给一线的执行层以实现精准执行。其中,数字孪生技术极大地赋能了整个流程。

数字孪生是物理资产、产品、过程或者系统动态的数字表示,通过对现实世界中对应的特征、条件、属性进行建模,在数字世界中能够对数据进行各种分析,产生对设计、仿真和生产的洞察。运用数字孪生技术,智能工厂可以实现实时感知、动态交互、全局优化决策。这里的决策包含很多方面。例如:在柔性生产方面,智能工厂根据用户需求的变化柔性调整产线,动态调度整个生产过程并实现快速响应;在预测性维护方面,智能工厂利用数字孪生技术实时监测生产设备的状态,根据工业机理模型 +AI 算法及时预判故障可能性并进行维护,这样可以大大降低停机的概率、减少相应的停产损失;在低碳优化方面,智能工厂根据实时碳排放监测进行动态能源管理。例如,西门子研发了一套解决方案 SiGreen,它能够全面追溯自身产品的碳足迹,包括产品生产制造过程中

---

① 罗戈研究,《制造业供应链数字化变革的若干发展趋势》。

产生的碳排放,以及生产使用能源产生的碳和供应链上所有用到的原材料、零部件在生产时产生的碳排放。它实现了生产全生命周期碳足迹的可信精算和追溯,已经通过了 ISO(国际标准化组织)质量体系认证。

4.4 动态履约

"履约"是指在用户发出需求信息产生订单后,制造商以交付产成品或提供服务为履约内容在供应链上沿零售商等供应链各参与主体按照订单条款为用户提供服务或交付约定物的行为。

传统供应链中履约的业务场景复杂,履约路径较长,因此履约达成率和履约质量都有很大的改善空间。随着数字技术的快速发展,传统供应链数字化转型催生了"动态履约"的履约方式,在数字化供应链中创造了越来越大的价值。

4.4.1 传统供应链履约概述

1. 传统供应链履约的定义

传统的供应链履约过程以用户需求为出发点,用户发出订单后,制造商处理订单并按照订单要求为用户提供服务或交付约定质量和数量的产品。

2. 传统供应链履约的流程

(1)用户向零售商发出需求订单。用户根据自身需求向零售商发出订单信息,包括用户所需产品或服务的类型、数量、期望成本、送达时间等信息。如果零售商的库存足以满足用户需求或零售商有能力提供满足用户需求的服务,则该次履约仅涉及零售商对终端用户的履约。如果零售商没有充足的库存满足用户,此时将产生零售商向制造商采购的环节,从而涉及制造商对零售商的履约和零售商对用户的履约。

(2)零售商向制造商发出需求订单。如果零售商仓库中没有充足的库存满足用户发出的订单,则产生零售商向制造商采购的环节(有些场景中零售商先向经销商采购,经销商再向制造商采购),零售商将根据内部库存和终端用户的需求信息发出需求订单。

(3)制造商向零售商履约。制造商接收零售商的采购订单后,若库存充足,则可以直接对零售商发货以完成履约(有些场景中制造商先向经销商发货,经销商再向零售商发货);若生产商库存不足,则需先进行产品的生产加工,再对零售商履约。注意,产品的生产加工过程并不属于履约流程中的任何环节,履约过程以产成品为最小单位。

(4)零售商向用户履约。在用户发出需求订单后,零售商根据自身库存情况选择是否接收用户发出的订单。用户订单被零售商确认接收后,如果零售商的库存足以满足用户需求,可以立即对用户订单进行履约;如果库存不足,则需要等待制造商履约后,零售商才能向用户延后履约。而且,一旦用户需要调整订单,零售商需要电话或邮件通知制造商订单变化,流程长易出错。用户满意度低,流失率高。

由此可见,在传统履约过程中,用户与各个零售商之间、零售商与制造商之间信息不畅通,传统供应链履约过程中存在诸多问题。

3. 传统供应链履约存在的问题

(1)履约环节繁多。在传统供应链中,参与履约的主体数量庞大,且在履约过程中各参与主体向下游需求端的履约活动是串联进行的,每个向下游需求端主体履约的行为都是基于上游供给端主体的履约行为进行。在履约过程中参与主体越多、履约环节越复杂,在履约过程中不可控因素就越多,进而导致传统供应链履约过程的低效运行。例如,在用户发出订单后,接收到订单信息的零售商首先盘查库存是否可以满足用户需求,若未能满足用户需求则需告知用户,同时向上游供给端主体制造商发出订单,用户则需要考虑选择延后履约或更换零售商并再次提交订单,直至履约完成。随着信息的多次传递,履约的成本和难度也上升,任何一个环节出现问题都可能会导致整条供应链紊乱,从而影响履约进度甚至造成财务损失。

(2)履约技术落后。传统供应链履约过程依靠人工处理和分拣,成本高、效率低。同时,传统供应链履约过程使用的设备、装置技术落后,已经无法满足如今用户对履约质量和效率的要求。数字化供应链履约中的智能分拣设备可以高效、准确地定位待履约产品,实现仓内高效分拣,缩短了履约时间,提高了履约效率。

4.4.2 数字化供应链动态履约的内涵

1. 数字化供应链动态履约的概念

动态履约是指数字化供应链上的各参与主体利用数字技术实时感知用户的需求信息,动态选择成本、时效、体验最优的履约方式,打破线上线下的传统履约边界，最终在正确的时间以正确的数量和质量向用户交付正确产品与服务的流程。

随着我国消费线上化加速，电商行业百花齐放，直播电商、社区团购业务发展迅速，同时，传统品牌商的渠道也在加速变革。一方面，线下门店更加数字化、智能化，更贴近消费者；另一方面，新兴品牌借助完善的供应链体系以及优秀的营销能力，不断推陈出新，商流向着全渠道、多元化发展（图4-13）。在传统履约方式中，消费者常通过线下门店获取产品，如零售商自有门店、品牌零售商门店等。在数字化供应链中，随着履约渠道的多元化，履约方式更加多样，用户可以用更低成本享受更高效率的履约体验。

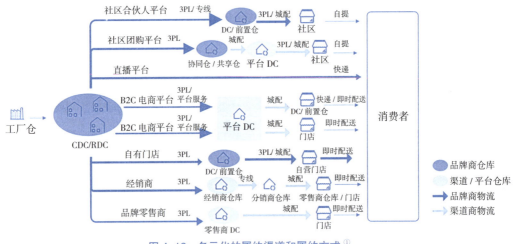

图4-13 多元化的履约渠道和履约方式①

图4-13中专业术语解释如下：

CDC（central distribution center，中央配送中心）：一个组织或者公司的核心配送中心，统管其旗下其余配送点。

RDC（regional distribution center，区域配送中心）：拥有较强辐射能力和库存储备，向下级城市用户配送的配送中心，配送规模较大。

3PL（第三方物流）：为公司提供全部或部分物流服务的外部供应商，提供的物流服务一般包括运输、仓储管理、配送等。

DC（distribution center，配送中心）：接受供应商提供的多品种、大量货物，并在储存、储存、分拣、配送、配送处理、信息处理等操作后，将符合用户订购要求的货物交付给客户的组织和物流设施。

---

① 罗戈研究，《2020—2021罗戈物流行业年报》。

2. 数字化供应链动态履约的功能

（1）互联信息。互联是指信息在供应网络的多个参与主体之间进行自动传输，这些信息包括与供应、需求、订单履行、退货授权、产品生命周期等相关的信息。信息的实时可见性能够使供应网络更为透明，并使快速响应成为可能。当客户对某种产品产生需求意识之前，企业已经通过多种方式收集的信号预测到了需求信息并预先明确了产品的库存等情况，从而高效完成订单，极大地缩短了履约周期。另外互联信息还体现在履约信息可以多平台共享，用户可以在第三方平台集中获取履约信息。例如菜鸟裹裹，作为一款阿里巴巴旗下菜鸟网络提供快递服务的应用软件，支持淘宝、天猫、闲鱼等多家电商平台的物流信息共享，覆盖国内外 140 多家快递公司，可以集成多平台信息提供寄快递、查快递、取快递功能服务。

（2）追溯产品。供应网络的可追溯性是指当产品在供应网络中流动时，产品的来源、保管权转移及移动的可见性。供应网络的高透明度使得供应网络更安全、更适应市场标准、更容易遵守与经营活动相关的法律法规。例如，易见纹语科技研发的农产品"物纹链"三级溯源防伪及全链路多节点存证平台独有的"纹理码"溯源技术可以实现对原料、加工、仓储过程的透明化可视溯源。如图 4-14 所示，"物纹链"的应用可以提高农产品质量及相关企业生产合规性，帮助消费者买到可信农产品。

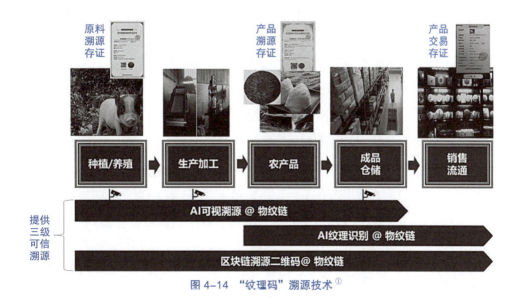

图 4-14　"纹理码"溯源技术[①]

---

① 工业互联网产业联盟，《基于工业互联网的供应链创新与应用白皮书》。

（3）同步销售。全渠道同步销售是通过多个服务站点（零售商网站、移动应用程序、实体商店等）确认、整合、履行客户订单，实现多个服务站点之间订单的同步管理，灵活履约。员工在线实时监控库存，帮助客户在到达实体商店之前在线确定产品是否有货，并根据客户需求立即补充库存。该功能支持企业以更短的履约周期、更低的成本、更高程度的端到端可见性以及更好的客户体验完成订单履约。例如，沃尔玛早在2016年起便与京东、达达－京东到家、腾讯等展开战略合作，完成线上多个电商平台的搭建，包括沃尔玛京东旗舰店、沃尔玛全球购、沃尔玛京东到家、沃尔玛小程序等多个网上渠道上线。沃尔玛全国400多家门店100%实现实体门店在线化，全面接入"沃尔玛到家"和京东到家平台，为门店周边3千米~5千米范围内提供1小时"到家服务"。

（4）智能分拣。智能分拣系统可以在最短的时间内快速且精确地找到所需商品，按照配送信息的不同，从不同的储存位置取出商品，运送到不同的区域或站台集中打包、装车发运。智能分拣系统不受天气、时间等不可控因素的限制，可以连续、高效地分拣货物。采用条形码扫描输入分拣信息，或采用射频识别——一种阅读器与标签之间进行的非接触式的、识别目标的数据通信技术，对信息进行存储与识别，提高信息的准确性，降低分拣误差率。智能分拣系统可以最大限度地减少人工的使用，逐步推动工厂向无人化发展。例如，近年来随着服装市场业务模式的转变，快鱼服饰有限公司携手浙江立镖机器人有限公司共同打造了自动化分拣平台，实现了分拣效率最大化。立镖机器人采用双层T-sort分拣方案，在原有的单层平台基础上增加了一层平台，更灵活地运用场地立体空间，在保证前期录入信息正确的情况下，可做到系统分拣准确性优于99.99%。针对服装行业特性，立镖机器人的T-sort分拣系统成功解决了两大难题：一方面传统人工分拣导致效率低、出错率高，人工成本逐年攀升，投入立镖机器人智能分拣系统能够做到提高分拣准确率、降低人工成本，实现投资回报最大化；另一方面，作为退货率达到30%的服装行业，退货分拣完毕后即可进行二次出售，无须囤积。在立镖机器人智能分拣系统的支持下，服装企业能够更快完成退货分拣、二次出售，保障产品收入，助力企业稳定发展。图4-15为分拣过程示意图。

（5）智能配送。智能配送作为履约环节的"最后一公里"，是动态履约能力所能实现的最重要功能之一。智能配送是物流服务提供商动态地根据数据与算法自动计算最佳模式及路线的高效配送服务，中国各大物流服务提供商的配送模式主

图 4-15 分拣过程示意图①

要有三种：①网络快递模式，以顺丰、"四通一达"为代表；②仓配模式，以京东物流、苏宁物流为代表；③点对点模式，以闪送、美团、达达为代表。物流运输管理系统可以集成多个数据源，自动将配送订单集中在一起，结合实时交通状况优化路线，并提供订单状态的跟踪与通信。

以美团外卖订单的履约过程为例：当用户打开美团外卖 App 浏览商家时，每个商家的预计送达时间和配送费都是利用算法考虑多类因素给出的，当用户下单后，订单传送给智能配送系统，订单的配送人员安排、路线规划、配送顺序等都由智能决策算法来完成。美团在 2021 年 4 月公布了新一代自研无人配送车"魔袋 20"（图 4-16），"魔袋 20"具有智能、稳定、安全、续航时间长、载重量大等优点，该车搭载了美团自主研发的新一代电源管理系统，可以对自动驾驶计算平台、传感器等诸多设备进行上下电控制、诊断。在无人驾驶最重要的传感器方面，"魔袋 20"自带 3 个激光雷达、19 个摄像头、2 个毫米波雷达以及 9 个超声波雷达，可以实现 5 厘米~150 米范围内障碍物的识别，做到 360 度无死角的实时环境感知。所有这些传感器获得的数据会被传递到多个深度学习算法中，其会将计算的结果与高精地图等内容结合，对车辆行驶作出决策。在配送运行时，如果一台无人配送车遭遇到施工、路面不平等情况，更新后的地图信息也会通过云端下发给其他车辆。

---

① 立镖机器人官网，http://www.libiaorobot.com。

图 4-16　美团配送车①

4.4.3　数字化供应链动态履约的优势

1. 配送信息闭环管理

从客户发出订单到客户签收,中间每个履约过程都将被实时记录,零售商、仓库管理员、配送司机,甚至财务人员都能看到这些记录,用户可以实时查询产品在供应链中的移动信息。这些数据同时有助于制造商管理履约过程和预测履约过程中的潜在问题,及时处理各环节出现的问题,提高订单履约的运行效率。

2. 异常订单智能监控

在人工智能、模拟仿真、运筹优化等多种能力的支持下,企业可以提高对异常订单智能化管控的能力。在汇聚了异常信息流、质量异常产品流和信用异常资金流的基础上,通过大数据分析工具,企业可以对履约过程各类数据中的异常信息进行实时洞察,并提前发出警报,智能管控异常订单。

3. 用户服务便捷周到

动态履约为客户提供更快速便捷、灵活周到的服务。动态履约具有项目实时追踪、可见性、流程高度连接、实时协作等能力,允许用户修改目的地、修改送货时间、调整收货方式等。供应链各参与主体可以快速感知客户需求,通过数字供应网络节点进行实时调整,更好地满足客户的需求。端到端运营的透明度使企业能够优化其分销地点的选择并智能地进行仓网调拨,转移产品至潜在用户附近

---

① 美团官网,http://mad.meituan.com。

的仓储中心，降低履约成本。动态履约重新定义了供应链的敏捷性，帮助组织优化机器设备、营运资本及资源分配，以便组织更高效地管理资产，及时生产和供应市场最需要的产品。

4.4.4 数字化供应链动态履约的具体实现

1. 明确履约对象

明确履约对象是数字化供应链中动态履约的第一步，明确履约对象既包括对用户的确定，也包括对履约产品的明确。在这一步，供给端需明确向哪个需求端提供何种数量的何种产品。客户可以通过主动输入自己的需求、收货具体位置和时间来提供用户信息；同时，零售商也可以通过客户的历史购买信息对客户的需求提前预测，提高供应链履约的效率。在明确产品信息时，由于产品属性的多样性，不同产品的形态特点、配送要求均为需要考虑的因素。

【案例 4-4】德邦定制化酒类包装解决运输难题

据零售端口径统计，中国酒水类零售额每年高达 1.5 万亿元。在邮寄过程中，酒类商品由于重量大、易破损所以物流投诉事件频繁出现，不少快递企业甚至直接拒接酒类商品订单。为了保证酒品的安全运输，满足广大酒类电商、散客消费者对酒类商品的快递运输需求，德邦快递针对酒类商品的运输难点和痛点，推出了专业定制化的酒类包装运输解决方案。

针对单瓶、多瓶、单箱、多箱等不同类型酒类商品，德邦快递给出了针对性的包装解决方案。如针对单瓶酒类商品，德邦快递采用了气柱袋＋瓦楞箱等包装材料；针对多瓶裸装酒类商品，德邦快递提供气柱袋＋瓦楞箱等多种包装方式可供选择；针对单箱酒类商品，德邦快递则采用了 PET（聚对苯二甲酸乙二酯）吸塑托＋瓦楞内衬＋瓦楞箱的混合包装，并在箱体上加上 PP（聚丙烯）护角，以此来降低角部冲击（图 4-17）。

资料来源：物流指闻，https://www.headscm.com/Fingertip/detail/id/25497.html。

2. 集成履约信息

在数字化供应链中，数字技术具有万物互联的特点。例如，云平台可以更广泛地连接分散或跨地区的产品、消费者和供应商，对整个产品生命周期的全

图 4-17 德邦定制化包装[1]

链路数字化起到重要的推动作用，同时对数据传输、商品流通模式等方面产生重大影响。

先进的运输管理系统可以利用传感器和机器学习等技术来构建一个供应商、物流服务商及承运商共享信息的生态系统，使得履约过程中发件人信息、收件人信息、产品信息、配送车辆信息等数据全程可视化，为敏捷地满足交付需求打好信息基础。

【案例 4-5】传化智联打造智能物流平台提升物流效率

传化智联专注打造服务于产业端的智能物流平台——传化货运网（图 4-18），持续帮助企业供应链降本增效，提升中国物流效率，助力中国制造高质量发展。传化货运网以平台模式广泛连接物流、技术、金融等资源要素，集成各类供需信息，在平台内形成标准化、数字化的服务功能，通过组合调用＋插座式连接，帮助制造企业以更快速度、更优方式、更低成本解决企业物流运作中遇到的各类问题，实现降本、提质、增效。

资料来源：传化智联官网，http://www.transfarzl.com。

---

[1] 物流指闻，https://www.headscm.com。

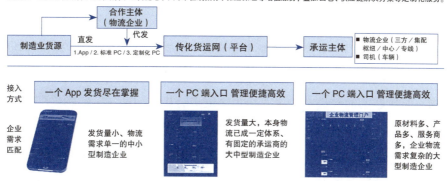

图 4-18 智能物流平台——传化货运网

3. 选择履约方式

在传统履约方式中,当履约过程中的约束条件发生冲突时,需要人工花费大量资源、精力、时间、成本进行干预、协调,无法得到真正最大化企业预期的履约方案。相较于传统的履约方式,数字化动态履约强调利用人工智能、运筹优化等技术能力,在履约前准确捕捉客户及市场需求变化,同时在统筹考虑生产、库存、运输等方面因素的情况下,实现最优化的订单履约和数据驱动的端到端智能履约流程。

【案例 4-6】杉数科技以优化算法赋能企业决策

杉数科技为用户企业提供算法深度定制化服务,利用算法赋能企业供应链决策。例如,在物流行业中,有限的运输资源、多变的客户需求给运输配送环节带来了极大的挑战。传统手工排班又暴露出了调度时间长、车辆资源使用量大、运力与货量不匹配等痛点问题。针对这些问题,杉数科技团队专门研发设计了一项"确定车辆开行距离的方法及装置"技术,并开发了"小马驾驾"运输优化系统。"小马驾驾"利用优化的算法,提取车辆、订单、地点等信息,赋予企业车辆路径优化、智能订单匹配、智能物流配送等能力,节省运输车辆、调度时间,降低运输里程和运输成本,大大提高了企业的运营效率。杉数科技利用海量数据,帮助企业定制多种数学规划求解方案。

资料来源:杉数科技官网,http://www.cardopt.com。

4. 完成履约任务

（1）仓内分拣履约。在数字技术的支持下，配送中心在分拣、打包和运输等方面通过智能视觉技术，优化了手动订单拣选、分拣和打包的流程，同时指导通往下一次分拣的最短路径，并突出工人需要分拣的物品。一些视觉分拣系统已经开始提供实时物体识别、条形码读取、室内导航以及与仓库管理系统的信息集成等功能。

（2）仓外配送履约。仓外配送主要包括干线和末端配送两部分。干线物流配送是指将货物在不同配送中心之间长距离配送的物流活动。末端物流配送，即物流配送"最后一公里"，指将货物直接送达消费者的物流活动，以满足配送物流环节的终端用户为直接目的。传统供应链中末端配送种类多、批量少、频次高、配送节点多、交通路况复杂，需要耗费大量时间，导致城市末端配送物流成本提高。在数字化供应链的动态履约业务中，企业可以在末端物流配送环节积累消费数据，从而不断优化末端物流配送过程。

5. 管理履约售后

履约流程完成后，为了最大化利用履约过程中产生信息的价值，提高对后续履约过程的优化作用，企业可以通过检查履约完成时间和路径来评估履约方式安排的合理性，也可以通过在线监测用户反馈评价来评估履约质量，对今后的动态履约提供改进标准。用户数据可以作为提供新产品、新服务或改良现有产品、服务的生产要素存在，进而形成履约闭环。手握海量数据的平台运营商将拥有网络效应强度，在市场竞争中扮演重要角色。从用户反馈闭环视角来看，当一个平台拥有更多的用户资源，该平台能够收集到更多的用户数据信息，更深入地洞察更多用户及其喜好，以此提升产品和服务履约质量，吸引更多用户接入。通过学习效应，企业可以利用用户数据来提升现有产品或服务的质量。

4.5 高效逆向

4.5.1 传统逆向供应链概述

1. 逆向供应链的定义

逆向供应链（reverse supply chain，RSC）起源于逆向物流，逆向物流分为退货逆向物流和回收逆向物流，是为了进行适当处置或获取一定价值而从用户所在地运回产品的流程。退货逆向物流指下游用户将不符合要求的产品退回给上游企业或供应商，包括用户退货、过季与积压产品退货、缺陷品退货、停售与召回的产品退货。回收逆向物流指下游用户将持有的废旧物品回收到供应链上各节点企业，包括报废产品回收、可再利用包装和运输材料的回收、生产废弃物回收。

逆向供应链包括产品交付后所发生退货、维修、再制造直至原材料回收的一系列供应链活动，是由一系列从用户手中逆向取回产品所需进行的活动，以及恢复其市场价值或处理掉它们的活动所组成。

逆向供应链包括产品获得、逆向物流、检验与分类处理、再加工、再销售这五个关键过程。

（1）产品获得，指从用户处获得产品的过程，包括用户退货和产品召回。

（2）逆向物流，与传统的物流相反，指产品从供应链的下游用户返回到上游制造商或供应商的过程，这些活动包括了运输和仓储等。

（3）检验与分类处理，目的是检验收回产品的质量水平，以及为逆向供应链中各个产品制定恰当的处理策略。处理方式有以下四种：再销售，即直接再向用户销售产品；产品升级，即对产品进行维修或再制造；原料恢复，包括拆用配件和再回收利用；废弃处理，包括焚化和掩埋产品等。

（4）再加工，如果产品升级或原料恢复是处理策略，那么产品就可以转入再加工操作。例如，维修、再制造及回收利用。

（5）再销售，通过再售产品延长产品的寿命。再销售回收产品的渠道有很多，例如直接再销售或把产品卖给专门代理，卖给代理的产品一般被再卖给其他群体，如低价商品零售商、终端用户等。

逆向供应链（含逆向物流）+ 正向供应链（含正向物流）= 全供应链，具体流程如图 4-19 所示。

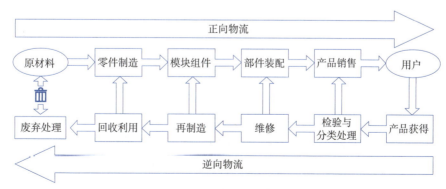

图 4-19　全供应链流程

2. 逆向供应链的发展历程

1981 年，美国学者道格拉斯·兰伯特（Douglas Lambert）和詹姆斯·斯托克（James Stock）最早提出了逆向物流的概念，将逆向物流描述为"与大多数货物正常流动方向相反的流动"。

1992 年，美国物流管理协会首次正式给出逆向物流的定义："逆向物流是指在循环利用、废弃物处置和危险物管理方面的物流活动，广义上包括废弃物的源头削减、循环利用、替代利用及重新利用与处置等与物流相关的一切活动。"

1997 年，逆向物流界的知名学者莫里茨·弗莱施曼（Moritz Fleischmann）认为："逆向物流是指市场中，从用户不能再使用的产品到可再用产品的整个物流活动。"他指出：逆向物流不但需要包含产品和物质的逆向运输，而且需要有生产者将回收的产品转化为可使用产品的过程。

2002 年，美国逆向物流协会（Reverse Logistics Association，RLA）成立，在推动逆向物流在全球的发展中发挥了重要作用。特别是 2013 年它从循环供应链的角度重新定义了逆向物流，将其提升到逆向供应链的高度。美国逆向物流协会指出：逆向物流可以引申拓展到供应链层次。逆向供应链融合了商流、物流、信息流和资金流四流合一的管理资产过程，它比正向供应链管理更为复杂，面临问题更多。

3. 传统逆向供应链存在的问题

（1）实施难度较大。逆向供应链普遍存在于企业的各项经营活动中，从收集、配送、仓储、再制造、再销售到财务，需要大量的协调和管理。尽管逆向供应链已经成为在激烈企业竞争中找到竞争优势从而独树一帜的关键因素，但是许多管理者仍然认为其在成本、资产价值和潜在收益方面没有正向供应链那么重要，分配给逆向供应链的各种资源往往不足。另外，相关领域专业技术和管理人员的匮乏，缺少逆向供应链网络和强大的信息系统及运营管理系统的支持，都成为逆向供应链有效实施的障碍。

废旧物资流产生于生产领域、流通领域或生活消费领域，涉及不同领域、不同部门和个人，具有多元性、分散性和不确定性，难以在经济上保证稳定有序、良性循环地发展。不少跨国企业或政府对于退回商品的处理往往还有一些特殊的规定。例如，转往二级市场出售的商品去除标识、就地销毁等。这些因素都使得逆向物流在收集、分拣、处理时呈现很大的不确定性，实施难度较大。

（2）处理效率低下。与正向供应链相比，逆向供应链需要收回产品的时间、地点、质量及数量是难以预见的。正向供应链体系是标准化的，而收回的产品由于损坏程度、归类方式、处理方式不一，需要进行个性化处理。鞋服等企业各种流通渠道的逆向货品回收、处理、再供应的整体流程，处理时间大约是正向供应链的3~5倍，处理流程很复杂，需要耗费大量时间成本和人力成本。过去，逆向供应链主要依靠人工，效率很低，虽然部分收回产品可以转售，但大多数收回产品无法进行转售，必须将收回产品进行储存或处置，这将占用仓库或产线空间，增加产品持有的机会成本。

废旧物资的产生也往往不能立即满足人们的某些需求，它需要经过加工、改制等环节，甚至只能作为原料回收使用，这一系列过程是较漫长的。废旧物资的收集和整理也是一个较复杂的过程，这都使得废旧物资处理缓慢、处理效率低下。

（3）价值流失严重。在消费电子等特定行业中，产品会随着时间的推移而迅速失去价值。《加州管理评论》（*California Management Review*）中有研究表明，1 000美元的产品超过45%的价值在回收中损失。此外，处理退货的时间延迟会导致产品损失10%~20%的价值。如果公司对大量产品进行二次销售（如翻新销售），加快逆向供应链意味着公司可以获得更多的收入和利润。欺诈也是退货产品的一个重大问题，根据帮助零售商管理退货的服务公司Appriss Retail的研究，在零售行业，2019年商品退货欺诈造成的年度损失估计为270亿美元，价值流失严重。

4.5.2 数字化逆向供应链的内涵

1. 数字化逆向供应链的定义

数字化逆向供应链指基于数字技术，在逆向业务环节中能够集成并最大限度地利用多种来源数据，具备实时监测、智能分类、高效处理、全链溯源的网链结构。

数字化逆向供应链有助于发展循环经济、打造价值闭环。循环经济创造了物质生态系统，将以往被视为浪费的东西赋予新的价值。数字技术具有提供可视化并改善原材料和服务决策的潜力，大数据、人工智能等技术可以完成数据分析、退货预测、优化回收网络等任务。退回产品的再销售、维修和回收再利用都使企业从产品中获得更大的价值，有助于供应链价值闭环的实现。

2. 数字化逆向供应链的功能

（1）标识解析溯源。数字化管理平台基于对用户、产品、物流等数据采集和分析，实现退换货全程可视化、可跟踪、可追溯。数字化逆向供应链中的溯源模型是基于国家通用标识解析的应用体系解决方案，使产品全生命周期信息得以便捷地聚集，可实现产品颗粒度自由控制下的信息溯源查询功能，其对产品质量、供应链、企业信用等方面的应用价值巨大。

解析码具有全局唯一性和解析统一性，可以直接汇总存储于不同的载体的信息。这种去中心化的数据存储方式可以存留全生命周期中的任何信息，并且通过技术手段，使大数据平台层面的数据具有不可抹去性。成熟的可追溯技术可用于储存产品的材料成分、跟踪产品轨迹，方便进行回收再利用。例如建筑"材料护照"，它将结构体用作材料库，在使用寿命结束或进行翻新时，可以将其拆下来作为部件循环使用。

数字化逆向供应链中，产品质量追溯体系帮助企业建立品牌形象，提升社会效应和经济效益。产品质量追溯体系建立后，当发生质量事故时能提出恰当的应对措施，降低用户损失，使用户的利益得到保障，如机动车行业的召回制度就是以产品质量追溯体系为基础的。

例如，忽米沄析标识解析二级节点平台通过对摩托车发动机赋码，使用标识解析关联产品基本信息、生产装配信息、工艺控制信息、质量管理信息、物流存储信息等，提供全流程的数据关联和管理。在售后环节，摩托车主机厂通过扫描发动机上的标识码不仅可以快速获取所购产品的基本信息，还可以通过售后互动服务，实现产品的故障快速报修和意见反馈，提升用户对产品的满意度。其中基于标识解析的质量追溯应用帮助企业快速定位产品问题点，锁定问题范围，使问题产品不遗漏、不外流、不扩散，提高质量分析效率并节约人工成本。

（2）绿色循环利用。数字化逆向供应链践行绿色可持续发展的理念，通过对废旧产品的回收和再利用延长产品的使用寿命，减少对环境的污染和资源的浪费，减少企业产品的碳足迹。

对电子产品而言，随着新技术的出现和消费者对新产品的追求，电子产品生命周期变得越来越短，产品更新换代速度非常快，这将产生大量的电子废物。消费者期望尽快更换退回的产品，而制造商则希望处置这些产品以重新获取最大价值。企业通过重复使用、维修、再制造以及回收废弃产品来最大限度地减少电子废物,产品再利用于转售或新事物、终端产品的回收、再生过程的重复对企业的成本降低具有积极作用。企业通过重新销售和使用该产品来延长产品的生命周期,通过优化材料、产品、系统的设计来减少浪费、最大限度循环利用资源,通过使用可再生能源来助力循环经济的发展。

（3）数据双向反馈。数字化逆向供应链中退货产品的信息的逆向流动有利于企业运营的稳定性,对产品的优化升级具有推动作用。

产品经过逆向流动从用户返回到企业,产品的使用信息也被实时反馈给企业,产品自身存在的缺陷也更及时地被相关部门得知。企业各部门通过信息的获取和分析,对产品存在的问题进行更具有针对性的分析,进而优化产品的设计和生产流程,减少产品逆向流动给企业带来的损失。通过更改原料的购买品类或渠道、更换产品中的问题零件或提升零件的性能来解决产品存在的问题。通过了解用户使用习惯,根据用户的需求优化产品设计,为用户提供更优质的使用体验,提升用户满意度,优化生产流程,延长产品的使用寿命,减少资源的浪费。

同时,数字平台基于用户和产品数据监控与分析,快速响应用户售后服务需求,动态调度服务资源,开展产品运维保养,为用户提供标准化、透明化的售后服务体验。

4.5.3 数字化逆向供应链的优势

1. 创造经济效益

数字化逆向供应链的实施有助于为企业降低时间成本、减少资源的浪费、创造经济效益。数字平台提前制定正确的退货订单、企业通过对退回产品的物流进行实时追踪来推进退货流程等行为,有助于货物款项的快速退回和商品的快速更换,提升逆向供应链的运行和服务效率,提升客户满意度。对退回产品的包括转售、维修、再制造、回收利用和废弃的高效处理过程有助于企业节约成本和增加利润。

例如,Genco 作为第三方物流提供商,专注于产品生命周期物流的供应链解决方案,首创基于互联网的自动化流程来有效地处理退货产品。Genco 的系统 R-Log 是一个具有综合性和灵活性的回收管理软件,可以使回收工时减少 80%,退货库存量减少 30%~50%。其在 1 年之内能处理大约 6 亿件商品,并从这些商品的销售中获利约 16 亿美元。再如,美国公司 Optoro 提供了端到端的逆向供应链解决方案,帮助零售商管理并销售退货和过剩库存。Optoro 数据驱动逆向供应链平台通过为过剩库存和退货增加价值颠覆了传统的逆向物流行业，已获得 1.5 亿美金的投资。

2. 稳定生产经营

数字化逆向供应链的实施有助于企业稳定生产经营过程，延长产品的使用寿命，增强用户黏性，并加速产品的生产、销售和回收流程。逆向供应链的目标是回收价值并确保回头客，企业使用逆向供应链建立用户忠诚度和促进重复使用业务，最大限度地减少与退货相关的损失。产品的重复使用模式为品牌商和零售商提供了大量新的市场机会，通过延长产品的使用寿命，为提高消费者忠诚度带来巨大的可能性。

企业可以对商品和服务进行更精细的个性化定制，包括通过嵌入式射频识别技术芯片加强与消费者的互动，重复使用模式将为此类形式的品牌建设和消费者互动提供大量机会。该模式呼吁消费者携带印有生产商标志的可重复使用的容器，为消费者提供与企业互动的新触点，如重新罐装站或清洁站。品牌商可以在重复使用周期的各个阶段充分利用消费者关系，实现价值最大化。

例如，惠普推出基于物联网的即时墨水服务，通过产品和服务与消费者建立紧密的联系，稳定企业的生产经营。打印机在墨水不足时发出需要更换的信号，惠普根据从用户打印机收到的信息提供新墨盒，用户可以使用预付的退货纸箱退回使用完的墨盒。惠普公司回收墨盒和打印机，将它们磨碎，作为新 3D 打印机的新部件转售出去。在 2016 年至 2018 年，惠普实现了 39.52 万吨硬件和耗材的回收，稳定客源的同时实现了资源的循环使用，践行了环保理念。

此外，当产品的批次质量出现问题时，数字化逆向供应链中溯源系统的建立也可以保证企业的正常生产运营。在机床、汽车、电子产品等离散制造企业建立溯源系统，当产品出现质量问题时可以借助溯源系统迅速查清楚相关批次和质量存在的关键问题，并召回相关批次产品，快速处理用户的问题，同时减少售后服务损失。

3. 发展循环生态

数字化逆向供应链有助于废旧物资循环利用生态体系的建立，对提高资源循环利用水平、促进绿色低碳循环发展、助力实现碳达峰碳中和具有重要意义。产品重复使用这一理念的践行减少了废弃物的产生，对可持续发展具有一定的推动作用。与一次性产品相比，可重复使用的产品在可行规模下能够带来更好的经济效益、社会效益和环境效益。

无论是固体废弃物还是工业废气排放，废弃物的持续增加对我们的生态系统和经济都构成了日益严重的威胁。废弃物的填埋、入海和焚烧的处理方式都会一定程度地对生态环境造成破坏、产生污染。在世界经济论坛和科尔尼咨询公司联合编写的报告《可重复使用消费模式的未来》中，世界经济论坛和艾伦·麦克阿瑟基金会的可靠数据显示，目前海洋中有超过 1.5 亿吨的塑料垃圾，该报告也使企业清楚地了解另一种减少塑料废弃物的模式，这种模式超越了废弃物的回收，侧重于废弃物的重复使用——其最终结果是，被丢弃的物品不再被视为"废物"，而是作为仍然有用的物品进入新的价值创造阶段。

可重复使用的生产和消费模式的核心原则是：消费品在最终退出商业流通之前可以多次使用。重复使用将价值从原材料开采和生产周期的早期阶段转移到销售、营销、回收物流的后期阶段。制造商可以从重复使用的模式中获得大量好处，包括"制造即服务"的潜力，例如开发和出租可重复使用的包装，在产品生命周期结束时回收再利用。制造商可以通过产品创新提高材料耐用性和可重复使用特性，通过技术创新使用材料可追溯性技术和数字服务创造更多价值；利用二维码和射频识别等技术打造增值服务，延长产品使用寿命，实现后端流程标准化，从而进一步实现重复使用的规模化。

4.5.4 数字化逆向供应链的具体实现

1. 实时监测产品信息

在数字化逆向供应链中，射频识别技术和全球定位系统（global positioning system，GPS）的使用有助于企业实时采集产品的地理位置信息和变动信息，提供准确制定正确逆向供应链处理决策的信息。数字平台可以监测退回产品的损坏程度、是否需要维修、废弃物可回收程度等信息，实时感知、实时追踪和实时报警有效减少了贵重物品的丢失、调包和假冒，信息的实时监测也有效降低了危险品出现事故的危害程度。全程化的追踪管理加强了企业质量管理，减少了纠错成本，还方便企业收集商品情报、了解消费趋势，提高快速响应能力。

例如，石棉在多个国家被视为危险废物，它的储存和加工对人类健康和环境都有重大影响。此外，它的处理受到非常严格的环境法规的约束，为了最大限度地减少对环境的影响，石棉的处理需要专业的工具和新的数字技术，以便与所有逆向供应链参与者进行实时信息共享。物联网和区块链等数字技术的成功集成可以实时监测石棉状态，帮助石棉废物管理。

2. 智能分类退回产品

退回产品从终端用户开始，通过供应链移动到分销商或从分销商移动到制造商，重新获取价值或得到处置。数字化逆向供应链的智慧系统前期进行定性、定类识别分拣形成各自的处理，以此提升运营效率及推进企业对不同逆向产品的高效处理。退回产品的实时追踪也使企业对退回货物的反应速度更快、有效缩短响应周期。退回的产品主要以客户退货、企业回收这两种不同情况进行分类。

产品的退货逆向物流中，下游客户将不符合订单要求的产品，或根据销售协议规定接近有效期限的产品，或有瑕疵的产品退回给上游供应商，其流程与常规产品流向正好相反。在这个流程运行过程中，客户处于主动地位，企业处于对客户需求的响应地位。

产品的回收逆向物流中，下游客户将所持有的废旧物品，或他们不再需要的物品，或一些用于物流配送的托盘、集装箱等专用器具回收到供应链上各节点。在这个流程运行过程中，企业处于主动地位。

数字化平台对退回产品的智能分类，有助于快速确定该产品的处理方式。对功能良好的产品，可以直接再使用和再销售；对于受到一定程度损坏的产品，则可以对产品进行维修，或对产品原料进行回收、拆用配件或再循环。

例如，Optoro 公司的智能逆向物流操作系统采用现代化数字技术，利用大数据市场分析充分挖掘退货、过时产品和冗余库存的市场，通过平台的智能配置系统的识别、分析及分类，找到最佳的处理渠道，最大化废旧产品的剩余价值。此外，智能逆向物流操作系统提供的数据可视化仪表盘极大地改善了逆向供应链端到端的可见性，有助于制造商、零售商在内的逆向供应链节点企业快速作出决策。

3. 高效处理退回产品

数字化逆向供应链中，企业针对用户退回产品的类型对退回产品进行维修、销毁、转卖。通过修理和重新储存退回产品，将其作为零件报废或在二级市场上重新利用来弥补损失。

针对因用户个人喜好而退回的产品，以电子产品为例，退货的新产品在服务中心重新包装后由零售商转售。如产品需要维修，维修工作也在服务中心进行，维修后的产品通过各自的零售商返还给消费者，不可维修的产品将返回生产设施。

这些产品的翻新或再制造在制造工厂进行，通过二级市场转售。

针对用户退回的废弃产品，许多制造公司开始以返利的形式给予用户折扣，这为制造公司提供了另一条获取原材料的途径，并对冲了价格的波动。通过这种方式，制造商可以对其进行翻新、再制造或回收利用。这种以旧换新的模式已被所有汽车制造商和汽车经销商使用多年，并已扩展到汽车电池等汽车零部件制造商。例如，北美专业的电池回收商——Call2Recycle 提供电池回收解决方案和端到端的服务，并确保以最环保的方式回收电池。Battery Solutions 是美国最大的电池分拣企业，致力于结合人工智能技术提供高精度电池的分类。

4. 逆向反馈优化全链

供应链的逆向有助于企业完成产品的回收、再利用或转售，减少工业碳足迹。除了对退回产品的处理外，数字化逆向供应链还包括产品的信息逆向，信息流的逆向有助于企业加强对产品生产设计环节的优化。退回产品的使用情况及优缺点等信息被反馈给企业，企业根据反馈的信息对该产品的设计生产环节进行优化，从而提高产品性能，增加产品的市场竞争力，为后续销售创造有利条件。

数字平台中的产品使用数据逆向反馈给企业各个部门和参与者，企业实时检测产品瑕疵和故障，相关部门结合实时信息对生产设计环节进行检查和调整。在该型号产品的下一批次生产中，改变部分原料的采购来源和品类，优化产品的功能设计，升级产品的使用性能，减少产品故障发生的可能性。同时，逆向反馈还有助于延长产品的使用寿命和周期，提升客户满意度。

在企业提供逆向服务时，相关部门也会利用产品所记录的用户使用偏好和习惯来做相应的调整，基于用户在使用过程中的数据和最终产品性能数据的反馈，企业能够更大程度地了解市场需求，更有针对性地设计生产，从而为用户提供更好的服务和使用体验，增强用户黏性。企业通过这个过程可以更精准地了解用户，以用户为中心作出企业整体的运营规划，实现自身持续发展和社会责任担当，创造经济效益和社会效益双提升。

本章小结

本章首先提出了数字化供应链五大核心业务流程，即同步计划、协同采购、智能制造、动态履约和高效逆向，介绍了在传统供应链向数字化供应链转型升级的发展过程中，供应链核心业务流程的转变。本章在对数字化供应链各项核心业务的介绍中，先从供应链各项业务的基本概念出发，梳理传统供应链核心业务在当今的局限性，分析说明了数字化供应链核心业务出现的必然性，然后从数字化供应链五大核心业务的内涵、功能和优势方面对其展开介绍。此外，本章还对数字化供应链各核心业务的具体实现过程做了详细介绍，为应用实践提供全面指导。

🔍 思考题

1. 数字化供应链共有几大核心业务流程？它们分别是什么？
2. 传统供应链业务流程在现阶段有哪些局限性？
3. 数字化供应链同步计划有哪些功能？
4. 简述数字化供应链协同采购的具体实现过程。
5. 什么是智能制造？举例说明。
6. 与传统履约方式相比，动态履约具有哪些优势？
7. 数字化供应链高效逆向实现的过程中用到了哪些数字技术？
8. 供应链的逆向物流包含哪两方面内容？结合生活实际举例说明两方面内容的具体表现。

第 5 章　新兴技术赋能数字化供应链

学习目标

1. 掌握九大新兴技术的概念和特点。
2. 熟悉九大新兴技术如何赋能数字化供应链。
3. 熟悉九大新兴技术在数字化供应链各环节的应用场景。

能力目标

1. 具备运用新兴技术实现供应链数字化转型的能力。
2. 具备根据九大新兴技术不同特点选择应用场景的能力。
3. 具备运用新兴技术解决数字化供应链中实际问题和从事数字化供应链管理等实践工作的能力。

思政目标

1. 熟悉新兴技术的前沿发展，培养创新意识和自主创新能力。
2. 了解我国供应链应用新兴技术的场景与案例，培养助力国家现代化发展的实践能力。

思维导图

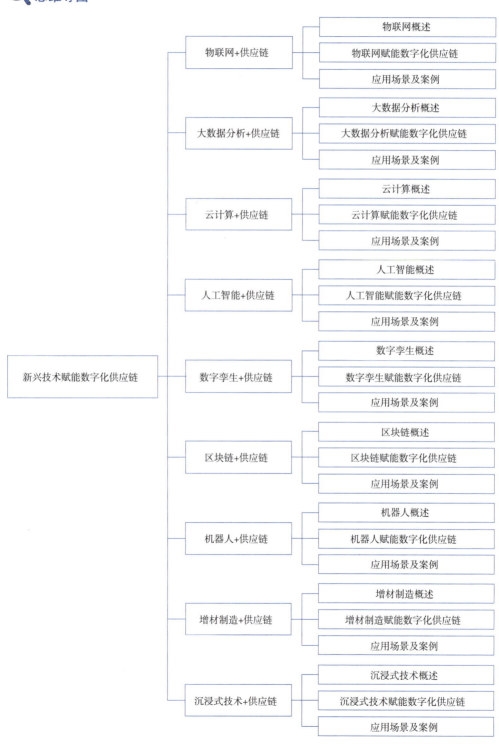

🔍 导入案例

为创建适用于制造业产业链供应链的运营生态，富士康工业云平台提取富士康 30 多年积累的丰富知识、数据、制造经验，打造了集设计、制造、销售、全产业链解决方案于一体的工业互联网平台。富士康工业云平台结合 5G、物联网、云计算、边缘计算、人工智能等先进技术，进行软硬整合、虚实结合，通过设计、零组件、SMT（表面贴装技术）、智能制造、智能测试以及出货到终端客户的一整套供应链管理系统，实现数字化监控、智能决策、无忧管理，提升制造企业的资产资源管理与运营能力，达成智能工厂的快速部署。

富士康工业云平台的赋能逻辑从精益工厂管理的闭环思维出发，通过对数据的深入挖掘和关系性分析，在短期内实现技术跨越式创新，利用新兴技术赋能供应链各环节数字化转型。例如，平台利用 5G、ML（machine learning，机器学习）等技术实现机器视觉智能检测质量，释放复判人力，让其从事更高价值的工作；综合运用 IoT、ML、AR（增强现实）、5G 等技术，实现设备精准快速维修、预测性运维，降低设备管理成本；通过云计算打通 ERP、MES 等多系统数据，跨组织、跨职责进行管理决策，减少信息壁垒，保障高效决断、精准施策；利用数据集成和边缘处理技术、IaaS（基础设施即服务）技术、平台使能技术、数据管理技术、应用开发和微服务技术、工业数据建模与分析技术、安全技术七大技术的深度融合，配合 5G、IoT、传感器、中间件、协议转换等，实现海量设备快速接入，解决了工业设备种类繁多、设备通信协议多样化、陈旧设备数据缺失或无法输出、各部门需求数据元格式不统一等问题。

资料来源：《工业互联网平台赋能产业链供应链白皮书》。

思考题

1. 富士康工业云平台运用到了哪些新兴技术？
2. 各项新兴技术如何助力富士康工业云平台赋能供应链？

新一轮科技革命和产业变革蓬勃兴起，以物联网、大数据分析、云计算、人工智能、数字孪生、区块链、机器人、增材制造、沉浸式技术为代表的新兴技术赋能供应链数字化转型，改变了原有供应链的结构、流程和要素，赋予供应链实时数据收集、深度知识挖掘和智能决策能力，推动供应链的创新发展。本章将从新兴技术的概念、价值及其在数字化供应链中的应用三方面对上述九种代表性新兴技术展开介绍。

5.1 物联网 + 供应链

随着供应链各个业务环节的运作复杂性越来越高，各类数据成为供应链数字化转型中最核心的生产要素。物联网能进行有效的实时信息采集和记录，实现供应链全过程动态监控和供应链透明管理，是数字化供应链重要的基础性技术。

5.1.1 物联网概述

物联网的概念最早出现于 1995 年由比尔·盖茨所著的《未来之路》一书。受限于当时无线网络、硬件及传感设备的发展状况，物联网的概念并未引起世人的重视。2005 年 11 月 17 日，在突尼斯举行的信息社会世界峰会上，国际电信联盟（International Telecommunication Union，ITU）发布了《ITU 互联网报告 2005：物联网》，正式提出了"物联网"的概念。该报告指出，无所不在的"物联网"通信时代即将来临，世界上所有的物体，从轮胎到牙刷、从房屋到纸巾都可以通过物联网主动进行交互。

物联网也称为万物互联的网络，是一种新的技术范式，包含物联网设备、互联网络和物联网技术三要素。物联网是对互联网的拓展，它是将各种信息传感设备与互联网结合起来而形成的一个巨大网络，可实现在任何时间、任何地点，人、机、物的互联互通。其中，物联网设备是连接数字世界与物理世界的桥梁，包含传感器和执行器：传感器观察物理世界中的状态并将之转化成信息，为供应链中的各主体提供丰富的数据，执行器则接收指令并改变物理世界中的状态；互联网络使各类"实物"互联互通：其将智能设备相互连接，使得建筑物、基础设施、设备和其他"物品"自动共享信息成为可能，而不需要人与人或人与计算机的交互；物联网技术旨在解决实现过程的具体难题：包括射频识别技术、嵌入式系统技术、纳米技术、云计算等。具体而言，物联网将"实物"连成网络，并利用设备捕获这些"实物"的运行及关联数据，从而控制它们并优化其操作。物联网使得创新性地使用各种新兴及成熟技术成为可能，带来了全新的工作方式，进而促进了供应链的数字化转型。

物联网的典型体系架构分为三层，自下而上分别是感知层、网络层和应用层，分别对应于物联网的设备、网络和技术三要素。

感知层实现物联网全面感知的核心能力。它是物联网中标准化、产业化方面亟须突破的部分。感知层的关键在于具备更精确、更全面的感知能力，并解决低功耗、小型化和低成本问题。

网络层实现物联网信息的可靠传输功能。该层主要以广泛覆盖的移动通信网络作为基础设施，是物联网中标准化程度最高、产业化能力最强、最成熟的部分。网络层的关键在于对物联网应用特征进行优化改造，形成系统感知的网络。

应用层实现对物联网信息和设备的智能处埋与控制。该层提供丰富的应用，将物联网技术与行业信息化需求相结合，实现智能化的应用解决方案。应用层的关键在于将行业融合，开发利用信息资源，形成低成本、高质量的解决方案，同时保障信息安全，开发有效的商业模式。

根据国际数据公司（International Data Corporation，IDC）的数据，2020年全球物联网支出达到6 904.7亿美元，其中中国市场占比23.6%。IDC预测，到2025年全球物联网市场将达到1.1万亿美元，年均复合增长11.4%，其中中国市场占比将提升到25.9%，物联网市场规模将位列全球第一。

5.1.2 物联网赋能数字化供应链

物联网作为最底层的连接技术，实现了物与物、人与物的万物互联，是数字化供应链的基础技术之一。实现工业数字化转型需要有一个连接数字世界与物理世界的媒介，物联网可将供应链采购、生产、履约等各个节点上的物料、半成品、产成品、生产设备等海量的物理实体连接在一起进行数据交换，实现数字世界与物理世界的互联。如图5-1所示，九大新兴技术中的机器人、增材制造、沉浸式技术主要用于物理世界，大数据分析、云计算、人工智能、区块链主要用于数字世界，而万物互联的物联网为连接物理世界与数字世界、应用其他新兴技术于供应链领域提供了可能，尤其为数字孪生赋能物理世界与数字世界双向迭代构建了互联底座。

物联网能够实现实时数据采集，实现供应链内部的实时通信，提高供应链效率。物联网可为供应链上各参与企业提供实时数据、实现端到端的可见性、提高自动化水平，改善供应链流程，提高供应链运作效率，提高企业盈利能力。

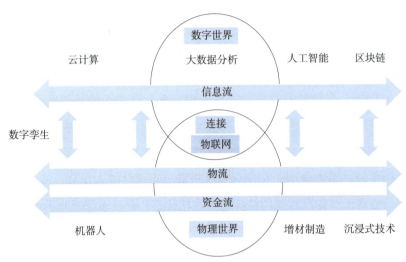

图 5-1　九大新兴技术与物理世界、数字世界的关系

物联网是解决供应链数据共享问题的有效途径。数据共享是指一种在生态系统及供应链伙伴之间通过物联网共享产品和运营数据的机制,有时会成为物联网项目的主要驱动力。物联网产生的所有数据不会存在于真空中,它将由利益相关者和其他各方共享。当更多的人参与进来时,供应链系统也会变得更加高效。物联网这种连接和共享数据的能力可以把各个部门(如会计和人力资源)聚集在一起,以制定可以达成一致的决策。

5.1.3　应用场景及案例

物联网在供应链各业务流程中均有应用,这里以生产环节——实现数字化监管、库存管理环节——实现库存管理自动化和物流及在途运输环节——实现商品货物运输可视化为代表,说明物联网在数字化供应链中的主要应用场景。

1. 生产环节——实现数字化监管

在生产环节,物联网技术可实现商品生产的数字化及生产线的数字化监管。物联网设备可以在生产线上实时监控关键工艺参数,如温度、压力、速度、流量等,确保生产过程符合预定的工艺流程和规范,也可以实时监控各类质量参数,如尺寸精度、抗压强度等,从而预防商品质量问题。借助物联网技术,工作人员可以远程监控生产设备,即使不在现场也能进行操作。这种远程操作能力特别适用于危险的生产环境,提高作业的安全性和灵活性。物联网设备还可以监控生产过程中能源消耗和资源使用情况,为智慧能源管理做好准备。

2. 库存管理环节——实现库存管理自动化

在库存管理环节，物联网技术可实现库存管理自动化。库存管理是供应链管理的重要组成部分，有助于解决生产中遇到的生产过剩、缺货、浪费等问题。物联网可实时跟踪仓库中库存数量和空间利用率。用于物品跟踪的传感器有许多不同的作用。一些可以记录数据以便稍后下载，而另一些则可以使用 GPS 技术提供实时跟踪，如在仓库门被打开或超过环境参数（例如温度过高）时发出警报等。此外，物联网还进一步革新了货架功能，新形态的数字货架为库存管理带来便利。数字货架使用射频识别和传感器标签来保存更多物品信息，并将这些信息传递给库存系统，从而可实时识别库存并实现自动订购，同时更新库存产品数量、订购产品数量和所需材料数量。因此，物联网可以帮助管理人员根据实时数据而非预测数据作出更有效的库存管理决策。

3. 物流及在途运输环节——实现商品货物运输可视化

在物流及在途运输环节，物联网技术可实现商品货物运输可视化。在公路、海路货物运输中，可利用物联网进行车辆船只和资产跟踪，从而实现货物本身数据的可视化。目前许多物流运营商已经在其车队中使用了新的跟踪技术并正在积极探索智能货车的改善策略。跟踪技术使每辆货车成为一个可以实现实时监控的"仓"，并可提供它的满载率、位置、速度以及货物等信息，从而精准定位空集装箱和货车的确切位置，使计划和调度过程更加精准有效。在航空货物运输中，可利用物联网设备捕捉飞行中的发动机性能数据从而提高发动机可靠性。任何与预期标准有差异的数据都会触发警报并在飞机降落的下一个地点触发特定检查，给出解决问题的适当建议。例如在机场提供替换零件并安装，可减少由于发动机故障导致的航班延误，提高发动机在喷气燃料使用方面的效率。因此，物联网在物流运输环节的应用不仅意味着货物本身数据及运输工具本身状态的可视化，同时也意味着，新的物联网技术可以给端到端的运输方式带来一些本质性的变化。

【案例 5-1】鸿达物流利用物联网实现产销信息共享

鸿达物流有限公司是一家冷链专业的第三方物流公司，承担了生物试剂制造商赛驰生物科技有限公司的原料、成品储存及配送业务。鸿达物流有限公司自备了一支冷藏车队，每辆车安装了 GPS/GIS（全球定位系统/地理信息系统），还拥有一座冷藏仓库。杭州市第一人民医院是赛驰生物科技有限公司的一家客户。位于大阪的 U 公司是赛驰生物科技有限公司的关键原料供应商。为了降低"牛鞭效应",赛驰生物科技有限公司同杭州市第一人民医院、U 公司实现了产销信息共享,作为第三方物流的鸿达物流有限公司,自然也和它们实现了这种共享。

通过信息共享,物品信息自动记入信息系统,实现了精确定位。由于使用了 RFID 技术,仓库内的包装加工、盘货、出库拣货同样高效无误。赛驰生物科技有限公司制成品包装也嵌入 RFID 芯片。杭州市第一人民医院的冷库具有读取 RFID 的能力,当冷库中货架上的试剂数量降低到安全库存以下时,系统会自动向赛驰生物科技有限公司和鸿达物流有限公司发出补货请求,鸿达物流有限公司将所需品种数量运往医院。高速公路沿途设有 RFID 读取器,不但可以实时监控货物位置,也可以防止物品的遗失、调包、误送(不匹配的客户无法接收货物入库),只装有 GPS 的车辆是做不到这点的。所有的环节,从日本原料供应商 U 公司到杭州市第一人民医院,物品原料产地是哪里、在哪里加工的、谁加工的、谁检验的、存放过哪些仓库、现在在什么位置、由哪辆车和哪个员工操作的、当前储存的温湿度如何、每个阶段的时间是何时到何时等信息,整个供应链上的任何一家企业通过电脑查询都一目了然(图 5-2)。

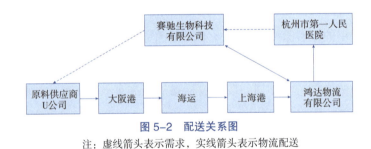

图 5-2　配送关系图

注:虚线箭头表示需求,实线箭头表示物流配送

资料来源:https://max.book118.com/html/2021/0921/8067104125004006.shtm。

5.2　大数据分析+供应链

随着供应链越来越复杂,必须采用更好的技术迅速高效地发挥物联网所采集数据的最大价值。大数据技术对不同来源的数据进行整合分析,深入分析数据的实际价值,驱动数字化供应链背后的决策过程。

5.2.1　大数据分析概述

物联网负责收集数据并可实现数据的实时可视化。然而数据收集只是第一步,大数据资源本身不足以塑造企业核心竞争力，所收集数据的具体价值并不清晰。为此，需要利用大数据技术对不同来源的数据进行整合分析，进一步分析数据的实际价值。与此同时，面对物联网生成的"大数据"的处理工作，供应链上的众多企业迫切需要一个特定的框架来评估这些大数据以提高商业效益和运营能力。大数据分析框架的使用将挖掘更多隐藏且有价值的信息和结论，从而提高信息使用效力。因此，分析海量数据的需求使得大数据分析在供应链管理中的地位日益重要。

大数据一词最早出现于 2008 年 9 月 4 日出版的《自然》(Nature) 杂志中。其刊登了一个名为 Big Data 的专辑。2011 年 5 月，美国著名咨询公司麦肯锡发布了题为《大数据：创新、竞争和生产力的下一个前沿》的报告，首次明确提出了"大数据"概念，即"大数据指的是大小超出常规的数据库工具获取、存储、管理和分析能力的数据集"。该报告指出，数据已经成为经济社会发展的重要推动力。随后，各个国家逐个发布了对大数据的研究计划，针对大数据的研究逐步兴起。

大数据指无法在一定时间范围内用常规软件工具进行捕捉、管理和处理的数据集合，是需要新处理模式才能具有更强的决策力、洞察发现力和流程优化能力的海量、高增长率和多样化的信息资产。不同的数据形态、获取数据的方法与途径决定了大数据的类型。供应链中的大数据主要是由结构化数据、半结构化数据和非结构化数据等构成。其中，结构化数据也称为行数据，是由二维表结构来逻辑表达和实现的数据；非结构化数据是数据结构不规则或不完整，没有预定义的数据模型；半结构化数据具有一定的结构性，是一种适于数据库集成的数据模型。

供应链环境下的大数据包含四个维度（4V），如表 5-1 所示。

表 5-1　大数据四个维度

维度	内容
volume（数量）	大容量，主要体现为数据存储量大和计算量大
velocity（速度）	高速性，主要指数据更新、增长速度快，数据存储、传输、处理速度快
variety（多样性）	多样性，包括结构化的原数据库表格数据和半结构化、非结构化的文本、视频、图像等信息
value（价值）	高价值，主要指需深度挖掘大数据的价值

表 5-1 四个维度中，价值是一个非常重要的参数，这是因为对大量数据的分析只有侧重于有价值的相关数据才有意义。随着大数据技术的不断发展，数据的

复杂程度越来越高，在 4V 的基础上逐步增加了准确性（veracity）、动态性（vitality）、可视性（visualization）、合法性（validity）等特性（图 5-3）。其中，准确性旨在强调有意义的数据必须真实、准确；动态性强调整个数据体系的动态性；可视性强调数据的显性化展现；合法性强调数据采集和应用的合法性，特别是对于个人隐私数据的合理使用。

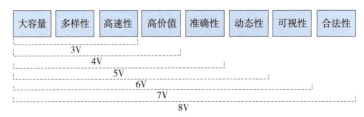

图 5-3　大数据的特性（3V~8V）

大数据分析主要指的是合理运用数据挖掘、数据建模等技术，进行海量数据的分析并输出洞察结论，具有数据规模大、分析维度多、洞察结论深等特点。大数据分析包括以可视化为主的描述性分析、以规则判断为主的诊断性分析、以机理建模为主的预测性分析等类型。创新的数据挖掘、数据分析、数据存储等技术在网络信息爆炸时代具有较高的商业价值，为现代供应链发展带来了机遇和挑战。

5.2.2　大数据分析赋能数字化供应链

大数据分析促进数字化供应链全程可视化发展。可视化发展的目的是保证在任何时间段都能够及时地掌握供应链中产生的数据信息，及时地追踪了解供应链的整体运行情况。这种可视化发展模式在传统的供应链运作实践中很难实现，但是随着互联网技术的不断发展，供应链全程可视化成为可能。物联网和大数据分析的结合（图 5-4）将形成从数据收集到数据处理再到数据可视化的端到端数据管理体系结构。这种体系结构为数据收集、数据处理和数据可视化等三个阶段提供

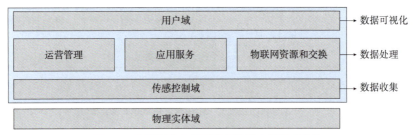

图 5-4　物联网和大数据分析的结合的体系结构

了组件，助力供应链全程可视化发展。

大数据分析挖掘供应链中数据价值并辅助决策。在数据收集环节中，设备、产品、物料中的传感器能够在供应链的各个阶段传递其状态、位置、条件和环境的数据。在数据处理环节中，利用大数据分析对传感器生成的"大数据"进行实时分析，不同用途的传感器分析结果可为供应链创造不同价值，包括异常管理、预防性维护、决定仓库库存摆放等。大数据分析是基于供应链算法或规则的自动分析流程，可为决策者提供科学建议。

大数据分析有助于提高供应链各主体绩效和供应链敏捷性。大数据分析能够保证整个供应链的成本和绩效数据分析实时化处理，帮助提高组织绩效，并给供应链带来更高的敏捷性。在供应链发展的过程中，各企业主体会产生大量的成本消耗，同时也会带来一定的经济效益。企业管理者需要通过大数据分析掌握不同发展环节的成本投入情况和绩效情况，通过成本控制保证供应链运作的最优化。大数据分析技术可促进供应链各个环节的快速有机整合，提高供应链效率、降低成本，并实现竞争优势。

5.2.3 应用场景及案例

大数据分析在供应链各环节的应用包括以下几个方面。

1. 需求预测环节——改善需求预测

在需求预测环节中，供应链管理人员可使用大数据分析来改善需求预测的精度，指导生产规划，通过对客户行为大数据的分析实现业务服务能力的提升。目前企业面临着越来越大的竞争压力，需要借助大数据分析技术持续提升客户体验，并维持和客户的长期良好关系。大数据分析能够帮助企业获得客户的需求信息、确定商品最优价格并追踪客户的忠诚度数据，有利于企业观察新的市场形势。大数据分析技术对客户需求较高的预测准确度将提升企业运营的效率。

2. 采购环节——规避采购风险

在采购环节中，供应链管理人员可使用大数据分析来规避风险。供应链大数据分析能够通过全面评估供应商以规避未来风险，为供应链的采购环节提供采购风险检测、应急计划以及战略支持。一旦风险发生，大数据分析能够使企业直观地了解风险发生的原因，帮助企业在个别的突发性风险安全事件中发现其中的特殊起因，以达到对未来相关风险的预警和规避作用。

3. 生产环节——实现制造智能

在生产环节中,大数据挖掘技术为实时、动态、自适应的控制生产节奏提供了可能。大数据分析也已被用于高效率的制造智能之中,其在离散制造、流程制造行业都起到重要作用。企业还可以利用工厂内部以及外部获得的数据,通过大数据分析来探究工作进程、数据流以及能量流之间的关联性。

4. 库存管理环节——安排优化库存

在库存管理环节中,大数据分析可有效优化仓库储位和库存。企业可根据商品相关数据的关联度,利用大数据的关联模式法来安排最优的仓储货位,以提高分拣和配送效率。结合历史库存数据及销售预测,利用大数据技术进行仿真模拟计算等方法确定企业最优的库存量,以达到在满足基本需求的基础上,最大限度降低成本的目的。

5. 物流及在途运输环节——构建灵活物流

在物流及在途运输环节中,大数据分析可助力建设更加灵活的物流系统以及供应链策略。目前很多第三方物流供应商都加大了在大数据分析能力方面的投入,以构造高效、稳定的物流系统。大数据技术还可用于预测和优化物流系统中的运输规划问题。随着电子物流的发展,还可通过大数据分析探索电子商务物流新业务方式。因此,大数据可以实现数字化供应链的可视化,并由此构建更加灵活的物流系统以及供应链策略。

【案例 5-2】京东集团利用大数据分析降低供应链成本

京东集团是我国电子商务龙头企业,以服务、创新和消费者价值最大化为发展目标,在线销售数码产品、服饰、化妆品等 13 大类商品。其运营费用按照价值链环节主要分为采购成本、库存管理成本、销售成本和配送成本。为了将成本降到最低,消除供应链中的无效成本,京东集团构建了大数据成本控制体系,对供应链成本进行事前、事中和事后控制。

京东集团利用该体系实现与供应商、生产商及上游原料商信息共享,降低采购环节成本。采购环节主要费用为订货成本、信息成本和商品成本。当大量消费者购买同一款产品时,京东集团可以利用其大数据优势收集并存储消费者偏好、评价,然后再利用大数据分析技术对消费者偏好进行预测,对产品的材质、性能进行分析汇总,并将信息传导给上游供应商、生产商,以便提升产品质量和功能,提升消费者用户体验,降低供应商生产成本和研发成本,最终降低商品成本。同时,利用大数据分析技术还可以建立供应商数据库,存储供应商合作项目信息和供货记录,整合供应商产品种类、价目、质量等信息。利用该技术,京东集团可以快速准确地筛选优质供应商、降低交易成本。

京东集团利用大数据分析技术建立存货实时管理系统。存货库存环节成本包括持有成本、缺货成本和人工成本。京东集团利用大数据技术实现自动补货。京东集团根据商品历史销售量、供货商配送速度和质量等因素,利用大数据分析预测各种商品的库存临界值和补货量,在商品库存达到警戒线时,选择满足订单需求的供货商自助下单,快速及时地进行补货,降低存货缺货成本,同时减少了对企业资金的占用,减少了不必要的持有成本,也极大地提高了存货周转率,进而提高了京东集团对供应商的议价能力。京东集团将大数据分析技术应用到预测需求实现精准营销以及优化物流配送等方面,以降低供应链成本。

资料来源:工业互联网产业联盟官网,http://www.aii-alliance.org/。

5.3 云计算+供应链

随着物联网和边缘计算等技术的发展,供应链系统可以感知和收集到更加丰富的海量数据信息。云计算具有高质量、低成本、可实现弹性供给等优势,为供应链在海量数据计算、辅助决策、模式创新等方面提供更为强大的平台和资源支撑。

5.3.1 云计算概述

云计算是一种通过网络统一组织和灵活调用各种ICT资源,实现大规模计算的信息处理方式。云计算利用分布式计算和虚拟资源管理等技术,通过网络将分散的ICT资源(包括计算与存储、应用运行平台、软件等)集中起来形成共享的资源池,并以动态按需和可度量的方式向用户提供服务。用户可以使用各种形式的终端(如电脑、平板、手机等)通过网络按需获取ICT资源服务(图5-5)。

图5-5 云计算

云计算的主要技术特征包括如下几个方面。

1. 基于网络的计算和服务

云计算是从互联网演变而来，本质是通过网络对计算力进行集中，并且通过网络进行服务。如果没有网络，计算力集中规模、服务的种类和可获得性就会受到极大的限制。如集群计算虽然也是基于网络的计算模式，但是不能提供基于网络的服务，因此不能称之为云计算。

2. 支持异构基础资源

云计算可以有效兼容各种不同种类的硬件和软件基础资源。硬件基础资源主要包括服务器、存储设备和路由器等网络设备；软件基础资源，则包括单机操作系统、中间件、数据库等。从横向维度考虑，支持异构资源，意味着在同一时期内，可以采购不同厂商的软硬件，具有更强的灵活性；从纵向维度考虑，云计算平台既可以兼容当下采购的新设备，也可以兼容以前的老设备，既可以兼容当前的新软件系统，也可以兼容以前遗留的老软件系统。支持异构的基础资源这一特性，使得云计算在有效利用老资源的同时，也保证了新老资源的平滑过渡。

3. 支持资源动态扩展

支持资源动态伸缩，实现基础资源的网络冗余，意味着添加、删除、修改云计算环境的任一资源节点，或任一资源节点异常宕机，都不会导致云环境中各类业务的中断，也不会导致用户数据的丢失。这里的资源节点可以是计算节点、存储节点或网络节点。而资源动态流转，则意味着在云计算平台下实现资源调度机制，资源可以流转到需要的地方。如在系统业务负载整体升高情况下，可以启动闲置资源，提高整个云平台的承载能力。而在整个系统业务负载低的情况下，则可以将业务集中起来，并将其他闲置的资源转入节能模式，从而在提高部分资源利用率的情况下，实现绿色低碳运营。

4. 支持异构多业务体系

在云计算中可以同时运行多个不同类型的业务。异构，表示该业务不是同一的，不是已有或事先定义好的，而应该是用户可以自己创建并定义的服务。这也是云计算与网格计算的一个重要差异。

5. 支持海量信息处理

云计算在底层需要面对各类众多的基础软硬件资源；在上层，需要能够同时支持各类异构业务，支持异构的软硬件访问；而具体到某一业务，往往也需要面对大量的用户。由此，云计算必然需要面对海量信息交互，需要有高效、稳定的海量数据通信和存储系统做支撑。

5.3.2 云计算赋能数字化供应链

云计算的迅速发展和规模应用，使得越来越多的企业选择应用云计算技术来进行供应链的变革。云计算是对基于网络的、可配置的共享资源因需使用的一种模式。共享资源包括服务器、存储、应用及服务等。云计算以最小化的粒度进行弹性管理，以服务化的方式进行资源供给，为供应链的数字化提供了基础。综合来看，云计算技术为供应链带来以下价值。

云计算改变了传统供应链的商业模式。相较于本地化部署，软件即服务提供给企业一种灵活的使用方式及收费模式。作为一种云化服务的方案，企业不用在IT部门增加投入，无须再配备网络基础设置及软、硬件运作平台，具有前期投资少、部署速度快、实施周期短的特点。基于云计算的供应链系统可随时按照企业的需求提供服务，即租即用。其在成本、系统实施、客户服务、沟通协作等方面有着天然的优势。这促使供应链软件供应商向云计算服务转型，纷纷推出了供应链云解决方案，以轻量级、可扩展的应用为供应链管理生命周期的各个环节服务，提高管理效率，降低管理成本。传统供应链的商业模式在云计算的影响下正悄然发生变化。

云计算保障供应链数据的安全可靠。大多数公司十分关注供应链数据的安全性。对于云服务提供商来说，数据丢失、损坏和失效会严重影响公司的声誉与发展机会。为此在数据运行维护方面，云服务提供商提供统一的数据存储、备份、防火墙、运维监控管理和强大的专业维护团队，具有较高的系统可靠性和数据安全性。

云计算促进了供应链的互联互通和协同共享。企业供应链管理中普遍存在供应链覆盖范围广、涉及主体多、信息无法共享等问题。基于云计算的供应链管理系统，多个企业之间、企业各部门之间可共享系统资源，进行同平台协同工作。这有助于打通供应链的各个环节，增加流程的透明度，更快地作出决策并执行，及时把握住供应链中出现的商机。因此，通过云计算大量运行操作数据能够帮助供应链上下游企业以全局的视角构建供应链优化模型，优化企业在供应链中的原料配置、产能安排以及交付日程等重要经营活动。

5.3.3 应用场景及案例

云计算在供应链各环节的应用包括如下几个方面。

1. 生产环节——助力上下游协调运作和生产效率提升

云计算在生产环节可助力供应链上下游需求、生产等信息共享，追溯产品流通过程，促进供应链网络间的协调运作。以云计算为核心搭建的云平台可整合上下游需求、生产信息，不仅可以帮助上游制订生产计划，还可促进下游进行产品分销。此外，云计算从供应链的生产环节开始就将半成品、零部件、原材料等物资的信息存储在云端的数据库内。通过查找产品数据库，就能够确定产品各个零件的来源、生产加工过程。这既可以高效追溯不合格产品，还能有效预防虚假产品的流通，从而加强对产品质量的监督和控制，降低可能产生的损失，减少人工成本，降低人工识别的错误率，实现生产流水线上的动态均衡和平稳发展。

近年来，为了满足更广连接、更低时延、更好控制等需求，云计算在向一种更加全局化的分布式节点组合形态进阶，边缘计算是其向边缘侧分布式拓展的新触角，云边协同成为新的发展趋势。以石油行业为例，生产环节会产生大量的数据，在传统模式下，需要大量的人力通过人工抄表的方式定期对数据进行收集，并且对设备进行监控检查，以预防安全事故的发生。这样，一来人工成本非常高，二来数据分析效率低、时延长，并且不能实时掌握各关键设备的状态，无法提前预见、防范安全事故。边缘计算节点的加入，则可以通过温度、湿度、压力传感器以及具备联网功能的摄像头等物联网设备，实现对油气开采关键环节的实时自动化数据收集和安全监控，将实时采集的原始数据首先汇集至边缘计算节点中进行初步计算分析，对特定设备的健康状况进行监测并进行相关的控制。经过加工分析后的高价值数据再与云端进行交互，这样既节省了网络带宽资源，也为云端后续进一步分析和计算提供了更好的数据。通过云边协同，可以极大地助力生产效率的提升。

2. 物流环节——优化物流资源配置

云计算在物流环节可以帮助物流企业优化利用自身资源、提升运营效率，同时提升上下游协同度、提高用户满意度。首先，云计算可以实时处理来自物流各环节的大量数据，包括货物状态、车辆位置、道路条件、司机行为等。通过分析和计算这些数据,物流企业可以对车辆、设备等本企业掌握的资源利用率进行实时监控,对司机驾驶行为进行合规性监控,并叠加人工智能等技术来优化资源配置(如动态优化路径、优化装车计划),实现物流运营效率的提升和物流成本的降低。

与此同时,云计算可以使得物流服务商、供应商、用户之间的协作变得更加简单和高效。通过共享云平台,各方可以实时获取物流信息,掌握货物的实时状态和位置,使得整个物流过程更加透明。用户还可以根据实际需求在云平台上动态调整收货地点与收货时间,物流服务商可以实时响应并调整物流配送计划,大幅提高了用户满意度。

3. 仓储环节——探索云仓模式

云计算在仓储环节的应用为云仓模式。云仓概念的基本思想是结合现有的RFID、GPS等信息管理技术,实现仓储物流过程中信息流的透明可视,进而促进仓储资源的共享。其利用云计算中的分布式计算机技术、并行处理计算和集中管理技术,将仓储物流网络中许多需要被重新整合、分配的资源作为服务在空闲时间提供给不同的企业共享,使传统的物流装卸和仓储过程不再处于一个固定的流程中,而是融入移动装卸、动态控制和管理中,因而能够减少资源浪费,最终实现仓储资源的最优配置。例如,菜鸟云仓(图5-6)是一个基于云计算技术的现代

图 5-6 菜鸟云仓①

---

① https://c.m.163.com/news/a/HBKID42R0512AE4K.html。

智能仓库。云仓通过整合多地的仓库资源，让企业可以根据需求选择位置最优的仓库进行产品存储，并灵活调整仓储空间以应对市场变化。云仓已逐步成为提高配送效率和降低仓储成本的最大贡献者。

【案例5-3】农产品绿色供应链云平台

云计算环境下，作为农产品绿色供应链节点中的绿色农产品生产商与加工商，可以借助农产品加工云平台（图5-7）建立伙伴联盟，通过信息共享，联结个体的绿色农产品生产加工信息，形成规模生产加工商，在降低销售成本的同时增加利润。一方面，作为供给侧的绿色农产品生产商和加工商，可较为高效地将企业本身的农产品生产量、加工量、交易价格、生产地等信息转换为标准数据，录入云平台系统内，提供市场供给信息，等待需求；另一方面，绿色农产品生产商与加工商由被动等待转为主动出击，通过云平台上消费者提供的需求信息，主动联系绿色农产品销售商、绿色农产品消费者和绿色农产品物流配送商，缩短绿色农产品的交易等待时间，既能保证绿色农产品的高质量及时供应，又能保障绿色农产品生产者的利益，加速绿色农产品和资金的流动。

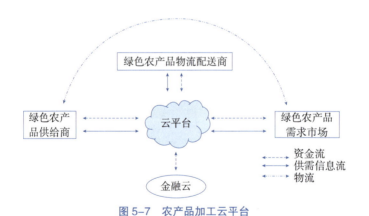

图5-7 农产品加工云平台

除此之外，绿色农产品生产加工商还可参考云平台上往年的市场需求信息，制订新一年的生产加工计划，避免市场出现供大于求的滞销状态或者供不应求的紧张状态。同时，绿色农产品生产商与绿色农产品加工商之间可以实现信息共享，实现绿色农产品加工商有农产品可加工、绿色农产品生产商的农产品能够销售出去。绿色农产品需求市场产生的农产品废弃物，可以重新作为信息录入云平台，通过绿色农产品物流配送商回收到生产商处做肥料或者加工商处做原料。

这样的模式为节点企业的竞争合作提供了技术保障，使供应链内部及供应链网络间的协调运作最大限度地实现信息畅通，提高数据处理的效率，协同线上线下营销，在保证农产品高质量、低成本的及时供应的同时，保障各节点组织的收益，实现资源的有效配置和最大化利用，将节约环保的意识付诸行动。

资料来源：张迎迎等，《云计算背景下基于 SCOR 模型的农产品供应链管理研究》。

5.4 人工智能 + 供应链

供应链复杂性的上升会导致供应链敏捷性水平的不断下降。在这种情况下，依据物联网和大数据分析提供的可视化数据作出的决策将受限于运营人员的决策敏捷性，因此，分析大量数据和解决复杂问题的需求使得人工智能技术对于供应链的研究与发展不可或缺。

5.4.1 人工智能概述

当计算机出现后，人类开始真正有了一个可以模拟人类思维的工具，而人工智能的目的就是让计算机这台机器能够像人一样思考。"人工智能"这一术语可以追溯到 1956 年的一场关于使用机器模拟智能的学术研讨会。60 多年来，人工智能已取得长足的发展，成为一门广泛的交叉和前沿科学。

人工智能是通过模仿人类与人类思维相关的"认知"功能的机器来解决人力劳动过程中面临的复杂问题的一门科学。《韦氏词典》对于人工智能的定义是"计算机科学的一个分支，研究计算机对于智能行为的模仿"以及"机器模仿人类智能行为的能力"。至今世界各地已研究出不少人工智能的实例。例如，1997 年 5 月，IBM 研制的深蓝（Deep Blue）计算机战胜了国际象棋大师卡斯帕洛夫（Kasparov）。计算机正帮助人类进行原来只能由人类完成的工作，它具有高速和准确的特点。人工智能始终是计算机科学的前沿学科，计算机编程语言和其他计算机软件都因为有了人工智能的进展而得以存在。

在数字化供应链中，人工智能增强了对于数据的理解和挖掘能力。物联网产生的信息包含海量的数据，人工智能算法可将这些数据加以分解和分析，从而帮助企业进行合理决策。目前人工智能技术在智能制造、自动驾驶、电子商务、医疗诊断等领域有了很多的应用。IBM 发布的市场调查报告《2022 年全球 AI 科技使用现况》显示，全球企业采用 AI 科技的比例持续增长，达到 35%，比前一年（2021 年）上升 4%。中国已部署人工智能的企业比例位居全球第一，接近六成。 而很多其他企业也正计划将人工智能应用到研发、产品创新、供应链运营和客户服务等多环节。基于实际应用场景，人工智能正在从对人脑的一般模拟转向在真实的工作环境中解决问题，其包含自然语言处理、计算机视觉等领域。

机器学习是目前实现人工智能的主要方法，利用数据来提高性能或作出具体预测。例如，计算机可以"学习"包含数千张猫狗分类图像的数据库来区分狗和猫。为此，计算机需要从给定的示例数据学习方法或算法来提取统计规则，并以模型的形式表示。该模型可以对新的、未知的数据作出反应，并将它们分类或进行预测。为了充分利用人工智能的优势，计算机需要访问大量数据，因此有人将"大数据"比喻为人工智能"引擎"的"燃料"。

机器学习分为三种类型：监督学习、无监督学习和强化学习（图 5-8）。

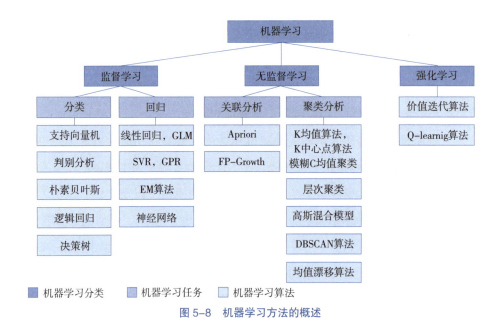

图 5-8　机器学习方法的概述

1. 监督学习

最广泛使用的机器学习类型是监督学习。监督学习是利用已知的样本数据对计算机程序进行训练的过程。由于输出是已知的，这个学习过程的目的是以规则的形式找到一个连接，将输入数据与输出数据联系起来，最后将学习到的规则应用到新的数据中。监督学习的两个重要的任务分别是回归和分类。回归模型又叫预测模型，输出是连续型的值；分类模型的输出是离散型的值。

2. 无监督学习

无监督学习描述了一个能够发现知识的系统。在这种类型的学习中没有提供正确的答案，因此没有预先标记的目标值，这种方法也被称为"无师自通"。无监督学习的一个众所周知的任务是聚类分析，该方法目的是识别输入之间的相似性，以便对输入进行分类。其另一个任务为关联分析。

3. 强化学习

强化学习是指系统通过不断迭代学习确定最优解的过程。在这个过程中，系统必须通过尝试去发现哪些决策会产生最丰厚的收益。正确的决策会得到收益，错误的决策会受到惩罚。利用强化学习方法，系统就能根据复杂的外部环境作出有效反应。

5.4.2 人工智能赋能数字化供应链

随着人工智能技术的不断发展，传统供应链在人工智能技术的赋能下向数字化、智能化的供应链转型。对于生产制造企业来说，客户的需求、企业对自身运营效率和经济效益的追求、产业链资源的全面整合都促使企业更加重视供应链管理。

人工智能节省数字化供应链人力成本并助力管控智能化。人工智能设备和技术在物流产品分拣、计算机可视化系统、会话交互界面、自动运输工具等业务环节可实现无人操作，有效改变传统物流行业劳动密集的问题，在减少人力成本的同时促进了供应链智能化，促使供应链实现全方位智能管控与决策优化。

人工智能驱动数字化供应链进行自适应科学决策。在全球供应链的背景下，供应链决策过程日益复杂，解决方案数量也日趋庞大。机器学习技术可以促使数字化供应链利用实时数据对具有高复杂性的场景进行决策，并提供供应链的鲁棒性和提高竞争力。

人工智能助力提升数字化供应链运营效率。针对传统供应链运营过程中供需匹配不足、采购价格过高、生产流程不合理、库存利用率差、人力成本快速增长等诸多痛点，人工智能技术以实现全链条价值增长为目标，助力优化供应链链条、调整供应链结构、提升供应链运营效率。

5.4.3 应用场景及案例

1. 网络规划环节——协助优化决策

供应链网络规划是企业发展到一定规模阶段必然面对的问题。网络节点选址、网络节点库存、拓扑结构、层级与物流时效都和客户体验紧密相关。单纯依靠人工难以作出最优决策,人工智能算法可用于供应链网络规划,通过成本及服务水平的变化模拟网络规划的结果,协助管理者作出相应的优化决策。

2. 需求预测环节——精准预测需求

供应链的各个环节相互配合连接,在此过程中信息的透明度和准确性对供应链的成本与效率控制至关重要,人工智能技术可以提供精准的需求预测,帮助供应链各环节降低成本。例如,人工智能可以根据供应链的历史数据和统计学习模型,对产品未来的销量、各个仓库出单量以及节假日优惠策略下的销量变化进行综合预测,最终给出最优决策以指导生产活动。

3. 库存管理环节——及时预警建议

传统的库存管理及补货计划通常由人工完成,人工管理库存和制订计划的工作模式在多级供应链网络中会存在决策过程冗长、数据滞后以及人力成本耗费量大的问题。而人工智能技术能够针对不同种类的库存产品做到及时准确的预警和建议,为库存调拨、补货决策提供具体的建议和方案,为采购及库存管理提供更加准确的决策建议。

4. 仓储环节——协助仓内作业管理

人工智能可以协助仓库管理者进行仓库拣选路径规划、订单拨次策略选择等仓内作业。在仓配交接环节,人工智能可以协助识别直发线路和配送资源计划管理。在订单拨次规划环节,人工智能可以根据仓库资源及现场业务特点进行智能拨次规划,以提升拣选效率。同时,人工智能还可以通过仓内自动化设备(如 AGV 等)的调度助力仓内作业提升效率。

5. 物流配送环节——配送灵活高效

随着电子商务的不断发展,物流配送的质量与客户满意度联系非常紧密。人工智能技术大大提高了订单排线和路径规划的工作效率与准确性,可应用运筹优化及启发式算法对装箱过程进行优化,以提高运输装载率,降低运输成本。人工智能还可优化"最后一公里"货物配送,增强配送灵活性。配送灵活性是零售商满足不断变化的消费者需求时考虑的重要因素,而这种需求在国家和地区之间也各不相同。例如，英国的消费者热衷于店内取件，而德国消费者更喜欢使用包裹储物柜，人工智能可以通过处理客户数据提出取件备选方案。除此之外，配送所使用的自动交通工具，如无人机、无人车等也是人工智能在配送环节的一大应用。

6. 风险控制环节——评估响应风险

供应链运营过程中，会遇到如自然灾害、社会事件等突发事件，如何提前识别突发事件并对事件引起的风险进行评估对供应链管理十分重要。人工智能领域知识图谱、自然语言处理等技术可用来持续抓取和识别供应链运营过程中的风险事件并对其进行解析，实现端到端的风险分析、输出应对方案，从而最终实现供应链智能化风险管控。

【案例 5-4】联想供应链智能控制塔

联想供应链智能控制塔是联想供应链运作的指挥中心。控制塔提供了全方位视角，打通了端到端的数据连接，能更全面地从客户、区域、运输、物料、产品、工厂等不同维度来审视供应链的业务问题和改进点。其功能包含数据可视化、可配置仪表盘、业务分析决策和闭环管理中心。

联想供应链智能控制塔可以利用基于人工智能等先进技术的供应链优化模型进行模拟，并基于历史数据预测未来需求。例如，联想通过自主研发的人工智能算法，打造了智能物料分配方案，实现了多角色协同的人机协同模式、需求预测等多个功能。其中，人机协同模式充分考虑不同角色的偏好，通过模型学习和优化，将人工经验与 AI 分析相结合，以推荐更智能、合理的物料分配方案。除此之外，面对制造行业的生产原材料库存水位优化问题，联想将 AI 模型和策略在历史数据上进行仿真复盘，分析不同优化条件下的 AI 策略在历史数据上的模拟表现，为企业提供合理的原材料库存备货决策建议。而且，联想供应链智能控制塔可以针对异常事件进行根源分析，通过风险分析和响应管理，告知供应链管理者当前状态的原因，以及未来潜在影响，进而提出优化供应链运营效率的指导方案和决策性建议。

与传统的供应链相比，联想供应链实现了端到端的全价值链覆盖，透明的数据使决策时间缩短了 50%~60%；工作流程自动化程度提高，工作效率提升 10%~20%；订单交货及时率提升了 5%，制造和物流成本降低了 20%，库存控制保持了行业领先水平。同时，联想 90% 以上的职能部门每天通过供应链智能控制塔进行工作，75%的主要供应商和90%的合作伙伴通过联想的供应商协作门户与供应链智能控制塔建立业务联系，更好地协同服务全球客户（图5-9）。

图 5-9　联想供应链智能控制塔

资料来源：工业互联网产业联盟，《2022年供应链数字化转型案例汇编集》。

5.5　数字孪生+供应链

通过有效的数字化工具快速获取供应链运营的相关信息、全面了解供应链的所有要素，对供应链的运行状态监控和管理至关重要。数字孪生技术已成为实现供应链网络端到端的流程可视化和决策智能化的关键工具。

5.5.1　数字孪生概述

数字孪生（digital twin）的概念可追溯到Michael Grieves博士2002年在密歇根大学的一次演讲中提到的"信息镜像模型"。2012年，美国国家航空航天局（NASA）明确提出了数字孪生的概念——数字孪生是指充分利用物理模型、传感器、运行历史等数据，集成多学科、多尺度的仿真过程，它作为虚拟空间中对实体产品的镜像，反映了相对应物理实体产品的全生命周期过程。2017年，庄存波等提出了数字孪生体的概念——数字孪生体是指在计算机虚拟空间存在的与物理实体完全等价的信息模型，可以基于数字孪生体对物理实体进行仿真分析和优化。

数字孪生是一种采用模型和数据等手段，对现实世界实体或系统进行数字表示和仿真的方法。数字孪生由物理实体和数字实体及其之间的双向交互构成。物理实体通常是指现实世界的资产、流程或系统等，涉及数据感知和控制响应；数字实体是对物理实体的数字表示和仿真，涉及数据学习和分析等。数字孪生以数字化方式创建物理实体的虚拟实体，借助物理世界的历史数据、实时数据以及算法模型等，模拟、验证、预测、控制物理实体全生命周期过程。物理实体向数字实体提供采集的数据，数字实体将其仿真后的数据分析与决策反作用于物理实体，两者构成数字孪生系统，实现数据在物理场景和虚拟空间模型互传（图 5-10）。简单来说，数字孪生就是在一个设备或系统的基础上，创造一个数字版的"克隆体"。其中，"克隆体"被称为"数字孪生体"，它被虚拟地创建在数字化平台上。

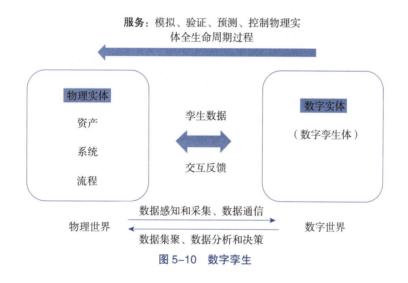

图 5-10　数字孪生

数字孪生主要包含如下技术特征。

1. 数字表征

数字孪生是对物理世界进行数字化表征的一种方式。数字孪生代表了对实体的全面物理特征和功能描述，它提供了在其整个生命周期中处理资产所需的所有信息。这种数字化表示方式源于具体的应用需求，并且受限于人们对物理世界的理解程度。例如，设计汽车的数字孪生需包含汽车的每一个零部件，而用于汽车服务调度的数字孪生中，汽车可能只是用一个虚拟模块表示，因为调度问题关心的是它的位置、速度等；同时随着我们对材料工艺的不断了解，我们为每一个零部件构建的机理模型在不断丰富。

2. 虚实互联

数字孪生强调了数字世界与物理世界的双向连接，实现物理孪生体与数字孪生体的同步和反馈。这使得原本的数字仿真不再是孤立、静止的"模型"，而是可以随着物理世界变化、与物理世界互动，甚至影响物理世界的"孪生体"，这种改变增加了数字仿真的真实性，同时也使得数字孪生更好地发挥作用。

3. 数据驱动

数字孪生是从数据产生知识，进而通过反馈来指导和控制生产决策的过程。数字孪生价值的本质是数据价值。其通过建立在海量数据之上的高级数据分析能力和智能应用，实现数字孪生的应用价值。通过对数据的分析和挖掘，建立起物理实体的数据模型，使我们对物理实体的认识不再受限于机理模型，可以更好地认识世界的潜在规律，并支持我们作出正确的决策。

高德纳（Gartner）公司连续 4 年（2016—2019 年）将数字孪生技术评选为十大战略技术趋势之一。同时根据市场研究公司 Markets and Markets 的预测，数字孪生市场估计将从 2019 年的 38 亿美元迅速增长到 2025 年的 358 亿美元，年复合增长率高达 37.8%。

在对物理供应链进行数字表示的基础上，供应链数字孪生通过对物理模型、海量数据以及业务信息的感知，获取供应链全链条上的企业、产品、仓储、物流以及其他第三方信息，建立供应链各种对象之间的动态关联。供应链数字孪生与物理供应链构成供应链数字孪生系统，利用数据在物理场景和虚拟空间模型交互，实现对物理供应链的监控、优化、预测和控制。供应链数字孪生系统（图 5-11）中，数字供应链实体的模型与物理供应链每个环节一一对应，两者通过孪生数据服务平台进行双向交互。物理世界实际场景指导数字模型，数字模型仿真结果辅助现实世界决策、帮助优化实际业务场景。

5.5.2　数字孪生赋能数字化供应链

数字孪生技术驱动数字、物理世界双向互动反馈。一方面，数字孪生技术以其对高度复杂的系统处理的巨大优势，帮助实现物理供应链显性化和透明化，减少物理供应链的管理难度，提高管理效率；另一方面，物理供应链可将经验固化，形成知识图谱或机理，反馈给供应链数字孪生体进行调优。

数字孪生技术助力实现供应链各环节的优化决策。供应链数字孪生技术通过

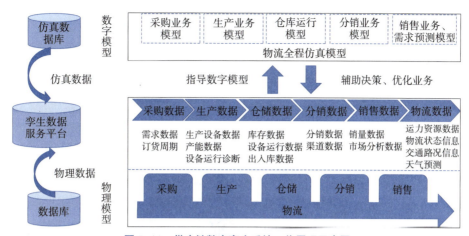

图 5-11　供应链数字孪生系统工作原理示意图

感知和融合采购、生产、销售、物流、资金流等环节及周边环境的信息，可实现供应链网络的可视化，监控和分析当前供应链网络的运营状况，提升需求和供给匹配预测、生产过程能力模拟、库存管控和优化等能力，进而识别潜在的供应网络风险、发现问题和优化建议，并基于新的业务流程和历史数据推荐并验证可能的供应网络设计方案。

数字孪生技术促使数字化供应链上下游高效协同。市场响应速度是供应链的核心指标之一，涉及供应链多个环节的协同。通过数字孪生技术，可以对业务趋势和响应能力进行预测，对多个环节进行串联协同，交叉验证，能够帮助供应链主动优化整体运营响应、履约时效等。数字孪生供应链能够突破传统供应链的响应速度和成本瓶颈，打破上下游的沟通壁垒，实现跨环节、跨生态的供应链协同优化。

5.5.3　应用场景及案例

供应链数字孪生的应用领域包括生产、供需协同和过程管理等各个方面，涉及生产、仓储、物流及在途运输、订单追踪和端到端整合管理等多个环节。

1. 生产环节——可视化生产运作

在工厂生产线、装配线等场景中，利用数字孪生技术可以对获取的数据进行分析，可视化生产运作状态。用户可通过数字孪生提供的三维可视化界面，直观了解部件、设备、系统和各流程的运作情况，从而采取有效的预防性和预测性措施，缩短停运时间、提高整体效率（图 5-12）。

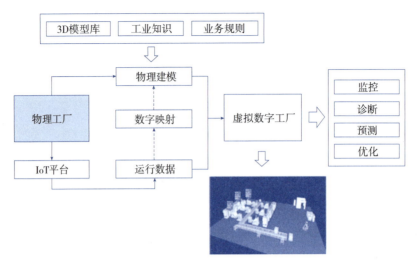

图 5-12 生产环节数字孪生

2. 仓储环节——模拟仓库运行

利用数字孪生技术，可以在仓库空间数据和设施数据基础上，构建仓库立体虚拟模型，根据仓库存储实体大小、数量以及存储特性等数据，为最优仓储规划布局提供决策支持。在仓库运行期间，通过各种物联网技术获取监控仓库货品流转运营数据，实现模型仿真迭代，模拟仓库运行状态，向管理人员提供持续优化仓库存货量、补货策略、出入库流程等方面的决策建议（图 5-13）。

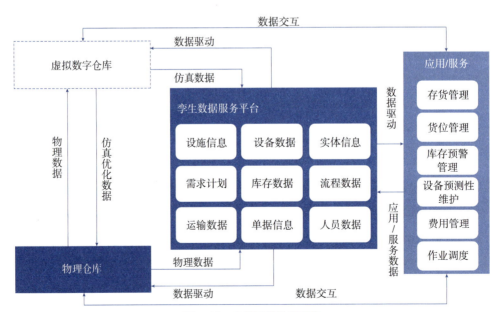

图 5-13 仓储环节数字孪生

3. 物流及在途运输环节——仿真模拟运输网络

利用数字孪生技术，可以对物流网络中物资流转的设施选址、流量流向规划和具体运输方式安排进行仿真模拟与优化。利用实际运输网络数据，通过对运输网络的迭代仿真，可以呈现不同规划下的物流网络整体运营情况。通过模拟各个物流节点的货物流向和流量状况，可以实现对整体网络承压能力、网络瓶颈的评估。

4. 订单追踪环节——实时追踪订单

利用数字孪生技术，可模拟物流网络的复杂运营和规划逻辑，进行订单实时追踪和状态查询。物流环节普遍存在高延迟且无法全程透明等问题，一旦发生货品丢失、质量损坏问题，难以分清物流中各主体责任。利用数字孪生技术，可以协同仓储、分拣枢纽、配送站点以及运输车队各主体，进行订单实时追踪，帮助物流网络作出有效决策，寻找问题发生的"原点"。

5. 端到端整合管理环节——端到端管理产品全生命周期

利用数字孪生技术，可对供应链中的物流、资金流和信息流进行建模，整合供应链各个环节，实现产品端到端的管理。数字孪生技术通过模拟产品全生命周期轨迹运行虚拟模型，提高整个供应链可视化水平，从产品设计、采购、生产、运输、储存以及分销等环节实现更加全面、更低成本、更安全的产品全生命周期管理。

【案例 5-5】京东数字孪生供应链仿真平台

京东数字孪生供应链仿真平台支持业务在数字环境中对自身的供应链模式搭建数字化模型，并在模型中对不同的备选策略进行试验—调整—再试验的迭代，最终选取符合业务目标的最优规划与策略。该平台搭建了一套标准化的供应链框架，为了灵活适配零售不同业务模式及不同行业特性，以模块化的形式进行了产品架构设计，各模块彼此解耦、独立迭代，可以支持丰富的应用场景。具体而言，在为不同场景服务时，借助大数据能力，该供应链仿真平台可以定时获取生产系统快照，自动创建现状仿真模型，通过仿真优化算法，快速支持业务优化需求；同时，也支持用户自行创建供应链模式，自定义商品、网络、采购、调拨、履约、计费策略等方面，用于创新模式的沙盘实验，观察采购量、调拨量、销量、库存水平、成本及时效等各项指标的变化。

京东数字孪生供应链仿真平台的核心能力主要分为三大方面，包括针对供应链的规划设计、不同环节的策略评估以及相应的量化分析，三大能力相互连接，由广泛到精细。在规划设计方面，其主要涉及模式选择、网络规划、仓网部署、全流程衔接的仿真等；在策略评估方面，其包括各个供应链环节的策略的仿真模拟，用于指导供应链的计划与执行；在量化分析方面，其能够对不同环节的决策因子进行分析，衡量策略的收益等（图 5-14）。

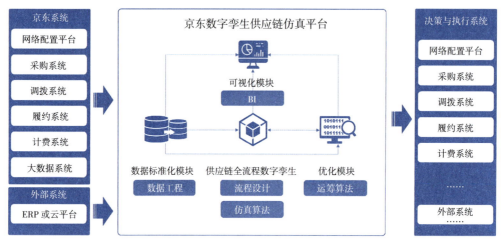

图 5-14 数字孪生供应链仿真平台架构

资料来源：工业互联网产业联盟，《2022 年供应链数字化转型案例汇编集》。

5.6 区块链 + 供应链

供应链由众多参与主体构成，不同的利益主体之间存在大量的交互和协作，各类信息被分散地保存在各主体的子系统内，造成了供应链各主体信息共享困难和信任缺失问题。区块链技术作为一种确保透明度、可追溯性和安全性的分布式数字账本技术，能够有效缓解供应链管理中的信息共享和信任问题。

5.6.1 区块链概述

区块链作为一项新兴技术，自 2008 年出现至今已经历了三个时代。在区块链 1.0 时代，区块链作为数字货币底层技术支撑，构建一种去中心化的数字支付系统，可以有效地实现货币流通。区块链 2.0 时代进入高速发展阶段，以以太坊为代表的区块链系统通过引入智能合约功能，使得区块链应用从最初的数字货币体系应用拓展到股权、债权和产权的登记、转让等金融领域。区块链 3.0 时代重点是以"去中心化"为核心，去中心化应用（DApp）使得区块链超越金融领域，大范围应用在各领域的分布式协作场景中，成为一种社会中的底层协议。

区块链可以看作通过分布式计算机网络存储的关于交易的永久数字记录或分类账本，具有分散、可验证、不可变、无法被篡改等特点（图 5-15）。为了实现这些关键特性，分布式数据存储、点对点传输、加密算法、共识机制等技术为区块链提供支撑。

图 5-15　区块链的特点

在区块链中，每个节点都可以验证网络的其余部分是否正确地存储了数据。因此，分布式数据库的一个关键特征是网络中的所有节点都可以访问所有数据。区块链技术采用非对称密码学原理对数据进行加密，每个节点在传播信息时都拥有数据块和用私钥对数据块的哈希值进行加密处理后的签名，其他各节点很容易通过对应的公钥进行验证。私钥和公钥的对应性与唯一性特征使其具有较高的安全性。由于所有操作都是以这种方式进行身份验证的，因此可在任何时间点查看任何操作的状态。

通过共识机制，各节点可以建立对数据块当前状态的一致共识。在区块链系统中没有像银行一样的中心化机构，所以在进行信息传输、价值转移时，需要共识机制来保证每一笔交易在所有记账节点上的一致性和正确性。这使得区块链技术可以在不依靠中心化组织的情况下，实现多个节点的协同。区块链具体工作流程如图 5-16 所示。请求的事务将被广播至各个节点组成的网络中。节点网络使用算法验证事务和用户的状态，随后验证完的事务将与其他事务合并创建新的数据块，并广播到全网所有区块链节点中同步数据。

智能合约是一种旨在以信息化方式传播、验证或执行合同的计算机协议。智能合约允许在没有第三方的情况下进行可信交易，这些交易可追踪且不可逆转。智能合约和传统纸质合约的区别在于智能合约是由计算机生成的，代码本身解释了参与方的相关义务。事实上,智能合约的参与方通常是互联网上的陌生人,受制于有约束力的数字化协议,除非满足要求,否则合约内容就不会被执行。智能合约的功能类似于自动售货机:如果你向分类账本转入加密货币,一旦输入满足智能合约代码要求,它会自动执行双方约定的义务。

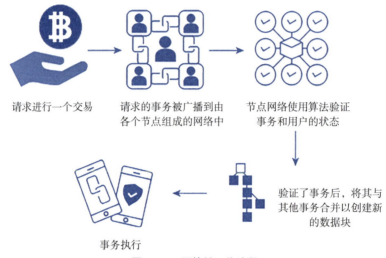

图 5-16　区块链工作流程

区块链作为新一代的分布式去中心化网络架构,其核心是基于多方共识机制的分布式账本。其基于可编程智能合约并通过密码学保证交易的端对端安全性。其特性包括如下几方面。

1. 去中心化

不再依赖于中心化机构,所有操作都部署在分布式账本上,而不再部署在中心化机构的服务器上,实现了数据的分布式记录、存储和更新。

2. 去中介化

能够在不依赖于信任和交易中介的情形下,实现对等交易行为,消除贸易摩擦,降低交易成本。

3. 可信和防篡改

为供应链各方参与者进行自动化的交互和交易提供信任与安全基础。

4. 透明化和隐私

除了交易各方的私有信息被加密外,数据对全网节点是透明的,任何人或参与节点都可以通过公开的接口查询区块链数据记录或者开发相关应用。

5. 可追溯和可审计

区块链能够记录每一笔交易的信息，税收管理、安全监督能够全程跟随，摸清监管死角和监管盲区。

6. 所有权证明

区块链的本质是对数字资产的所有权证明。数字资产的所有权转移可以一键完成，降低交易摩擦成本。

7. 可编程性

智能合约具有可编程性，以实现灵活的治理机制、业务规则和业务交互，并保持系统的扩展和可升级性。

供应链管理的痛点之一是内部大量的交互组织没有有效的信息交换过程，而作为分布式数据结构的区块链可以有效解决这个问题。例如，目前存在货运发票数据不准确的问题，包括重复的货运费用、错误的收费等，这导致了物流行业的低效率。利用区块链，可以避免重复、错误或伪造的信息，促进物流行业的高效运转，有助于推动更精简、更自动化和无差错的供应链业务过程。

5.6.2　区块链赋能数字化供应链

区块链确保数字化供应链的数据完整性。随着电子商务规模加速扩大，传统的供应链信息系统难以应对急剧增长的业务数据。对移动设备和传感器所产生大量数据的忽略将导致信息流的中断和数据片段的丢失，这种碎片化破坏了供应链系统的数据完整性。区块链技术利用对每个交易数据的详细记录和自动验证，及其不可篡改性，来保证数据的完整性。

区块链实现数字化供应链端到端透明及可见性。区块链是让交易参与者对自己的行为负责的一种方式。透明度使得每个体都可以对供应链过程中每个阶段产生的数据进行访问。这不仅利于管理者对发生的问题作出快速响应，还限制了机会主义行为，降低了环境和行为不确定性的影响。区块链建立的透明度使整个供应链具有可见性，可简化交易流程，利于各方获取充分的信息，提升交易效率。

区块链解决数字化供应链数据共享过程的信任问题并增强供应链安全性。任何数据共享都存在着信任的问题。区块链构建的分散化网络作为一个中立的平台，鼓励数据交换，同时使用加密学来保持数据的安全。这使得区块链可验证数据和身份的真实性，实现安全的多方交易，确保数据流和交易在生态系统各参与方之间的安全共享。因此，区块链可快速打通上下游等数据通道，构建可信度高的供应链网络，增强供应链安全性。

区块链推动数字化供应链商业模式变革。区块链技术应用到供应链之后，供应链的行为方式将发生全新改变。区块链中各节点企业都能接收到消费者对商品、物流、金融的需求信息，所以各企业都可以在同一平台进行平等的竞争。中心化的节点被消除，它所掌握的信息不再对其他上下游企业形成优势，供应链呈现出扁平化的形态。

5.6.3　应用场景及案例

1. 采购环节——协同采购各个节点

供应链采购环节的渠道包括大型企业集团、第三方平台、行业平台、核心龙头企业平台、政府采购平台等。这些平台要么是独立的个体，要么是垄断性或者竞争性排他的集团，难以实现协同效应。而在基于区块链技术构建的新形态数字化供应链网络中，所有的供求关系形成分布连接的网络结构，每个节点可能既是供应商又是采购商。它将采购和销售有机地集成在一起，可以适配各种供应链生态，可实现采购环节各个节点的协同。

2. 库存、仓库管理和物流运输环节——促进可视共享

区块链在库存和仓库管理环节的应用，可以促进库存的一体化和可视性，以及库存和物流运输环节的交易协同和互操作性，大大增进供应链的运行效率。

（1）云仓。基于区块链的数字云仓，可以实现不同实体仓库之间的互操作性，并在此基础上构建各种虚拟库和云仓。这些仓库的所有权和运营权可以属于不同的实体，但都属于可互操作的区块链节点。智能合约驱动的仓库管理订单，能够在不同的实体之间直接产生可信交易，从而实现跨实体、跨供应链的协同，实现资产的最大化利用、获取业务的最大化效率。

（2）联储与共享。在云仓基础上，基于需求共享和资源共享原则，供需双方可以实现不同层面的联储和库存共享。例如，基于 AI 的预测性维护，可以将实际共享库存、产能预定、物流能力和服务履约能力纳入模型，从而实现灵活的数字供应能力。

（3）物流与运输管理。基于智能合约供应链订单驱动的物流和运输环节，在区块链上实现直接的互操作性。这种互操作性可以使自身系统接入第三方或者服

务方自身的信息系统从而实现业务操作，并且实现全程的业务可视性。

3. 溯源与标识——跟踪溯源产品

产品的跟踪溯源是区块链赋能供应链最典型的应用场景。在区块链系统中，产品、服务和设备等都被赋予了基于密码学的身份标识或者基于代理的数字身份，在整个系统和整个生命周期内具有唯一标识，相关交易行为和数据轨迹将不可篡改。利用分布式 ID（身份标识号），可实现在复杂和混合模式下的标识解析、识别和跟踪。比如纸贵科技，将区块链技术应用于工业互联网标识解析系统。

4. 供应链金融——提供技术性安全机制

区块链的可信交易机制与工业物联网底层的标识机制结合，能够为供应链金融提供有效的安全机制，实现供应链金融模式的创新。区块链在供应链金融中的应用，主要基于以下方面：基于加密数据的交易确权、基于存证的真实性证明、基于共享账本的信用拆解、基于智能合约的合约执行。最终，可以满足供应链上多元信息来源的相互印证与匹配，解决资金方对交易数据不信任的痛点。

【案例 5-6】华峰智链数字化供应链系统

浙江华峰智链工业互联网有限公司（以下简称"华峰智链"）利用区块链等技术，通过对"订单＋支付＋物流"的在线集成，设计并开发数字化供应链系统（图 5-17）。该系统实现了工业复杂订单数字化、全场景工业支付数字化（票据支付＋大额电汇支付＋应收款链支付）、物流信息数字化、客户/信用/价格管理、库存管理、账户体系管理、财务管理等功能；在 SaaS 系统底座基础上搭建新材料商城平台及产业链相关增值业务，支持产业供应链高效协同。华峰智链数字化供应链系统包含如下几方面关键技术。

（1）电子签章技术：平台可调用电子签章实现合同、订单、账单的在线签署，合同或账单签署时间缩短至 2 小时以内。

（2）区块链合同存储技术：基于区块链不可篡改、可追溯的特性，电子合同存证，实现证据固化，产生纠纷后可直接出证。

（3）工业票据支付技术：票据线上支付实现票据签发、背书、支付、管理一站式处理，能够解决供应链远端信任问题。

（4）区块链应收款链技术：企业可以在线办理区块链应收款的签发、承兑、支付、转让、质押、兑付等业务。对链主企业好处包括：应收账款区块链化、降低坏账风险；盘活应收账款、减少现金流出等。

（5）领域模型及微服务：在平台设计和开发中创新使用供应链领域模型，通过构建业务域、微服务和业务策略提高平台与企业ERP/CRM等系统的兼容性，实现快速部署。

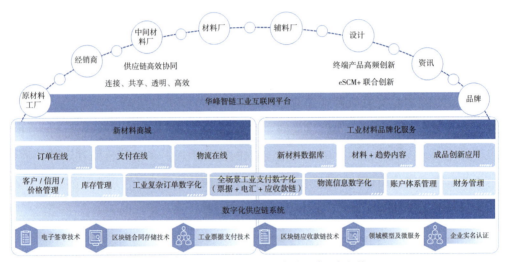

图5-17 华峰智链数字化供应链系统业务架构

资料来源：工业互联网产业联盟，《2022年供应链数字化转型案例汇编集》。

5.7 机器人+供应链

随着技术进步和用户需求的不断变化，供应链构成要素日益复杂，使用机器人提高生产效率、协调供应链各要素之间的内部关系将成为必然的趋势。作为一种能半自主或完全自主工作的机器，机器人技术已被广泛应用于运输、分拣、生产制造等各个供应链场景。

5.7.1 机器人概述

机器人具有感知、决策和执行等基本特性，能够辅助甚至代替人完成危险、困难和复杂的工作，从而提高工作效率和质量，拓展人类活动的范围。目前，学术界对机器人概念尚无统一定义。一般来说，在现代工业中，机器人是指由人类创造的能够自动执行任务以辅助和代替人类工作的机器。理想的高仿真机器人是先进的集成控制论、机电一体化、计算机与人工智能、材料科学和生物学的产物。下面介绍几种在供应链管理中已经投入使用的机器人。

1. 物料运输机器人

物料运输机器人指装备有电磁或光学等自动导引装置，能够沿规定的导引路径行驶，具有安全保护以及各种移载功能的运输车辆。

（1）自主移动机器人。自主移动机器人（autonomous mobile robots，AMR）是一种在仓库环境中移动材料的机器人，用于自动化仓储中的自主搬运和拣选（图5-18）。它们使用预先编写的仓库地图和程序进行工作，使用诸如激光雷达、摄像头之类的传感器与环境进行交互可实现自主导航、自主决策和主动避让障碍物。

（2）自动导引运输车。自动导引运输车（automated guided vehicle，AGV）是一种材料运输机器人。这种机器人的自动导引仅限于由电线、磁条、激光、地标等构成的特定路线（图5-19）。自动导引运输车适用于高容量和持续需求的重复动作，但无法自主导航和自主决策。

图5-18　自主移动机器人① 　　　　图5-19　自动导引运输车②

2. 协作机器人

协作机器人称Cobot，是专为帮助人类工作而设计的，通常被部署在需要大量重复工作的地方。它可以由工人"培训"来执行任务，此后除日常维护外，无须进一步人工干预。协作机器人和传统工业机器人的区别在于，前者可以再培训，灵活性强，而后者灵活性较差，除非重新编程，否则只能完成一种类型的任务。协

---

① https://www.intel.cn/content/www/cn/zh/robotics/autonomous-mobile-robots/overview.html。
② https://www.terabee.com/products/mobile-robotics/。

作机器人特别适用于需要机器人与人类密切协作的场合,例如组装、焊接、打磨等。

3. 自动拣选机器人

自动拣选机器人是仓储智能化程度进一步提高的标志。当不同种类、形状各异的物品进入机器人视觉范围时,经过学习训练的自动拣选机器人,可以利用视觉识别系统和控制系统来识别物品、使用适合的智能末端(如吸盘、机器手)等进行抓取和放置操作。例如在京东无人仓里,库卡机器人可以实现灵活组装,根据实际产量的增加而灵活调整最大分拣速度,无须一次性巨额投资,可以随实际产量增加而按需组装(图5-20)。

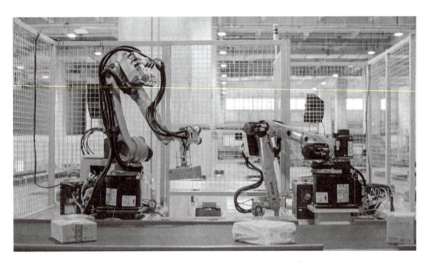

图 5-20　库卡机器人在仓库里分拣[①]

5.7.2　机器人赋能数字化供应链

随着经济全球化的深化和供应链数字化发展,企业开始将更多的机器人用于仓储、自动化运输、自动化装配等环节中,以提高运营管理的效率和水平。机器人可以帮助提高工人生产力、降低错误率、降低库存检查频率,优化拣选、分拣和存储时间,并增加处理复杂突发问题的能力。机器人的应用为提高生产力、降低风险、降低成本和改进数据采集提供了新的发展机会。

机器人能够节约供应链的各项成本。在制造行业,生产效率往往受到员工作业时间和作业效率的影响。相比高昂的人力,机器人可以 24 小时昼夜不停地工作,具有持续工作时间长、稳定性高、平均成本低等优点。使用机器人进行生产可以

---

① https://www.sohu.com/a/284027573_765932。

减少人力成本的投入，减少不确定因素的干扰，使公司在员工管理和生产管理方面更加高效。除此之外，机器人还可以节省装配空间建设紧凑型仓库，使整个工厂规划更小、更紧凑，从而降低运营成本。

机器人能够提高供应链生产效率。机器人的作业效率是稳定的，其与生产线的人力进行协作，可以很好地提高生产效率。在复杂加工制造环节，机器人作业的精度更高，将机器人部署于传统手动执行的流程中，能最大限度地降低该环节发生错误和异常的可能性，提升良品率。此外，还可以将机器人应用于数据的收集与整理、验证与分析，计算和报告生成环节等。

机器人能够助力安全生产。使用机器人生产可以减少或者消除因工人疲劳造成的工作事故。先进机器人具有更高的精度、稳定性和安全性，可以降低员工在危险环境中受伤的风险。除此之外，使用机器人还可应对一些具有安全隐患的突发情况。例如，在新型冠状病毒感染疫情期间，机器人在保护员工的安全方面发挥了宝贵的作用。当面对面工作的病毒传播风险过高时，许多企业依靠自主机器人来执行可能危及员工安全的任务。

5.7.3 应用场景及案例

近年来，机器人产业发展势头强劲，其市场规模不断增长。下面介绍在供应链中应用机器人技术的一些典型场景。

1. 物流环节——运输灵活高效

在特大节假日，如"双十一"购物节，即使成倍增加快递员的数量也可能无法完成爆炸级别单量的配送任务，导致物流时效性不能得到保证。利用机器人完成订单处理等工作，可以极大地提高订单处理效率。在过去，技术水平低但价格低廉的人类劳动力的灵巧性通常优于机器人。但是随着制造业的发展，机器人变得更加便宜和灵活。因此，越来越多的机器人出现在生产设施中，尤其是出现在高科技制造商的生产设施中。例如，亚马逊从2012年就开始采用机器人Kiva开展仓储物流业务。随着生产线和协作制造网络的出现，智能设备和机器将更加普及，以支持更快、更敏捷的生产运营。

2. 库存管理环节——改善仓库设计

在仓储环节中使用机器人可以使仓库的布局更有效。库存管理是供应链管理中的核心问题之一，使用机器人进行仓库搬运时，可设计较窄的过道空间，增加库存密度。采用标准化的集装箱进行仓储并利用机器人进行空间的高效利用可以提升仓库仓储能力,减少仓库资源浪费,有助于改善自动化仓库的设计。

3. 生产环节——优化人力资源配置

在生产制造型企业中,许多重复性高的工作非常适合使用自动化的机器人来完成。这种情况下,工人的角色将从体力劳动者转变为机器人的监管者,这意味着人力的角色可以获得更高的附加值。例如,机械手在工业生产中可实现单机自动化,即各类半自动机床自动上下料。在单机自动化的基础上,还可利用机械手进行自动装卸和输送工件工作,使一些单机连接成自动生产线。通过利用机器人完成繁重的重复性工作,可以让员工从事更有价值的工作。

【案例 5-7】京东地狼搬运 AGV

"地狼"(图 5-21)是京东物流自主研发的一种典型的搬运式货到人拣选系统,利用地狼搬运 AGV 将货架搬运至固定的工作站以供作业人员拣选。地狼颠覆了传统"人找货"的拣选模式,变为"货找人",工作人员只需要在工作台领取相应任务,等待地狼搬运货架过来进行相应操作即可。

京东自研的地狼搬运 AGV,具有智能排产、路径规划、自动避让、自主充电等功能,可柔性对应各类仓储物流作业场景,实现仓内货到人拣选解决方案,解决仓储物流存储密度低、出库效率低、自动化改造建设成本高等痛点。地狼搬运 AGV 最高承重 500 千克,依靠遍布地上的一个个二维码规划、引导路径,再依靠

图 5-21 地狼搬运 AGV

自带的传感器避免碰撞，保证了地狼搬运货架来回穿梭、互不干扰，井然有序地工作，大大提高分拣效能和准确度，与人工相比，效率提升了 2 倍。

资料来源：https://baike.baidu.com/item/ 地狼 /57207068?fr=aladdin。

5.8　增材制造 + 供应链

增材制造技术的发展及大规模采用，将改变现有供应链模式，使之转向数字化制造。增材制造工艺流程简单、部署方式灵活，可以实现随需而制，使得低成本的分布式制造成为可能，这将带来库存数量和供应链环节的大幅简化。增材制造技术还可以加快制造速度、缩短制造周期，进而提高响应型供应链的实际响应能力。

5.8.1　增材制造概述

增材制造，又称 3D 打印，是一种快速成型技术。历史上人类的制造能力共经历三次飞跃：在 6 000 年前发明了热加工技术，人类社会进入金属时代；在 200 年前发明了冷加工技术，人类社会能够制造复杂的机械；直到 30 年前发明了增材制造技术，实现了自由设计。[①] 目前增材制造已成为第四次工业革命的关键技术之一。

增材制造是一种基于数字模型文件，通过逐层打印的方式，运用粉末状金属或塑料等可黏合材料来进行制造的技术。增材制造技术出现于 20 世纪 90 年代中期，最初是一种生产原型的自动化方法。增材制造通常由数字技术材料打印机完成（图 5-22）。与正常的打印工作原理相同，打印机中含有液体或粉末等"印刷材料"，连接到计算机后，"印刷材料"通过计算机控制层层叠加，最终使电脑上的蓝图成为现实对象。

增材制造最早应用于工业领域中模型的制作，然后逐步用于一些产品的直接制造过程。除此之外，该技术还可以应用于珠宝、鞋类、工业设计、工程和建筑、汽车、航空航天、牙科和医疗技术、教育、地理信息系统、土木工程、枪支制造等领域。增材制造所需要的材料较为广泛，现在较为普遍使用的材料包括塑料、尼龙、石墨、陶瓷、玻璃填充聚酰胺、环氧树脂、银、钛、钢、蜡、聚碳酸酯等。

---

① https://xueqiu.com/1878283946/114947060。

图 5-22　3D 打印机[①]

与传统的减材生产技术相比，它的优点主要包括：加快原型迭代；缩短交付周期；消除工具和模具；在不影响强度的情况下减少部件重量（"轻量化"）；减少所需零件数量；减少材料损耗；快速方便地更换零件；优化计算机辅助设计；零件定制；通过减少外包降低供应链风险；消除"牛鞭"库存效应和中间产品的安全库存等。德勤咨询公司在 2018 年的一份报告中指出：增材制造将在汽车"快速设计"原型打印、航空航天和国防零件打印中得到最广泛的应用。目前增材制造在供应链行业的应用主要受到以下因素的阻碍：材料限制、机器限制、知识产权、道德挑战、费用承担。

5.8.2　增材制造赋能数字化供应链

增材制造降低供应链成本并简化供应链复杂度。增材制造使用单一流程制造复杂的零件，能够降低制造成本、提高产品质量，并简化供应链（零组件数量减少）。与外包相比，增材制造的资本回报率普遍较高，此外，供应链的简化也可以节约如下几方面的运营成本。

1. 降低运输成本

从海外运输低周转率零部件的物流成本非常高，增材制造技术通过轻巧的设计或数字化发送产品制造图并在本地进行打印，灵活制作所需零件，从而降低运输成本。

---

① https://www.sohu.com/a/208073219_412770。

2. 降低仓储成本

库存过多、周转率低都会占用大量的存储空间。敦豪航空货运公司（DHL）的研究报告发现，3D 打印备件可占一家普通公司未使用或过剩库存的 20% 以上。许多汽车制造商需要为每一辆生产 7~10 年的汽车储备备件。借助增材制造的优势，工厂可以实现按需生产，无须提前备货。

3. 提高利润率

根据美国劳工统计局提供的生产经济数据，美国制造业的运营成本估计为每分钟 4 258 341 美元，利润仅为每分钟 22 480 美元。因此对于大型制造企业来说，如果增材制造能缩短生产时间，那么长期来看，它带来的时间或金钱节省效应的叠加将对各行业产生积极影响。

4. 减少材料浪费

与数控加工不同，增材制造分层产生打印的零件，只在需要生产必要部分时才消耗材料。增材制造可以根据制造商提供的精确数据规格和要求制造零件或工具，从而减少材料浪费。

5. 减少人力需求

对于某些地区的公司来说，外地工人的劳动力成本低于当地工人。因此许多制造商将劳动服务外包，但如果使用增材制造就可能会减少甚至消除企业对劳务外包的依赖。经过简单培训的工人，可以利用打印机管理软件，很好地控制 3D 打印机来实现小型零部件的生产。

增材制造实现大规模数字化定制，提升客户满意度。对每类或每个产品单独进行增材制造的方式意味着该技术是实现大规模定制的理想选择。利用增材制造技术，消费者将在他们所购买产品的最终形态上拥有更大的发言权，并可及时灵活地调整制造方案。在保持最佳服务水平的基础上，企业可以利用增材制造提高客户满意度和忠诚度，实现更快的面向客户的响应速度，并有能力满足不同的需求，为用户提供更好的消费体验。增材制造技术正凭借此优势在供应链当中发挥着不可或缺的价值。

5.8.3　应用场景及案例

目前许多世界知名汽车品牌都在其供应链中使用增材制造技术，加快新产品的开发和生产，更加积极地应对市场需求的变化。虽然目前增材制造不具备大规模生产的成本优势，但随着时间的推移，增材制造技术已成为供应链的数字化转型升级的关键支持技术之一。目前增材制造在数字化供应链中的应用场景包括如下几个方面。

1. 生产环节

（1）增材制造规避外包生产所带来的负面影响。在传统的供应链模式下，企业往往要从外部供应商处采购原材料，然后在工厂进行批量生产，再通过仓储配送网络向客户配送分配。为此企业将大量资金用于厂房建设、设备购置和人员配备，这导致了整个供应链的复杂性，增加了企业管理的难度。为此，近年来企业将大部分供应链业务外包给其他公司。然而，随着国际货运成本逐年上升，贸易争端日趋严重，国际物流的风险和成本大大增加。企业与多个供应商和独立承包商谈判所需的时间、沟通问题、语言差异和其他因素也使其难以维持。

借助增材制造技术，企业能够通过简单专业的操作软件对原本外包的供应链进行自我生产控制。通过增材制造实现的端到端制造过程是一种相对成熟的生产模式。例如，企业使用增材制造设备来制作原型或者进行小批量生产，可避免原型生产外包造成的知识产权泄露风险。

（2）增材制造可实现快速响应。随着传统供应链的复杂性不断增加，对供应链响应能力的要求也越来越高。增材制造可以缩短生产周期、减少运输活动，大大消除前置时间浪费。零件的增材制造时间仅取决于零件的复杂程度，同时使用几台机器可以很容易地增加产量和满足需求。增材制造具有很好的灵活性和强大的响应能力，可以帮助企业获得更强的竞争优势。

（3）增材制造通过零件的按需生产实现定制化。供应链活动往往围绕订单履行而展开，订单准确性将对企业的运营成本及客户满意度产生直接影响。3D打印技术的大规模采用，将彻底改变传统的订单收集模式，实现定制化。增材制造和互联网生产将在"需求经济"的大环境中形成协同效应。例如，美国Shapeways公司可以在线提供3D打印定制服务的平台，其未来工厂拥有50台工业级3D打印机。该公司通过Facebook等社交媒体收集客户需求，接受客户的三维设计方案，可在数日内完成订单，然后再寄送给客户。

2. 库存管理环节——取代即时库存

对于传统的供应链来说，增材制造按需打印的特性可以保证产品的及时供应，取代即时库存（仓库的实时库存数量）。通过数字化方式将三维模型文件发送到3D

打印机，可以实现虚拟库存。虚拟仓库的出现将逐渐代替传统仓库，使库存管理更加数字化。

3. 物流及在途运输环节——缩短供应链长度

传统的产品供应链分销环节中，由于制造端通常远离消费端，需要构建中央配送中心和区域配送中心进行配送，这导致了投资成本高，并且日常运营也较为复杂。3D打印可以采用微型工厂的模式，使得在产品消费地周边布局生产成为可能，最大限度地减少长途运输的成本，缩短了供应链长度。例如，美国Local Motors公司通过利用3D打印技术，将车辆的生产最大限度地限制在当地的微型工厂，简化了物流配送环节，低成本且高效率地满足当地客户需求。美国车队利用3D打印机快速制造所需零部件，在几个小时之内即可完成。而如果按照传统方式，将需求反馈给千里之外的供应站，再将零件运输到战区当中，则需要几天时间，甚至是更长的时间。

【案例5-8】增材制造与航空航天零部件生产

美国国防部一直对增材制造技术非常感兴趣，因为它能够快速打印零件并极有可能应用在战场上。波音公司自2003年起就开始使用增材制造技术生产防空领域的零部件，现在波音公司已将5万多个增材制造的零部件应用在各种飞机上。通用电气也正在用增材制造技术为LEAP喷气发动机打印喷油器，它的计划是每年生产3.5万件。运用增材制造技术进行生产的优势之一就是降低了生产零件复杂性。例如，利用增材制造技术生产涡轮螺旋桨发动机，可以将所需零件数量从855个减少到12个。

资料来源：http：//www.sohu.com/a/210515655_181700。

5.9 沉浸式技术 + 供应链

虚拟现实、增强现实和混合现实等沉浸式技术正在改变人们与数字世界和物理世界的交互方式。沉浸式技术，利用将专业设备（如头戴式显示器）和通用设备（如智能手机或平板电脑），借助人工智能等技术手段，赋能数字化供应链，促使各供应链要素高效协作。

5.9.1 沉浸式技术概述

沉浸式技术（图 5-23）主要包含虚拟现实、增强现实和混合现实三大类技术。

虚拟现实　　　　　　　　　增强现实　　　　　　　　　混合现实

图 5-23　沉浸式技术 ①

1. 虚拟现实

虚拟现实技术通过计算机创建 3D 虚拟现实世界，用户通过感知和控制设备，与虚拟世界进行连接互动。格里戈雷·博迪和菲利普·科菲特在《虚拟现实技术》一书中指出虚拟现实具有的三个特性：沉浸性（immersion）、交互性（interactivity）和构想性（imagination）。沉浸性是指用户能够完全参与到虚拟世界；交互性是指用户能够使用虚拟设备操作虚拟环境，并获得反馈；构想性是指用户可利用虚拟现实技术来创建一个世界（图 5-24）。

图 5-24　虚拟现实中的模拟培训 ②

2. 增强现实

在增强现实中，真实环境和虚拟物体可以在同一画面或者空间中同时存在，增强现实根据用户周围的真实环境，以平面叠加和标注的形式为真实环境添加附加信息。增强现实技术具有三大技术要点：三维注册（跟踪注册技术）、虚拟现实融合显示、人机交互。增强现实首先通过摄像头和传感器对真实场景进行数据采集，将数据传入处理器并对其进行数据分析和场景重构。接下来，通过增强现实头显或智能移动设备上的摄像头、陀螺仪、传感器等配件实时更新用户在现实环境中的空间位置变化数据，从而得出虚拟场景和真实场景的相对位置，实现坐标系的对齐并进行虚拟场景与现实场景的融合计算，最后将其合成影像呈现给用户。用户可通过增强现实头显或智能移动设备上的交互设备对用户采集控制信号，进行相应的人机交互及信息更新，最终实现增强现实的交互操作（图 5-25）。

---

① https://zhuanlan.zhihu.com/p/29403745。
② https://m.sohu.com/a/150702686_692906。

图 5-25　增强现实中的货物装载①

3. 混合现实

混合现实是一种利用计算机图像技术、传感技术与可视化穿戴设备等相关技术和设备，实现数字虚拟对象与现实世界对象共存的可视化环境的综合技术。它通过构建虚拟世界与现实世界的交互反馈回路，实现虚拟世界与现实世界及时、深度的互动。这些数字虚拟对象往往会保持现实世界的大小，并且遵守物理规律，人们与之进行交互时仿佛它们是真实存在的。因此，混合现实创造了融合现实世界和虚拟世界的可视化环境。在这一环境中，物理和数字对象共存，并可实现实时互动。如果一切事物都是虚拟的，那就是虚拟现实技术的领域；如果展现出来的虚拟信息只能简单叠加在现实事物上，那就是增强现实技术；混合现实的关键点在于现实世界和虚拟世界的融合与交互（图 5-26）。

图 5-26　混合现实中的维修设备②

---

① DHL 官网，https://www.dhl.com。
② 微泽网，https://www.weizenet.com/n/413。

高德纳公司连续4年把沉浸式技术作为供应链八大战略性技术趋势之一。VR、AR与多个移动、可穿戴、物联网和传感器丰富的环境以及会话平台的集成，将使沉浸式应用程序超越孤立的单人体验，改变用户感知数字世界并与之及互动的方式。感知和交互模型的转变将在未来为用户、供应链参与者带来沉浸式体验，从而提供更安全的工作环境、更快的工作效率和更好的协作。

华为技术有限公司2019年发表的全球产业展望（GIV）白皮书指出"5G、AI、机器学习、VR和AR等技术的融合应用打开了人们的'超级视野'，使人们的视野跨越时空障碍，突破壁垒，看到前所未见的事物，同时也更深入地了解我们已经看到的事物"。华为全球产业展望预测，到2025年，VR/AR用户数将达到3.37亿，采用VR或AR技术的企业将增长到10%。

不断变化的用户体验将创造许多新的数字商业机会。例如，"元宇宙"是以沉浸式技术为基础的多种技术的复合应用，是基于信息革命（5G）、互联网革命（Web3.0）、AR、VR等多个通信与虚拟技术革命结合的线上平台。但是机遇与挑战并存，想要突破虚实界限、创造人类全新生产生活空间，仍存在严重的信息安全、隐私保护等挑战。

5.9.2 沉浸式技术赋能数字化供应链

1. 沉浸式技术使供应链流程更安全高效

AR技术可在订单拣选、库存管理、物流运输等环节提高效率，简化环节流程，增强生产和运输过程的安全性。比如针对需要控制温度的货物，员工通常采用手动检查货物的传统方法，不仅耗时费力，行驶过程中分散注意力还将大大增加发生事故的概率。AR技术允许司机在不打开挂车的情况下，对货物进行全面检查，并降低车内的温度，可以更早、更有效地解决出现的问题，减少人为失误，保证运输途中的货物质量。通过AR技术，司机不必再使用手持设备，也可以看到交通阻塞状况和替代路线，降低事故发生概率。

2. 沉浸式技术为供应链各环节员工带来便利

利用VR技术，员工可以借助逼真的虚拟物流环境来模拟学习实践操作，参与到沉浸式的物流实践教学模式中。AR技术可有效地缓解工作人员的压力，提升人对于复杂流程的快速学习能力。员工只要戴上AR眼镜，打开操作系统，就可看到源源不断的订单，系统会指导员工按照最优路线行走，迅速找到货架上的商品，并进行合作扫描等操作。即使是一个毫无经验的新手，也可以迅速地学会操作流程,大大节省了培训时间,提升了操作效率和操作准确性。此外,AR 技术可帮助员工进行远程供应链管理。大型零售商和其他分销商通常在全国各地甚至海外都有生产设施、配送中心和仓库。通过使用 VR 或 AR 工具,管理人员可以随时实时查看任何节点状况,以确保流程按计划运行。当自然灾害和其他问题导致供应链中断,管理人员无法到达现场时,VR 或 AR 技术也将起到至关重要的作用。

3. 沉浸式技术优化"最后一公里"交付

供应链"最后一公里"的交付往往昂贵。敦豪航空货运公司表示,电子商务的日益普及导致了"最后一英里"送货服务的需求十分繁重,给配送带来了较大的压力。AR 屏幕能够解放员工的双手,在员工视野中实时显示停靠点和最优运输路线,从而缩短"最后一公里"的运输时间,减少"最后一公里"的交付成本。

5.9.3 应用场景及案例

沉浸式技术在供应链中有广泛的应用前景,其在供应链各个环节的应用包括以下几个方面。

1. 生产环节——诊断生产过程

在生产环节,利用 AR 技术可减少操作错误,诊断工厂问题,规范生产流程。生产环节的痛点在于员工操作失误后排查能力差及如何将员工的工作标准化。借助智能 AR 眼镜,员工能够及时收到操作反馈确认操作成功。同时,专家可利用 VR、AR 技术远程诊断工厂问题。例如,疫情期间,专家利用该技术不仅可以实时查看工厂现场情况,而且可以实时查询知识库内容,也可以实时标记诊断出的问题。除此之外,员工还可通过 AR 眼镜获取生产作业工作流程,从而解决生产环节如何将员工的工作标准化的问题。

2. 采购环节——增加可追踪性

在采购环节,将 AR 技术和区块链分布式账本技术结合,可以提供采购过程的透明度和可追踪性。使用 AR 来识别和追踪每一单从生产者到终端用户的运输,帮助用户确认每一件产品的来源和真伪,有助于提高溯源效率和增加信任度。

3. 库存管理环节

(1)提高分拣效率。越来越多的仓库开始使用 AR 技术来对产品进行高效率的定位和分装。在传统的分拣包装流程中,成本最高的一部分就是对新员工的培训费用,并且在假期季的购物高峰时刻,兼职员工需要很快上手。AR 眼镜可以在员工眼前描绘出一条虚拟的道路，简化寻找和培训的流程，从而降低员工的学习成本和减少学习时间。AR 眼镜还可通过持续给员工提供工作情况的反馈为工作流程提供改进空间。在分拣和包装过程中，员工必须在规定的时间内找到正确的商品。根据分析，使用 AR 技术来分拣能够降低 40% 的出错率。一些 AR 眼镜还能够用来将图像覆盖至货架上的商品包装上，进一步缩短寻找和识别所需商品的时间。在对商品进行包装之后，AR 软件还可以马上给运输人员提供智能决策。

（2）促进人机协作。运用沉浸式技术，员工们可以通过 AR 眼镜来看到仓库中机器人所看到的场景。AR 眼镜能够标记出机器人在仓库中的道路，然后用强大的机械臂来移动笨重的货物。除此之外，员工还可以利用 MR（混合现实）技术指导机器人来完成一些危险且重复性的工作，如装载货物，从而提高装载效率。

4. 物流及在途运输环节——协助指引定位

AR 眼镜或车载 AR 还可取代传统导航系统提供动态实时导航及实时优化路线选择。根据 DHL 的报告，货车司机每天有 40%~60% 的时间会花费在车内寻找与配送地匹配的货品。AR 可以识别、标记、排序和定位每一个包裹，帮助货车司机减少寻找识别时间。通过和人工智能技术的结合，AR 眼镜也可以指引司机前往正确的派送地点。系统还会记录下每一个派送过的地点，因此新的司机也会从之前员工的经验中受益。

【案例 5-9】敦豪航空货运公司部署 AR 眼镜提高分拣效率

智能眼镜可帮助人员在无须手持扫描仪的情况下查找、扫描、分类和移动库存。DHL（敦豪航空货运公司）早在 2014 年就成为最早应用 AR 技术的公司之一，并且在全球范围内推广"视觉挑选计划"。DHL 与智能眼镜的开发商 Vuzix 合作，为仓库内员工提供了智能眼镜，可帮助他们查找、扫描、分类和移动库存，而无须使用手持扫描仪或参考纸质表格。

DHL 称，员工佩戴智能眼镜可将生产率提高 15%（图 5-27）。在过去的几年中，DHL 逐步将该技术推广到其位于世界各地的更多仓库中，包括布鲁塞尔和洛杉矶的内部快递中心，并计划将其推广到纽约、辛辛那提和芝加哥的仓库。DHL Supply Chain 首席运营官兼首席信息官 Markus Voss 表示："借助相应的软件，未来的智能眼镜不仅能够读取条形码、定位产品、显示相应的储物箱，还能识别更加复杂的对象。预计这将进一步提高生产力，并为员工和客户增加价值。"

图 5-27　智能眼镜①

资料来源：www.sohu.com/a/442616888_120295452。

本章小结

本章主要介绍了数字化供应链中以物联网、大数据分析、云计算、人工智能、数字孪生、区块链、机器人、增材制造、沉浸式技术为代表的新兴技术，并基于新兴技术的概念、价值及其在数字化供应链中的应用三方面对上述九种代表性新兴技术展开介绍。首先，本章围绕历史、定义、特征等方面帮助读者了解各新兴技术。其次，通过介绍各新兴技术是如何赋能数字化供应链的，说明了各技术在数字化供应链中的价值。最后，围绕采购、生产、库存、物流等供应链业务环节阐述了各新兴技术在数字化供应链中的应用场景，并给出了应用案例。

思考题

1. 九大新兴技术与物理世界、数字世界的关系是怎样的？
2. 物联网的三要素及三层体系架构分别是什么？
3. 大数据的四个维度是什么？
4. 云计算如何赋能数字化供应链？
5. 人工智能技术在供应链各环节如何应用？
6. 数字孪生如何连接物理实体和数字实体？
7. 区块链三个时代的代表性技术分别是什么？
8. 查找资料，看看机器人技术在供应链还有哪些典型应用案例。
9. 增材制造如何降低供应链成本？
10. 沉浸式技术中 VR、AR、MR 的区别是什么？

---

① Vuzix 官网，https://www.vuzix.com/pages/smart-glasses。

第 6 章　数字化供应链的实施路径

1. 掌握数字化供应链持续改进的实施路径以及以用户为中心的需求管理思想。
2. 掌握供应链架构的搭建方法以及迁移方案的设计、评审、实施方法。
3. 熟悉供应链数字化转型的愿景、目标、战略。
4. 了解数字化基础的评估标准和转型效果衡量的绩效指标。

能力目标

1. 具备规划供应链数字化转型实施路径的能力。
2. 具备制定供应链数字化转型实施原则、先决条件、愿景目标的能力。
3. 具备搭建供应链架构和管理需求的能力。
4. 具备自我评估和效果评估的能力。

思政目标

1. 掌握供应链数字化转型的实施路径,提升实践能力和创新意识。
2. 掌握数字化转型持续改进的思想,培养精益求精的工匠精神。

第 6 章 数字化供应链的实施路径

思维导图

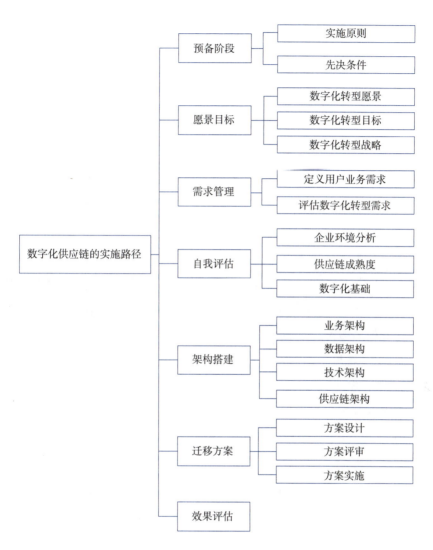

导入案例

联想全球供应链以客户为中心向数字化转型，愿景是打造高效、敏捷、智能的数字供应链，实现极致的客户体验、行业领先的成本、卓越恒久的品质。从 2014 年以来，联想集团数字化转型经历了以下四个步骤。

第一步：2014—2015 年是联想数字化转型试点阶段。联想关注点主要在于如何满足既有业务的数字化需求。联想开展了如下举措：满足业务零散数字化需求；IT 部门以小分队形式攻坚克难；搭建技术架构进行小范围试点优化；尝试应用数字技术并进行吸收学习。

第二步：2016 年是联想数字化转型整体规划和正式开始阶段。联想重点关注建立体系化的数字化转型思路和方法，主要举措包括：从系统角度出发考虑数字化转型需求；在高层领导层面达成共识；进行数字化业务价值梳理；定义应用场景及业务框架；进行技术架构的优化及重构。

第三步：2017—2019 年是联想数字化转型全面推广阶段。在此阶段，联想着重于向数字化原生组织转型，以数字化技术引领数字化业务创新。其主要举措包括：进行数字化转型全员宣贯，推广敏捷文化；建立面向数字技术的数字原生组织，支持双态、云化等新架构的运营；根据数字技术架构，开发部署新应用，并逐步将老系统向新架构迁移。

第四步：2020 年后联想数字化转型持续优化。联想在已形成的数字化运营机制下，根据市场变化快速进行业务、技术、组织的迭代，取得了显著的效果。其关键举措包括：根据市场变化，特别是双循环、新基建的需求，持续对集团业务单元架构及运营机制进行优化，成立创投、供应链服务、服务方案等新业务单元；建立"内生外化"机制，将已形成的数字化能力向外输出。

资料来源：《联想：数字化转型及新 IT 白皮书》。

思考题

1. 联想在全面数字化转型前都进行了哪些准备工作？
2. 联想数字化转型持续优化阶段对企业发展起到什么样的作用？

本章借鉴国际标准组织 The Open Group 制定的开放群组架构框架（The Open Group Architecture Framework，TOGAF）和架构开发方法（Architecture Development Method，ADM）、美国供应链协会提出的供应链运作参考（SCOR）模型的跑道图等方法，给出了一种基于持续改进思想的数字化供应链实施路径。

TOGAF 提供了一种基于迭代过程模型构建、使用和维护架构以适应商业需求的复杂组织体架构框架理论。TOGAF 利用其核心架构开发方法实现对转型架构的构建。

SCOR 模型跑道图提供了一种改善供应链的方法路径。它包含了改善项目的准备阶段（pre-SCOR）、定义范围（set the scope）、配置供应链（configure the supply chain）、优化项目（optimize projects）、准备实施（ready for implementation）等五个阶段。跑道图是一个闭环的流程，一次改善项目跑道的尽头是下一次改善项目的开始。跑道图蕴含了持续迭代的思想，使供应链改善更加容易获得推广和应用。

本章将上述方法论与数字化供应链结合，以用户需求管理为核心，从预备阶段出发，依次经过愿景目标、自我评估、架构搭建、迁移方案、效果评估五个阶段，通过不断迭代和持续改进来逐步实现供应链数字化转型（图6-1）。

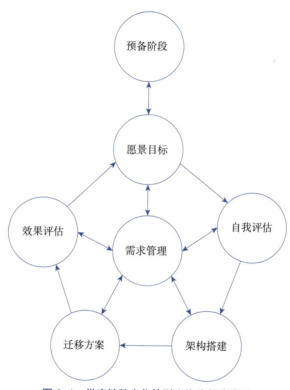

图 6-1 供应链数字化转型实施路径迭代图

6.1 预备阶段

在正式实施供应链数字化转型之前，企业需要完成预备阶段。一方面，企业需要明确实施原则；另一方面，企业需要具备实施的先决条件。

6.1.1 实施原则

1. 全局化原则

供应链数字化转型是一项长期的系统化工程，包括整体架构、商业模式、运营体系的全面转型。整体架构主要指企业各部门的设置和所属关系，通常用组织架构图来形象表示。整体架构转型是供应链数字化转型的重要方面。例如 IT 部门在传统企业内的定位是位置较低的支撑部门，但该部门是主导数字化转型的核心部门之一，所以部门设置需要及时调整。商业模式主要指企业根据经营宗旨，为实现所确认的价值定位所采取某一类方式方法的总称。商业模式包括企业为实现价值定位所规定的业务范围、企业在供应链的位置以及在这样的定位下实现价值的方式和方法。运营体系主要包括人力资源管理体系、财务管理体系、营销管理体系、生产与质量管理体系、供应链管理体系等全方位体系。因此，总体设计和整体规划是成功实施数字化转型的基础。

企业通常针对出现问题的特定环节对供应链进行局部改进。然而，供应链是一个复杂系统，很难通过对某个环节的改进来彻底解决整体问题。因此，企业在供应链数字化转型中不能只关注某一环节的改进，而应该从供应链全局出发，推动端到端的供应链优化，不断提升供应链全环节数字化水平。

以物流环节为例，很多企业试图通过提高货车装载率或与第三方物流协商谈判降价来优化物流成本。然而，在运输成本高的情况下，第三方物流企业的降价空间往往非常有限，货车装载率也接近极限。这种情况下，需要从供应链全局进行思考和优化，在实现供需各环节的数字化管理的基础上，通过调整库存策略、优化订货批量和配送路线来降低物流成本。

2. 层次化原则

根据组织过程方法（organizational process approach）框架，供应链数字化需要设计层次化的转型目标，划分层次化的转型阶段。

转型目标层次化。作为复杂的层级组织系统，供应链包括众多子系统。制订整个系统（供应链）的转型目标时，需要考虑各子系统的具体层次目标。例如，将实现智慧物流作为物流目标，将实现精准预测作为生产目标等。

转型阶段层次化。数字化转型是一个长期的过程，无法单纯引入数字技术而毕其功于一役。企业应将供应链转型与公司战略结合，将转型阶段进行层次划分，从初期的通过数字化提升供应链运营效率到逐步建成数字平台提供数字驱动的服务。《华为：数字化转型，从战略到执行》中提出按照四个阶段——基础信息化、应用数字化、全面系统化和智慧生态化——层层推进，实现数字化转型。

3. 自上而下原则

数字化转型必须获得企业范围内自上而下的支持。海德思哲国际咨询和科锐国际人力资源联合发布的《从蓝图到伟业：中国企业数字化转型的思考与行动》报告指出，在互联网时代，"自上而下"的创新一直是所有数字化企业成功的秘诀。该研究发现，约 50% 的企业成功数字化转型是由首席执行官（CEO）直接负责推动的；相反，数字化转型效果较差的企业一般主要由首席数字官（CDO）、首席信息官（CIO）或其他指定高管负责。随着负责领导者职位的下降，员工对数字化转型的支持度也会降低。64% 的受访者将首席执行官视为数字化转型的"积极推动者"，而涉及中层管理人员和一线员工时，这一数字则下降到 16% 和 12%。报告表明，供应链数字化转型涉及企业战略、业务模式和组织结构的变革，需由首席执行官直接领导和推动。

6.1.2 先决条件

实施供应链数字化之前，企业需要统一认知、统一语境、具备未来时间取向的企业文化和完善的数字化安全保障等先决条件。

1. 统一认知

首先，应在企业内建立共享价值观。共享价值观是指组织成员对组织存在的意义、经营目的、经营宗旨的认识和信念，是全体员工共同的价值准则。员工只有在共同的价值准则基础上才能树立正确的价值目标，进而产生追求价值目标的行为。共享价值观决定着员工行为的取向，关系到组织的生死存亡。

其次，要在企业范围内建立共识。供应链管理者致力于在多元利益冲突中寻求平衡，建立共识有利于各种内部和外部利益相关者之间达成合作，避免冲突。建立共识也符合面向未来和开放的供应链文化的要求。建立共识也是数字化供应链的特征之一。

2. 统一语境

为实现供应链数字化转型，企业内部需要实现"统一语境"，在供应链生态系统内使用行业统一标准，使数据、文档、术语等通用信息标准化。为规范开展供应链数字化管理活动，构建稳定、连续、协同、高效的数字化供应链提供路径指引，企业应使用数字化、模型化的规范化语言，在行业、供应链生态系统内统一使用国家或者国际通用标准。

在实践中，系统内部的运作复杂性往往来自前后不一致的主数据，如复杂的材料清单和异构的用户数据。为此，在进行供应链数字化时，企业必须开始"统一语境"的数据清理活动。此外,数据的一致性有助于增强数据的可用性、提升数据价值。需要注意,随着物联网运营和供应链管理平台标准化用例和数据整合的推进,统一的语境会随时间的推移而发生变化,需要及时进行调整。

3. 未来时间取向

时间取向描述了企业的文化特征,可以分为过去时间取向和未来时间取向。未来时间取向反映了一种行为模式,其特征是供应链管理者致力于发现未来的模式,通过相应的创新手段或步骤来预测和影响未来的发展。在高度复杂的环境下,只有创新的行为模式才能赋予企业员工足够的思维灵活性和应变能力。随着人工智能、大数据、云计算、物联网等数字技术走向成熟,各行各业都在对数字技术的探索中逐步衍生出新业态、新模式、新服务。为了实现供应链数字化转型,企业需要时刻关注用户、行业内外的变化趋势,不断追随和引领创新潮流。

4. 安全保障

伴随着数字经济发展,网络安全成为数字经济发展的保障。习近平总书记在网络安全和信息化工作座谈会上指出,"从世界范围看,网络安全威胁和风险日益突出,并日益向政治、经济、文化、社会、生态、国防等领域传导渗透。特别是国家关键信息基础设施面临较大风险隐患,网络安全防控能力薄弱,难以有效应对国家级、有组织的高强度网络攻击。"面对网络安全风险和数字安全风险更加突出、供应链十分脆弱的情形,企业要把安全保障作为供应链数字化转型、发展数字经济的先决条件。企业不仅要做好企业内部网络与互联网的互联互通,注重数据融合分析与共享交换和新型基础设施投资与建设,更要打造科学的安全设计和体系,保证数字化供应链的安全性和可靠性。

6.2 愿景目标

为实现供应链数字化转型,企业应通过构建数字化愿景和数字化目标,制定相应的数字化战略,引导数字化转型成功实施。

6.2.1 数字化转型愿景

在一个庞大、成熟的组织中推动变革绝非易事。同时,快速发展的科技和新兴商业模式为企业提供了众多选择,这使数字化转型更富有挑战。企业愿景和未来发展方向在应对供应链数字化中的挑战、帮助员工和股东明确公司前景方面扮演重要角色。因此，企业必须制定且实施数字化转型愿景。

愿景是组织在未来所能达到的一种状态的蓝图，阐述了企业存在的最终目的。在实践中，愿景是企业未来的理想定位和想要达成的成就。企业若缺乏清晰的数字化转型愿景，将使数字化转型方向不明确，无法回答企业数字化转型想要达成什么效果的问题。华为在2017年提出的愿景和使命是"把数字世界带入每个人、每个家庭、每个组织，构建万物互联的智能世界"，体现了华为"以客户为中心"的核心价值观。华为致力于通过数字技术使能数字世界，让数字进入人们的生活和工作，带领人们走向未来的智能世界。

企业需要在数字化时代制定数字化转型愿景，并在愿景的指导下不断发展和塑造数字化战略。数字化转型愿景需要结合企业所处行业环境、自身能力、用户需求等因素进行制定，通常包括以下四方面的内容。

（1）改善用户体验。利用数字化分析工具，深入挖掘用户需求，理解用户行为，进而优化用户体验。

（2）优化运营流程。以需求为导向，开发新的数字技术和综合运营能力，以全新的方式创新整个行业的运营流程。

（3）提升管理效率。应用数字技术到需求预测、生产和库存管理等领域中，提高供应链的弹性、柔性，提高全流程的管理效率。

（4）创新商业模式。充分利用可用数据、可行的数字技术，向用户提供新的流程和服务。

6.2.2　数字化转型目标

为实现数字化转型愿景，企业必须制订更加具体、可行的数字化转型目标，主要涉及企业在数字时代的业务走向。数字化转型目标通常包括如下内容。

（1）实现需求精准预测与科学计划。基于用户需求，使用大数据分析演化生产需求；基于生产需求及历史紧急需求计算演化采购需求；通过现有库存等实际条件分析紧急采购需求的合理性及紧急程度。

（2）实现差异化供应商寻源。智能分析潜在供应商，根据品类策略及供应商现状制定供应商引入需求及标准。

（3）实现协同化采购。利用人工智能、区块链和物联网等技术，改变用户与技术的互动方式，实现从采购到支付全流程的系统化。

（4）实现智能制造。供应链融合智能工厂进行生产制造，引进射频识别技术和传感器采集多维数据信息。

（5）实现智能仓储。引入集成互联网概念，打通厂内、厂外物流，实时线上管理，实现仓储上下架及流转智能化，引入人工智能技术，将功能各异的机器人部署在仓储环节，并与传统的货架、托盘等设备进行搭配组合，打造柔性化、无人化仓库。

（6）实现绩效管理、风险控制。使用区块链技术，利用复式记账及可追溯性，完善供应链信息追溯功能，建立数字化供应链控制塔，提高供应链实时透明度，做好供应链上下的协同管理。

此外，企业也可根据供应链绩效制订其他数字化目标，如有效增强供应链的可见性和透明度、提升产品质量、增强竞争优势、缩短新产品上市时间、提高预测准确度、增强供应链的应急能力等。对于仅部分节点实现数字化的供应链，未实现数字化的环节将成为供应链运行的瓶颈，制约企业供应链数字化进程。因此，数据连接后，供应链需要实现计划→采购→制造→交付→退货的全流程数字化。

供应链数字化是循序渐进的迭代过程，每次迭代只能实现部分目标。为此，在确定数字化转型目标的同时，推动数字化的领导人员需要明确业务现状和业务需求，对目标的优先顺序和重要程度排序，以合理安排每次数字化迭代的转型目标和转型需求。

6.2.3 数字化转型战略

没有转型战略的支持，供应链数字化转型的目标难以实现。红杉资本指出，数字化转型成效与战略密不可分。在制定了企业级数字化战略的受访企业中，有20%的受访企业表示数字化实践效果远优于预期；而仅制订了部门级数字化目标的企业中，这一比例下降到11%。[①] 这表明，企业需要制定清晰、系统的顶层战略，建立对数字化的整体认知，做好全局规划，明确数字化转型的愿景和目标，而不能仅通过业务部门局部变革来自下而上地推动数字化路线图的设计。

数字化转型战略是企业利用数字资源进行转型升级和价值创造的战略。数字

---

① 红杉中国《2021 企业数字化年度指南》。

化转型战略应该阐明进行转型的预期目标以及所需的投入，还应涉及供应链中的人员、产品、技术和风险等关键领域。

瑞士IMD商学院根据企业高管推荐，总结了21条成功克服数字化转型挑战的数字化转型战略，可将其分为以下三类。

（1）数字化准备相关。利用人们真正想要的有效数字技术；提高电子商务系统和金融技术的网络安全；增加数字化转型系统研发预算；聘用符合当前技能要求的有竞争力的人才；开发用户友好的数字系统；使用数据分析来改进企业实施的当前数字系统；说服业务组织成员对数字化转型持开放态度。

（2）解决方案相关。创建可与其他数字系统连接的综合数字解决方案；制定鼓励数字化转型的公司政策；组建数字化转型系统研发团队；参加与数字化转型相关的研讨会和会议；摆脱传统技术，拥抱数字化转型；正确培训员工如何使用数字化技术。

（3）转型能力相关。提高快速适应新的数字业务技术的能力；培养诊断和概念化数字化转型战略的能力；在进行数字化转型试验时，维护两个独立的并行系统；作为领导者拥有灵活响应能力，以获得员工的支持；保持IT部门和其他部门之间的沟通渠道畅通；在制定数字战略时满足用户需求；提高明智选择数字化转型解决方案供应商的能力。

举办数字化供应链转型战略会议对制定数字化转型战略具有积极意义。战略会议必须由来自供应链部门、销售部门、人力资源部门、财务部门的高层人员与企业管理者参与。因为只有重视跨职能的高度协调，重视公司资源的洞察以及对商业模式的选择，才能有效制定数字化转型战略。

企业在确定数字化转型战略后，实施战略中应当注意以下几点。

（1）建立端到端流程。将供应端到需求端全链连接，建立完整的端到端流程，使数字化转型成为可能。

（2）转变文化。将企业文化转变为开放、快速学习的文化，将企业视角转变为供应链的"协调者"，从而观察、管理和优化整个供应链。

（3）管理绩效。开发一套涵盖整条供应链的管理体系，以及建立所需关键绩效指标的清晰规则来衡量结果的不同维度。

（4）协同合作。完全集成的数字化供应链需要上下游不同主体的协同合作，企业要提高与其他公司协同共赢的能力。

6.3 需求管理

数字化供应链必须以用户为中心,并由用户需求驱动。为此,供应链数字化应重视需求管理。需求管理包含两部分:定义用户业务需求和评估数字化转型需求。在实施过程中应当注意,当用户需求发生变化时,及时调整数字化愿景目标。

6.3.1 定义用户业务需求

企业为实现数字化转型目标,需要明确用户的业务需求。随着数字经济的发展,用户的需求场景呈现出量级的增长,如何在正确的时间和地点向用户提供正确数量的正确产品和服务,对企业提出了更高要求。例如,用户业务需求包括:

(1)可靠的库存——面对不同渠道需要,企业应具有合适的库存,并在不同渠道进行分配,全渠道履约以满足用户需求。

(2)高效的运作——作业效率高、灵活性水平好、问题及时补救,保障供应链高效稳定运行。

(3)完善的服务——完好无损的到货、准确无误的结算、货物按时抵达目的地、到货数量和质量符合订单要求等。

(4)可视化管理——全渠道物流在各个环节节点可视化、可追溯。

(5)个性化体验——主动感知需求、精准推荐商品、个性化定制等。

为构建数字化供应链,企业需要以大数据作为支撑,分析用户需求信息,明确需求范围,根据需求组织智能制造,推进大规模定制,提供更加灵活的履约交付和更加优质的服务体验。

数字化供应链参与企业需要做到需求的全流程管理,包括需求刺激、需求感知和需求匹配,同时需要加强企业内部以及与关键供应链伙伴——供应商和用户——的合作。

企业为洞察用户需求,可以开展跨职能调查,评估供应链主要利益相关者的认知水平、感知数据需求、分析和报告需求以及自动化需求等内容。通过该方法可建立一个知识库,总结企业的数字能力、实施策略和可应用的技术。这些技术将产生具体的、可预测的好处。例如,希望减少库存和提高产品满足率的公司可能会从调查结果中发现,用户希望它们提高预测的准确性,减少订单处理的前置时间,并在分销网络中创建库存的动态分配机制。

总而言之，企业在构建数字化供应链体系时，必须结合用户"千变万化"的需求，提供个性化的产品、服务以及高效、柔性、精准的运营管理支持，不断提升用户满意度。

6.3.2 评估数字化转型需求

明确用户业务需求之后，企业应综合考虑数字化目标、达成用户需求的数字化成本和其他资源约束条件，评估数字化转型需求。企业不仅需要考虑数字化转型需求的范围（采购、库存等功能方面的细节需求或是某业务领域涉及的数字化需求），还需考虑要达成需求的深度，即数字化转型需要达到的程度。

首先，确定数字化转型需求的范围。企业应从业务需求出发，确定转型需求的范围。例如，当不同渠道用户购买产品时，企业为了向用户提供足够产品库存，满足用户需求，应考虑利用先进的人工智能、机器学习技术和协同高效的运营模式实现精准分类和需求预测；为了满足用户对产品的可视化溯源需求，企业应考虑搭建相应的可视化数字平台供用户或下游分销商查看。

其次，企业应考虑要达成需求的深度。数字化程度有不同的级别，为了达成用户的业务需求，企业在可选范围内，不仅要考虑用户需求、成本等因素，还需考虑节能、环保、安全等因素，在能力范围内做到最优。

本小节提到的转型需求是 6.2.2 节中数字化转型目标的阶段性分解。由于数字化转型是一个循环迭代的过程，随着用户的业务需求不断变化，企业的数字化转型需求也应相应地进行动态更新。同时，企业须对转型需求进行优先级排序。

下面给出三个标准作为判断转型需求优先级的依据。

（1）目标匹配度判定。数字化转型是一个较长周期内持续存在的过程，每个阶段都有不同的诉求。企业应依据业务需求、公司策略等许多因素得到某一个周期的核心目标。此时，企业的需求和决策都会围绕这个核心目标展开。

（2）影响范围判定。影响范围包括数字化功能的预期利润、为用户带来的满意度和供应链效率的提升等积极效果。影响范围大的优先于影响范围小的，影响范围极小的可以推迟处理，影响范围极大的应优先处理。

（3）性价比判定。性价比判定是在收益的基础上，增加了成本因素，将收益和成本进行综合考虑的一种判定方式。有些需求影响范围很大，需要付出的成本也极大，同时具有高风险。企业选择低成本的实施方案，或许会让效果有一些折扣，却能平衡收益和成本。性价比判定通常会引入多种成本维度，对诸如开发成本、运营成本、商业成本、资源成本等多个维度进行综合考虑。

6.4 自我评估

企业在进行供应链数字化转型时必须充分掌握目前企业的发展情况及影响未来发展的关键因素。因此，企业在进行供应链数字化时须进行自我评估。通过评估，企业可更加了解自身情况，用于分析数字化转型目标合适度/差距，便于后续搭建业务、技术等架构。本节将从企业环境分析、供应链成熟度以及数字化基础三方面对自我评估进行说明。

6.4.1 企业环境分析

为了更好地应对数字化过程中的各种挑战，企业需要在激烈的竞争环境中明确定位，并分析环境及其影响。企业环境分析可从外部环境分析和内部环境分析两方面入手。

外部环境包括政治环境、技术环境、经济环境和社会文化环境，可采用PEST分析法。分析行业竞争特征，企业可采用波特五力模型对供应商、购买者、竞争者、潜在进入者、替代品等的情况进行分析。对于供应链数字化转型而言，技术的进步会为企业带来竞争优势，需重点关注。例如，受益于技术进步，企业可通过使用新的科学技术和方法，在减少或不增加投入的条件下，提供更好的产品。

内部环境分析包括多方面内容，包括组织结构、企业文化、资源条件、物质基础、核心能力等。企业需关注自身经营业务的价值定位、运营痛点、关键供应链风险、财务表现等具体因素。人力资源管理和绩效管理在供应链管理中同样举足轻重，企业在进行供应链数字化转型之前，还需要对组织内部的人才、绩效管理进行调查。

关于其他情况评估，企业应注意在供应链中的位置和在行业内的地位，以更好地把握企业的运行情况。企业在供应链中的位置，与企业生产产品的形态密切相关，取决于企业与上下游企业之间的关系。企业在行业内的地位反映了企业对行业供应链资源的掌握情况，可以使用不同标准衡量，如使用波士顿矩阵分析企业的营收规模和盈利规模在行业中的地位、营收增速和盈利增速在行业中的地位等。

6.4.2 供应链成熟度

准确、深入地了解供应链成熟度是促使企业进一步发展和取得供应链数字化转型成功的重要前提。2015年麻省理工学院联合德勤大学（Deloitte University）对全球范围企业供应链主管的调研显示，成熟度越高的企业考虑如何通过数字化建立优势就越深刻，可以为数字化投入更多资源支持。因此，明晰供应链成熟度有助于企业更好地掌握迁移方向，提高供应链成熟度，实施数字化转型。

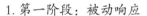

为方便企业评估所在供应链的成熟度，本书基于Gartner供应链成熟度模型、SAP供应链分级模型等内容，提出供应链成熟度的五个阶段。

1. 第一阶段：被动响应

在第一阶段，供应链是最为被动的，纯粹对外部需求做响应，部门间的目标是孤立的。各部门使用数据来衡量某个特定的指标，如及时交货率、库存周转天数、生产计划达成率。处于该阶段的企业主要使用Excel表格等提供有限的数据分析，各部门之间存在信息孤岛，缺乏协同。

2. 第二阶段：主动参与

在第二阶段，供应链部门实现标准化、规模化运作，部分关键流程实现连接和打通。为了避免提前期导致的响应不及时，供应链部门通过主动预测来提高对市场的响应速度、缩短订单履约周期。处于此阶段的企业除了使用Excel表格，还会使用报表、仪表盘等分析工具，力图改变信息孤岛的状态。此阶段供应链内部职能部门（如采购、生产、物流）开始协同。

3. 第三阶段：初步整合

在第三阶段，整个公司内部开始整合，供应链内部职能部门（如采购、生产、物流）和产品、销售、财务等各部门跨职能打通。公司专注于数据协调和数据处理，可以对端到端流程数据进行分析。处于此阶段的企业专注于建立跨流程的可见性和流程的绩效衡量。此阶段的供应链协同较为明显，供应和需求可以在中长期匹配，成本和服务可以更好地平衡。

4. 第四阶段：全面合作

在第四阶段，供应链上下游组成合作的价值网络，并能差异化响应用户的不同需求。数字技术覆盖多个企业，用于洞悉内外部的可见性和衡量整个供应链绩效。处于该阶段的企业可以使用来自企业内部和外部供应链成员的数据，分析供应网络层面的整体情况。在这个阶段，整个链条上的伙伴已达成全面合作共识，供应链的协同进入更高阶段。

5. 第五阶段：协同生态

该阶段是供应链成熟度的最高境界——协同生态。供应网络上下游的公司组成了一个开放创新的生态系统，通过高度的协同实现价值共享优化和风险尽量降低，并能够很好地平衡利润与可持续发展。处于该阶段的企业不仅可以和生态系统中合作伙伴共享数据，而且可以基于生态整体进行协同决策，包括协同库存、拉式补货、共享生产等方面。此阶段也是供应链协同的最理想状态。

企业通过分析当前状态，明确所处供应链成熟度的阶段，可以更好地找到能力差距和迁移方向，为提升供应链成熟度、实施数字化转型做好准备。

6.4.3 数字化基础

数字化转型主要通过数字业务化和业务数字化来完成。其中，数字业务化指通过对业务系统中沉淀的数据进行二次加工，找出数据中的规律，并用数据驱动各个业务的发展，将数据渗透到各个业务的运营，最终释放数据价值，完成数据价值的运营闭环。业务数字化指将业务过程中产生的各种痕迹或原始信息记录并转变为数据的过程，包括数字化运营、数字化产品与服务、数字化营销等。因此，评估企业或供应链当前的数字化基础至关重要。在供应链领域，生产数字化、物流数字化、决策数字化是衡量数字化基础的三个重要方面。

生产数字化重点关注生产设备的物联网化和生产组织过程的数字化。生产设备的物联网化核心要求是生产设施能够实时采集生产数据。例如，利用RFID、传感器等物联网技术和设备采集生产过程中的重要信息和运行状态。生产组织过程的数字化要求生产的进度跟踪、异常情况的管控、生产环节状态等能够被实时采集和反馈，要求企业采用数字化系统进行加工零部件库存管理，根据生产计划按需来料。

物流数字化着重关注仓储数字化和运输过程的数字化。仓储数字化需要重点考察产品出入库、盘点、移动和库存等活动信息能否被实时记录上传，存储、分拣、打包、搬运等流程是否自动化，是否使用仓储管理系统（WMS）；运输过程的数字化需要考虑提货、在途、交接、签收等环节的状态信息能否被实时记录，是否使用无人车等智能技术实现智能装载，是否使用运输管理系统（TMS），是否实现生态运营等。

决策数字化能将企业数据用于定位目标用户、管理风险和最大化企业资源价值等决策。决策数字化基础的判断依据是能否从各信息系统中提取相关数据并进行分析，以支持相关决策。例如，应用数据可视化和商业智能软件，为更好地决策作出贡献；建设算法平台，利用人工智能算法实现需求预测、网络优化、库存优化和运输优化。

除生产、物流、决策等外，企业也可从其他视角考察数字化基础。例如从企业基础设施的角度出发，考察技术、产品和平台三个方面的数字化基础。

（1）技术方面。软件和硬件设备的升级是数字化转型的基本特征。衡量技术的数字化基础就是要衡量企业目前的软、硬件基础设施水平，衡量数字技术在生产、制造、采购等领域的应用情况，可参考高德纳发布的中国 ICT 技术成熟度曲线。

（2）产品方面。数字技术深嵌到许多组织的产品、服务和运营的核心之中，并从根本上改变了产品和服务创新的性质。相应地，数字化新产品成为推动整个行业数字化转型的重要力量。企业衡量产品服务的数字化基础就是要调查企业目前产品服务之间的连通性、市场竞争力、数字化程度等。

（3）平台方面。为了实现供应链上下游协同，数字化供应链平台的建设十分有必要。借助数字化协同平台等技术可以实现实时的信息互换，便于整个供应链上的企业协同，提高效率。衡量平台的数字化基础可以从平台的可视化程度、协同水平、信息是否实时连续等角度着手。

6.5 架构搭建

完成数字化转型的准备工作后，供应链数字化转型下一步是搭建企业的数字化总体架构，包括业务架构、数据架构、技术架构和供应链架构（图6-2）。

6.5.1 业务架构

搭建业务架构是将企业的业务战略转化为日常运作的一种直观方法。业务架构由企业的业务战略决定，包括业务的运营模式、流程体系、组织结构、地域分布等内容。为适应供应链数字化转型，企业必须开发支持新业务和创新商业模式的业务架构。数字技术引进过程中，企业需要关注数字技术与供应链业务的整合，以利用技术优化、指导现有供应链业务和流程。

图 6-2　数字化架构

在搭建业务架构阶段，企业应调整业务架构以支持企业的数字化愿景目标。企业需要在现有业务架构的基础上开发目标业务架构并寻找两者之间的差距，在设计和细化基线架构与目标业务架构的基础上进行技术分析。

企业要结合供应链链路和业务场景的多方面特征搭建业务架构。需重点关注的核心特征包括企业的静态特征（业务目标、业务组织结构、业务角色）、企业的动态特征（流程、功能、服务）以及数字技术的应用（用以实现业务目标）。企业可将已搭建完成的业务架构作为数字化转型的比较基线。对于未经梳理的业务，企业需从不同渠道收集和系统分析信息，进而构建业务架构。

6.5.2　数据架构

搭建数据架构的目标是明确定义业务运行所需的数据源和数据类型，构建统一、规范的主数据体系。数字化转型实践中，企业可以使用物联网技术采集全部设施运行产生的海量数据，并在数据平台上搭建数据结构和挖掘数据价值。

数据架构包括数据实体、逻辑数据构件和物理数据构件。企业需明确定义主数据的数据关系和参考系统，制定各构件的企业范围标准，明确数据实体在哪里创建、存储以及如何被业务功能使用等细节。企业应按照以下步骤搭建数据架构：①选择参考的逻辑数据模型；②识别业务所需的关键数据实体的业务服务/信息图，开发数据生命周期图等；③描述基线数据结构；④描述目标数据架构；⑤从基线向目标数据架构迁移。企业应根据实际情况规划实施搭建步骤，合理安排数据架构搭建过程，并思考如何充分利用数字技术制定数据解决方案。

数据湖可以作为数据架构中的数据存储方案。数据湖是一种统一的存储系统，可以存储原始数据，接受丰富的计算模型/范式。数据湖作为集中的存储库可以用来存储任意规模的结构化和非结构化数据。无须对数据进行结构化处理，企业及组织即可运行可视化分析，通过将可视化数据进行分类，并进行数据分析、计算，统一管理元数据，分析结果可用于指导商业决策。

6.5.3 技术架构

根据供应链愿景、数字化转型目标以及业务架构，企业需要合理选择搭建供应链技术构架的数字技术。企业可以采用自上而下的原则，将高层供应链数字化战略逐步分解到详细的实施技术，从而构建涵盖所有利益相关者的技术架构，为后续的实施和迁移计划提供基础。

在技术架构阶段，企业首先需要建设架构的网关层对不同的网络协议[如 HTTP（超文本传输协议）、TCP（传输控制协议）]的请求进行处理，并将业务逻辑收敛到网关层。

其次，企业需要使用单机或分布式系统群搭建承载业务流程和规则的业务系统。业务系统从外到内包含三层：业务服务、业务流程、业务组件。业务服务包括业务接口设计和数据方法调用。业务流程由代码实现和解释业务规则。企业需要准确"翻译"和维护这些业务规则。业务组件是对可复用的代码片段进行封装，包括组装参数组件、规则判断组件、动作执行业务组件。

最后，企业需要设计 IT 系统的基础服务设施，定义架构解决方案的物理实现方法（如硬件、软件和通信技术）。技术架构的作用是将应用组件映射为相应的技术组件，包括可从市场或组织内部获得的软件和硬件组件。企业应在技术架构搭建过程中按照合适的技术框架设计合理的接口，通过连接业务与技术满足业务需要。

此外，企业还需为单一或集成的解决方案设计数字化供应链系统。例如，企业可以应用云计算技术开发供应链执行云平台；应用大数据技术开发相应的供应链控制塔；应用物联网技术设计物联网集成平台；应用人工智能与机器学习技术设计供应链优化系统。

6.5.4 供应链架构

供应链架构升级是供应链数字化转型的关键步骤。供应链架构升级指在企业现有的供应链架构的基础上延伸业务范围、创新商业模式、优化运营流程等。

为搭建供应链架构，首先可以利用供应链架构分析模型进行梳理。该模型自上而下地分为五个层次。

（1）供应链位置。从供应链全局视角分析企业在供应链中的具体位置，如居于核心的链主位置、居于上游的供应商位置、居于下游的分销商位置等。

（2）业务内容。企业的供应链架构与主营业务内容密切相关，决定了企业的其他环节。主营业务内容包括设计、制造、分销等。供应链不同位置的企业主营业务内容存在差异。

（3）商业模式。企业通过主营业务建立与用户、供应商以及内部各个部门间的互动关系。商业模式包含三个核心要素：用户价值、企业能力和盈利模式。企业要在供应链中寻找目标用户，发现其价值诉求；构建和加强自身的能力，为用户提供相应的价值创造；设计合理的盈利模式，实现营收增长。

（4）三大流。供应链涉及信息流、物流和资金流三大流。三大流梳理需要确定每种流的流向，并将每一种流与具体的供应商类型、业务内容以及用户类型相关联。

（5）业务流程。企业通过各个部门的相互配合来完成供应链活动。企业的业务流程体系包括三个层级：主干流程、部门流程和岗位流程。例如，制造企业的主干流程一般是"采购—制造—履约"。同时，不同部门具有不同的部门流程。针对部门内不同岗位，岗位流程定义各个岗位的负责内容。

因此，在供应链数字化转型过程中，搭建供应链架构建议分为以下三步。

（1）分析供应链位置、业务内容和商业模式。企业通过分析明确自身在供应链所处的位置、主营业务内容和商业模式的现状，并确定数字化转型后的定位。

（2）设计三大流。根据转型后企业对供应链位置、业务内容和商业模式的定位，设计信息流、物流、资金流的正向过程和逆向过程。

（3）设计业务流程体系。在具体业务流程体系方面，设计与前两步相适应的主干流程、部门流程和岗位流程。

6.6 迁移方案

供应链架构搭建完成之后，下一步是实施迁移方案以完成向目标状态的转变。经过自我评估、架构搭建等环节，企业已经充分掌握基础数字化水平，制订了数字化目标并明确了其与现实状态的差距。迁移的重点是在首席执行官统筹下,通过各项目组和项目经理的通力合作创建可行的实施和迁移规划。企业需评估各种迁移项目之间的依赖性,明确项目目标、绩效考核、项目安排、活动安排、输出结果和期望收益等。迁移规划需对项目按照优先级排序,并以此作为实施的基础。实施和迁移规划明确了数字化供应链架构规划中各个项目的任务,以及需要的人力、技术、资金等资源。此外,企业需要确保所有供应链利益相关者了解实施和迁移规划的范围和重要性,以及数字化供应链架构给它们的活动所带来的影响。最后,迁移方案需要建立架构的演进循环过程,从而保证架构的相关性,并且记录迭代过程中获得的经验教训,提升企业能力。

6.6.1 方案设计

为了向目标供应链架构迁移,企业应该设计迁移方案。企业不仅要进行项目细分、对项目进行优先级排序、合理安排企业的资金和人才等各种资源,还需考虑迁移的方式和节奏。

供应链数字化转型涉及搭建物理设施、技术引入、系统转换、资源整合、环境配置等。由于供应链数字化转型需应用大量新技术和新业务模式,企业必须为数字化转型制定一套全面系统的迁移方案。设计迁移方案包含以下五个步骤。

(1)确认数字化架构与迁移规划的相互作用。分析如何通过迁移规划完成从现在的状态向目标状态的转变,即明确如何部署新技术、新系统、新平台,以及如何连接现有业务等。

(2)明确每个项目的业务价值。划分项目,定义项目内容的业务价值,并组建项目团队,明确负责人。供应链数字化转型需要自上而下的支持和跨部门合作。因此项目组成员需从各部门调拨,打造出一支跨部门的队伍。随后,由数字化转型的负责人将项目目标、绩效考核标准、项目安排、活动安排、输出结果和期待收益等指导性文件下发给各项目组。

(3)估算各个项目的资源需求、项目时间和可用性/交付工具。项目负责人明确项目之后,要对各个项目的细节深入了解,包括项目的资源、时间和工具需求,按需分配资源。

(4)根据成本/收益/目标分析和风险测试对项目进行优先级排序。根据每个项目的独特价值对其进行优先级排序。优先级排序可参考 SCOR 模型跑道图的排序方法。项目排序需要考虑四个方面的因素：①项目相关性：是否有先后要求、是否可并行处理。②优先级：对于绩效改善大的项目拥有更高优先级。③复杂性：根据项目的难度和风险划分。④财务影响：分析项目的投资回报率（ROI），根据收益的高低对项目进行优先级排序。

（5）明确迁移方式和节奏。供应链数字系统构建有自上而下和自下而上迁移两种方式，迁移节奏有全量迁移和平滑迁移。全量迁移是一次迁移完毕，适用于规模小、业务简单的系统；平滑迁移的业务分批迁移，且过程可以回滚，适用于规模大、业务复杂、架构清晰的系统。

企业在设计迁移方案时应尽量使逻辑先简单后复杂、业务先普通后核心，同时应避免异构迁移，使原系统与目标系统的网络设备、协议、数据库等尽量平稳过渡。

6.6.2 方案评审

迁移方案设计完成后，企业应该组织人员和专家对方案进行评审，并针对问题及时调整。对迁移方案进行评审有助于企业员工理清数字化供应链的管理和实施思路，明确数字化的目标，落实方案中各项目的经济责任制，明确业务管理关系和渠道，明晰项目内部的组织管理体系和职能分工。

方案评审包含如下步骤。

（1）制定方案评审的原则性要求。原则性要求须确认待开发的项目必须符合市场发展趋势并切合企业的实际状态。原则性要求包括：①符合企业数字化发展方向和目标，包括具体的业务领域和投入产出等。②具备企业实现目标的具体策略，包括每一阶段的投资计划、产出率、企业状态、供应链特性及环境的改变（包括具体的真实数据）。

（2）调研迁移方案涉及的数字化项目。调研内容包括原则性要求与预立数字化项目的符合程度，并确定项目的相关信息。

（3）评估项目可行性。针对预立项目进行技术、市场、投入产出、人员分工、管理体系、实施风险及控制等方面的可行性分析，使项目的可行性趋于明朗。特别地，目前数字技术迅速发展，企业应在引进技术进行数字化转型前对技术的可行性进行分析。

（4）评估重要环节。提取出迁移方案的关键环节来进行专项审核，必要时还须进行专项技术试验或市场调研。

评审团队应包括企业高层领导、基层技术和业务员工、专业咨询或技术公司的专家等人员。评审过程中的标准由评审人员共同制定。

6.6.3 方案实施

迁移方案评审通过之后，企业可制定数字化转型路线图，并在小范围试点成功的基础上，在供应链全面部署迁移方案。

1. 制定供应链数字化转型路线图

实施迁移方案的第一步是制定必要的实施步骤，并制作详细的路线图和规范的行动方案。企业需要制订计划表，规定供应链数字化转型每一步的具体举措，包括需要达成的阶段目标、所需的资源和技术数据等核心资产及所用的时间等关键因素。

企业还应围绕数字化愿景，从用户体验优化、运营效率提升和新业务模式拓展等方面出发，梳理应用场景及关键举措，并根据应用场景的影响力和可行性对其进行优先级排序，从而明确各阶段重点举措。因此企业应根据自身实际情况，合理选择供应链数字化转型具体举措，识别主要的实施项目，制定出一套有序流畅的路线图，规划好涉及的人才、架构、工作方法以及协同合作方式。数字化转型路线图包含供应链向数字化方向优化的一系列步骤，应用于转型的每次改进中。数字化转型路线图需要紧贴企业实际，具有较强的可实施性。

第一步：制订分阶段的数字化目标。根据企业的数字化转型愿景、总目标战略，确定在迁移方案实施过程中各阶段的数字化目标以及可产生的价值。

第二步：评估当前的数字能力。在制订目标后，企业应与所有核心职能部门的代表进行深入访谈，以建立其当前数字能力的基线。通过此过程，企业可以创建一个涵盖整个采购、制造、交付价值链的数字计划列表。

第三步：评估技术选项并创建解决方案。探索各种技术选项，以满足当前和未来的特定需求。很多企业将本步骤视为针对各种解决方案性价比的简单衡量，或者视为现有和定制方案之间的二元选择。然而，相比解决方案的可得性和性价比，供应链数字化转型需要优先考虑所需的数字能力与解决方案的匹配度，以适应当前用户需求和长期战略目标。

第四步：确定潜在项目的优先级。企业应列出潜在项目和技术的简短列表，并评估项目的收益与实施所需的时间和成本。

企业应基于以上分析结果设置短期、中期和长期的数字项目，为数字化转型提供清晰、务实的路线图。

2. 部署端到端范围小型试点项目

更新或引入支撑数字化供应链的系统或平台对大多数企业来说都是一个巨大的变革。按照常规的开发方式，数字化系统或平台从开发到应用于供应链需要一个漫长的过程。建议企业先开展小型试点项目，通过小范围的部署不断进行迭代。最小化可行产品（minimum viable product，MVP）理念能够实现项目开发的敏捷推进，逐步释放价值，并持续改进不足。埃里克·莱斯（Eric Ries）在《精益创业》（*The Lean Startup*）中提出，MVP 是使用最小的资源最快制作出可执行基本功能的实验性产品。企业应利用 MVP 理念开展供应链数字化转型的小型试点项目，然后根据企业内部和用户、供应商的反馈进行优化，形成"构建—评估—学习"的循环。

小型试点项目在端到端范围进行，一方面可以展现数字化转型的优势；另一方面可以测试特定供应链的端到端流程，分析数字化带来的效益、成本和风险，以便数字化团队评估和修正此次数字化项目的不足。所以，企业可以小范围"端到端"地实施数字化，根据内部测评、用户体验和增值空间等总结经验。

在试点部署过程中，企业应注意自身的参与度。一些企业制订了详细的计划来进行数字化转型，将规划过程完全外包给专业公司，以确保数字化转型顺利推进。然而，外包方缺乏对企业的深入了解，提供的规划有可能无法实施，或者无法取得理想的效果。数字化转型成功的关键在于组织中不同级别的关键利益相关者的参与和变更管理能力，而利益相关者可能难以完全认同外包方提供的规划。因此，企业需关注自身在数字化转型过程中的作用，同时应意识到开发变更管理的能力以及跨职能团队的参与都必不可少，否则，可能会导致项目缺乏方向和目标，通过外包进行试点转型的项目也无法再复制到其他职能部门。

3. 全面部署，持续改进

试点成功后，企业可推动供应链数字化转型全面实行。首先，转型应从预期效益最高、优先级最高的供应链业务环节开始。这些环节涉及关键用户、关键区域或其他供应链细分标准。其次，公司应整理从已部署项目中汲取的经验教训，推动更多业务变革，加速供应链数字化转型。

同时，企业可使用变更管理（change management）中的影响模型来推动已部署的解决方案，创建能够激励和启发其他业务部门和领域从初始案例中学习的流程，将试点项目的成功经验和模式规范融入流程进行全面推广。

每当新项目部署完成之后，企业须将数字化效果与企业的数字化转型愿景和目标进一步对比，挖掘不足，总结经验教训，不断寻找新的优化空间，并结合最新的数字化转型需求指出下次迭代的优化方向，以便持续改进。前一次数字化转型结果是下一次数字化优化的基础，企业可在迭代中更新数字化目标与需求，必要时对架构进行调整，重新制定迁移方案并实施，继续向数字化供应链方向努力。

最后，企业须进一步提升数字化方面的能力。例如，发展数字化团队，企业可让员工充分参与战略与创新实践，推动企业数字文化向结果导向转变，为用户提供更优质服务；统筹协调整个生态系统，共同开展创新，企业可与供应链上下游及生态系统共同推动数字化进程，提高供应链响应能力。其他诸如创新商业模式、创造灵活弹性的运营模式等，都是有助于供应链提升竞争能力的方向。

6.7 效果评估

供应链数字化转型实施之后，企业需要对实施结果进行全方位评估。评估的目标是检验数字化转型产生的价值。

本节参考 Faisal Rasool 等（2021）对数字化供应链绩效指标的综述。该综述总结了 26 篇有关衡量数字化供应链性能指标的研究文献，从财务营收、用户体验、学习成长和管理运营四个角度出发梳理衡量绩效指标。

（1）财务营收。企业的盈利能力、利润增长和股东价值是衡量改善项目的财务指标。此外，"运营成本"和"投资回报率"相关的绩效指标也是财务角度常关注的指标。

（2）用户体验。企业的目标是在合适的时间、以合适的价格和合适的产品满足用户的需求。数字化转型通过简化流程减少了企业对用户需求的响应时间，从而提高了用户满意度。用户视角最常用的指标大多与"准时交付"和"对用户的响应"相关。

（3）学习成长。成长和学习指标侧重于评估企业的学习曲线以满足用户当前和未来的期望。该指标集中于评估企业创新、改进和学习以满足新兴用户需求的能力。

（4）管理运营。内部绩效指标对于评估实现企业目标的行动的绩效和有效性至关重要。与周期、质量和生产力相关的因素对企业绩效有显著影响,需要衡量以评估企业内部绩效。

表 6-1 从四个维度给出了数字化供应链绩效指标,为企业的供应链数字化转型实施效果评估提供参考。

表 6-1 数字化供应链绩效指标

财务营收	用户体验	学习成长	管理运营
销售数量;收入;利润;资金循环周期;运营成本;投资回报率;库存成本;生产成本;物流成本;产品环境成本……	准时交货周期和时间;用户响应速度;与用户沟通的质量和频率;是否有针对性服务;用户对产品的放心程度;产品能否及时交付……	企业的创新精神;技术培训次数;使用数字技术的意愿;数字人才比例;员工成长潜力;员工的技能熟练程度……	运营效率;工作错误率;信息的有效性;与供应商的关系;产品生产周期;对供应商的响应速度;员工满意度;工作场所的安全系数;完备的基础设施……

对于转型效果,企业也可直接由内部的数字技术、业务运营、服务质量、安全稳定四个关键领域的主管部门协作,按模块进行绩效考察和评估。

(1)数字技术。数字技术的优化成果,包括可操作性、可靠性和易用性等维度;关注系统的功能达成部分和是否提供持续服务。

(2)业务运营。比如数字技术和相应基础架构升级是否有效加快了内部流程的移动;是否提升了挖掘业务价值方面的能力,加快创新业务模式。

(3)服务质量。比如是否提供了最佳和最可靠的服务和产品以发展或保持竞争优势;是否显著提高用户满意度等。

(4)安全稳定。比如数据和系统安全性的改进,是否缓解了不断增加的网络安全攻击风险;供应链对抗风险和不确定性的能力是否提升等。

需要注意的是,企业还需将绩效指标分配给数字化转型团队的特定人员,并将绩效评估和薪酬建立联系,建立激励机制,提升数字化转型效果。

本章小结

本章借鉴了 TOGAF 架构开发、SCOR 模型跑道图等方法,创新构建了一套数字化供应链实施路径。该路径以用户需求管理为核心,从预备阶段出发,依次经过愿景目标、自我评估、架构搭建、迁移方案、效果评估五个阶段,通过不断迭代和持续改进来逐步实现供应链数字化转型。在实施过程中应当注意,企业须以用户需求为核心，并根据用户需求变化调整数字化愿景目标。而且，企业可以根据需求、限制条件等因素因地制宜地对本章提出的实施路径进行剪裁式应用。在供应链数字化转型过程中，有序的实施路径是实现众多技术融合应用业务场景和发挥数字化供应链优势的重要保障。通过本章的介绍，读者将对如何分阶段实现数字化供应链有更加清晰的认知。

思考题

1. 数字化供应链实施路径的主要思想是什么？
2. 进行供应链数字化转型的预备工作时，有哪些原则需要遵守？
3. 以制造业为例，具体列举五个数字化转型目标。
4. 企业数字化转型需求是否可以不断更新？说说你的想法。
5. 如何评估企业的供应链成熟度？请简单介绍。
6. 可以从哪些方面评估供应链的数字化基础？
7. 搭建技术架构，需要考虑哪几方面？
8. 如何搭建供应链架构？
9. 向目标供应链架构迁移有哪些步骤？
10. 为评估供应链数字化转型的改进效果，应当考虑哪些绩效指标？

第 7 章　数字化供应链面临的挑战与未来发展趋势

🔍 **学习目标**

1. 了解数字化供应链领域面临的挑战。
2. 熟悉数字化供应链领域解决挑战的发展建议。
3. 掌握数字化供应链领域的未来发展趋势。

🔍 **能力目标**

1. 具备快速辨别和应对供应链数字化转型挑战的能力。
2. 具备应用供应链数字化意识指数（DCI）的能力。
3. 培养正确认识和把握双碳目标与路径的能力。

🔍 **思政目标**

1. 熟悉应对我国数字化供应链面临挑战的对策建议，增强分析思辨和解决问题能力。
2. 掌握供应链未来发展趋势，提升探索创新意识和弘扬开拓进取精神。

思维导图

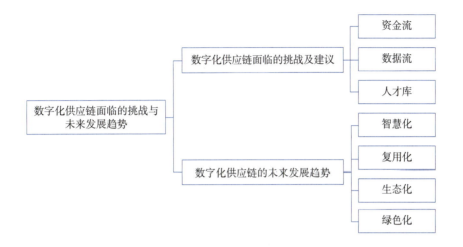

导入案例

伊利2021年年报中显示公司营业总收入达到1 105.95亿元，至此伊利正式成为亚洲首个跨千亿的乳企。一直以来，伊利积极推动数字技术与实体经济深度融合，从战略目标、组织人才到业务布局、运营管理，从智慧牧场到无人工厂，率先构造全产业链数字化新生态，大力推动数字化转型，为消费者提供高品质的"数字牛奶"，打造科技感满满的"智慧乳业"。

在上游，伊利牧场的饲养员根据伊利智慧牧场大数据分析应用平台传回的数据，对每头牛的健康情况作出评估和分类。伊利通过积极打造"绿色智能、生态智慧牧场"，推行智慧化管理，用数字化、智能化技术为奶源品质保驾护航。在中游，伊利建设智能工厂，实现上下游融合。如今，伊利在全国的所有工厂均实现了智能化布局，从生产线到抽样检查，再到装箱，所有环节均实行密封无菌自动化智能生产。在下游，伊利搭建数据平台，创造新消费体验，通过端到端大数据消费者智能洞察平台，洞察需求、收集反馈，提升产品和服务品质，真正做消费者的"真爱粉丝"，其中，备受消费者喜爱的常温酸奶——安慕希就是伊利借助大数据洞察消费需求研发出的代表产品。

伊利还积极探索绿色低碳，《伊利集团零碳未来计划》《伊利集团零碳未来计划路线图》于2022年4月8日正式发布，伊利明确了全生命周期的碳中和管理实施路线图。中国食品行业的首个"零碳工厂"、中国首款"零碳牛奶"、中国奶粉行业前 2 家"零碳工厂"先后在伊利诞生。2050 年前，伊利将实现绿色低碳循环发展，清洁低碳安全高效的能源体系高质量运行，全产业链能源利用效率达到国际先进水平。

为促进生态合作创新，2022 年 4 月 17 日伊利正式签约成为"中国航天太空创想乳制品官方合作伙伴"，并宣布启动"未来乳业太空实验室"等航天科技与文化深度合作系列项目。未来伊利将携手航天科技就中国航天技术在科研探索、技术转化、产品开发等领域全方位紧密协同，在航天新材料包装、太空菌株、碳卫星牧场监测、健康营养保障等领域开展密切合作，努力培育出更多满足极致营养要求和严苛品质标准的健康乳品，推动中国乳业研发正式迈入"太空时代"。截至 2022 年 4 月，伊利已在全球建立 15 大创新中心，持续开展全产业链创新合作并取得丰硕成果：截至 2021 年 12 月初，伊利全球专利申请总数、发明申请总量位居全球乳业前列，成为全球乳业创新高地。

资料来源：伊利官网、中国网。

思考题

1. 本案例体现了伊利的哪些领先优势？代表未来何种趋势？
2. 从上游、中游和下游三个角度，分析伊利"智慧乳业"的具体表现。

供应链数字化转型作为长期的系统工程，并不是一蹴而就的。对于很多企业而言，实现数字化供应链面临诸多挑战。基于实地调研、文献和咨询报告梳理，本书总结了发展数字化供应链面临的三大重要挑战。首先，数字化转型过程往往需要大量资金的投入来支持新数字技术的引入和应用，因此资金流问题不容小觑。其次，在数字经济时代数据是最重要的生产要素，不同主体、不同维度的数据如何充分共享和利用不可忽视。最后，人才的缺乏和数字意识的淡薄也是阻碍供应链数字化转型进程的重要挑战。

当然，在数字化供应链发展的过程中，也逐渐展现出了一些前沿的趋势和方向。例如，在需求预测、库存管理、物流运输等方面，逐渐体现出模拟甚至超越人类的智慧化决策趋势；在跨企业、跨行业的工业知识和管理经验迁移中，逐渐体现出基于模型、算法和流程的复用化趋势；在参与主体全球化拓展和交互日益频繁中，逐渐体现出深度协同的生态化趋势；在全球气候变化等人类面临的共同环境挑战中，逐渐体现出可持续发展的绿色化趋势。

7.1 数字化供应链面临的挑战及建议

当今世界,数字技术正在推动供应链的巨大变革与转型升级。与此同时,数字化的影响和持续的全球化正将用户服务的期望推向顶峰,并将供应链延伸到地球的最远端——这让供应链承受了前所未有的压力。目前中国只有部分企业数字化进程处于世界领先水平,但整体产业结构复杂,数字化程度较低,遭遇了不小的困难。本节主要从资金流、数据流、人才库三个角度来阐述数字化供应链面临的挑战,并给出对应的建议。

7.1.1 资金流

众所周知,资金流是企业的生命线。中国中小商业企业协会会员部的调查统计显示,90%的中小企业倒闭是由于资金链断裂引发的。数字化供应链中资金流存在资金供给难以满足、投资回报面临滞后等挑战,我们应当运用好数字化技术与供应链金融,确保供应链数字化转型过程中资金流的正常周转,守护好企业的生命线,赋能转型企业健康持续地发展。

1. 资金供给难以满足

美国最大的物资搬运、物流和供应链协会MHI(美国物资搬运协会)在《数字化供应链白皮书:2020年度行业报告》中的调查显示,目前应用最多的创新技术是云计算、机器人、自动化、传感器和自动识别。50%的受访者计划未来两年内在这些供应链创新技术上投入超过100万美元。其中,25%受访者计划支出超过500万美元,5%计划支出超过5 000万美元,统计结果如图7-1所示。埃森哲在2020年《加速增长:以客户为中心的供应链》的研究则显示,受访的企业在2017—2019年平均投资1.534亿美元进行供应链转型。

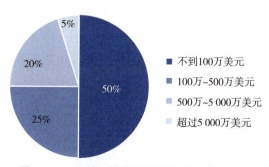

图7-1 MHI关于供应链技术投资金额调查结果

随着供应链数字化转型的不断推进，企业在创新技术上的投资逐渐增多，资金需求也被逐渐放大；另外，适用新技术的设备及系统也需要大量的资金支持。尤其对于中小型企业来说，新技术、新设备的投入是一笔不可忽视的高昂成本。一个值得考虑的解决方案是投入的可伸缩性，即在大面积应用到全公司范围之前，有可能在一个小的、可控的环境中试验一种新技术。这类业务投资对于中小型企业来说更有吸引力，因为在可能的情况下，这有助于限制投资的规模，但是可能会阻碍那些无论规模大小都需要高额前期固定成本的创新，比如协作平台。因此，无论如何，对于试图进行供应链数字化转型的企业而言，资金供给都是必须要考虑和解决的难题。

建议：发展供应链金融，制定差异化税收政策

加快推动供应链金融服务于实体经济，支持商业银行等金融机构和供应链核心企业共同建立供应链金融服务平台，为供应链上下游中小企业提供更加便利的融资渠道。商业银行等金融机构可以基于企业历史商品销售、工厂产线运行率等数据分析免抵押品发放贷款，帮助中小企业实现减成本、降门槛、缩周期，提高融资效率；核心企业可以在平台上通过资源共享降低整条供应链的信用风险，也可为中小企业提高信用，畅通供应链的资金流。

同时，建议政府完善税收金融等政策支持体系，专门制定支持数字化转型的差异化减税政策，贯彻落实"三去一降一补"中降成本的供给侧结构性改革政策：①针对每个行业数字化转型的特点，以产业为导向对各类税种进行不同程度的简并与综合，最大程度放宽税费减免范围，降低企业研发和应用数字化软硬件产品的税费成本。②针对当前税费，政府应推进对大中小型企业的分级税收标准，尽可能减轻小微企业税收负担，适当减少中型企业附加税项，有弹性地对大型企业征税。③采取财政资金补助方式，针对中小企业上云上链需求，向企业发放优惠券用于抵扣企业上云上链费用，对企业购买云服务商的服务给予一定补贴。

2. 投资回报面临滞后

对于供应链上大部分企业而言，采用工业4.0创新技术，在直接的投资回报场景都面临回报滞后的问题。这在一定程度上是因为许多工业4.0创新技术尚未得到广泛部署，所以当投资的新技术真正处于前沿时，失败的风险和收益的不确定性就会更高，企业的资金支持也会面临更大的挑战，并非每家公司都有领导者愿意在面临不确定或不太具体的结果时支持和赞助创新。

一家快速消费品公司是自动引导车辆系统（AGVS）的早期使用者，它使用 AGVS 取代了人工驾驶的叉车。该试点项目的最佳投资回报期是 5 年，却险些因缺乏令人信服的回报而被迫停止。然而，运营主管选择继续推进，因为他看到了投资 AGVS 所代表的无形却关键的价值：向消费者发出一个明确的信息，即该公司重视安全、清洁和创新。今天，AGVS 在全球广泛部署，其贡献是毋庸置疑的。然而在全行业内，资金流可以支持这样长期回报较慢的公司并不多，而拥有远见卓识——愿意为工业 4.0 创新技术长期冒险的领导者更是少之又少。

供应链的转型升级不可能一蹴而就，而是一个长期的发展过程，所以在利用工业 4.0 创新技术转型的过程中，很长一段周期内投资回报率可能都为负数，如何坚持推进转型，逐渐将"数字化转型"由以前的"成本中心"转化为"利润中心"是企业面临的一个重要挑战。

建议：形成产融结合生态圈，推动公司战略和文化转变

产融结合是供应链金融未来的发展趋势。供应链金融的可持续发展，需要金融系统的改革，形成一个优良的产融结合生态圈，更好地服务于供应链上各中小企业。各类金融机构应该建立良好的合作伙伴关系、产融结合生态环境，形成一个协同有机的合作关系网，发挥各自的资源优势，从多方面为供应链各环节提供相应的融资服务，优化资金流动，强化不同机构之间的联动性。

在此基础上，企业管理层需要将他们的公司定位为创新领导者，而不是仅仅通过分析铁一般的经济理由来确定数字化转型的必要性。一般情况下，供应链经理习惯于证明投资的合理性，即提供更高的效率或更好满足预期的需求。然而当投资成为商业战略转变的一部分时，经济模式的顶部和底部都在移动，使问题变得更加复杂。这对供应链经理来说是一个不可忽视的挑战，但同时也是一个很好的机会，他们现在可以在制定商业战略方面有发言权，而不仅仅是执行层面的人员或部门。为成功实现企业的数字化转型，供应链经理需要向企业整个管理层深度植入数字化转型的理念，将其作为公司的发展战略并融入企业文化，通过企业管理层以及经营层的理解和认同推动企业变革。

7.1.2 数据流

在数字经济时代，世界上最有价值的资源不再是石油，而是数据。中国信息通信研究院发布的《全球数字经济白皮书》显示，2020 年 47 个国家数字经济增加值规模达到 32.6 万亿美元，同比名义增长 3.0%，占 GDP（国内生产总值）比重为 43.7%，其中，中国数字经济规模为 5.4 万亿美元，位居世界第二，同比增长 9.6%。大数据将会持续促进传统产业数字化转型升级，激发经济增长活力。大数据在各行各业流通具有巨大活力和潜在收益。然而目前对于供应链数字化转型而言，数据流也存在一些挑战，包括数据共享存在堵点、数据分析遭遇瓶颈等。

1. 数据共享存在堵点

（1）数据可获得性差。一家大型供应链咨询公司表示，即使是那些在企业资源计划方面进行了大量投资的成熟公司，也很难获得令人满意的数据集，而且几乎不可能持续获得。一个关键原因是基础数据需要详细的数据源，如需要通过仓储管理系统、客户关系管理系统和运输管理系统等获得数据。但在较大的企业内，这些通常是分散的信息系统，数据的获得和集成存在堵点。

同时，出于利益诉求、隐私防护、知识产权、保密责任等各种原因，供应链上下游的企业缺乏共享数据的主动性。例如，相较于供应商，经销商和零售商对于供应链的可视性有更高的诉求，因为提高产品从后台到货架移动的可见度将有助于改进其需求计划，提高响应能力，降低库存；但对于供应商来说，记录和共享这部分数据意味着更高昂的成本，但自身效益却并不明显，因此供应商很可能不愿意进行数据共享。对于供应链上企业来说，如何确保各节点企业愿意进行数据共享是不可忽视的一大挑战。

建议：建立利益分配机制激励数据共享

数据共享不可避免地会带给数据拥有者损失，如保持通信的资源消耗、数据的获取及维护成本等，这不利于数据拥有者主动参与构建共享生态。因此建议供应链上的企业建立数据共享的利益分配机制，对数据拥有者为其他节点企业提供共享数据进行激励补偿，从而鼓励其在脱敏处理后贡献其数据价值。供应链上的环境、规则构成了数据共享的机制，该机制以技术支撑体系为基础，以组织机构为支持，辅之协调机制和保障机制，从而能够确保数据共享机制的科学性和系统性。充分调动数据拥有者的积极性将大幅度提升供应链的整体性能，而完善激励机制对整个链上的数据共享生态有着显著的促进和支撑作用。

（2）数据标准难以统一。数据体系本身"全貌难觅、数出多源"，信息系统自成体系难以互联互通；同时由于各企业的业务领域不同，对于服务对象、功能目标、交互模型和实现方式，各企业习惯采用自有业务的语义语法，导致业务条块独立存储数据、管理分散，形成"信息孤岛"。各自建设的信息系统和数据中心在一定程度上存在重复建设、信息交叉采集和数据标准不统一等问题，导致供应链上的信息冲突和治理成本较高。企业间缺乏可共用且能够相互理解的供应链协同信息模型，如协同操作定义信息、协同运作调度信息、运作能力信息、协同流程信息等，同时还存在接口标准和协同制度不统一等问题，导致企业不仅需要花费大量时间来集成和协调数据集，而且在处理共享数据的过程中还可能误解或丢失部分信息。

建议：实施标准化建设提高数据质量

供应链上的企业可以通过对数据进行分类标识，全面梳理研发域、生产域、运维域、管理域及外部域等领域的数据类型，并形成一套数据资源清单，建立数据资源台账，构建数据资源地图。同时应用区块链、大数据、物联网等先进技术，加强开放交互式信息平台建设，统一语义和语法规范并制定统一的接口标准和协同制度，从而促进多节点企业能力信息共享、状态信息共享、制造信息共享等。在进行标准化建设中要避免交互建设产生对信任机制破坏的行为，推动供应链各环节产线、设备、人员等维度信息的高效对接，实现信息在供应链全链条实时共享。

另外，在进行数据标准化集成融合的过程中，还需要重视并处理好同构数据的查重与消歧、异构数据实体的对齐与融合、不同类型数据之间的关联等问题。内外贯通的数据共享网络能快速协调外部供应商和生态伙伴的资源，突破单点环节和单一业务的信息局限，获得全局性和系统性的管理视角，进行实时沟通和协作并有效管理风险。

（3）数据安全性难以保障。多要素、多环节、多系统、多场景的敏感数据在人、机、物互联互通的环境下极易遭受攻击。供应链上数据在采集、存储、流转、处理等过程中容易遭受篡改、植入、病毒、网络攻击等各种攻击。并且随着跨境电商的日益发展，海量数据频繁跨境流动正成为新常态，因此数据安全性和全球数据治理都面临巨大挑战。

除此之外，对于供应链数据来说，任何一个环节出现数据安全风险，都可能导致全链数据安全难以保障。供应链攻击具有低成本、高回报，以及"突破一点，伤及一片"的特点，埃森哲发布的《2019年网络威胁报告》，将供应链网络安全看作最大的挑战。数字化供应链作为数百甚至数千个合作伙伴的连接网络，攻击者通过查找和利用其中任意一个薄弱环节，都可以在供应链各参与主体之间展开网络攻击并窃取数据。供应链攻击易造成由点到面的巨大破坏，这也使数字化供应链平台成为越来越多网络攻击者的"重点关注"对象。2021年10月，欧盟网络与信息安全局（ENISA）发布报告《ENISA威胁图谱2021》（*ENISA Threat Landscape 2021*），该报告中披露全球范围内带来巨大影响的供应链攻击数量呈激增趋势，2021年供应链攻击的数量是2020年的4倍。

建议：构建安全防护体系保证数据安全

构建安全防护体系以应对因安全漏洞和数据盗窃而日益严峻的数字化威胁迫在眉睫。对于企业而言，保障公司和用户的数据安全以及避免系统漏洞和系统崩溃至关重要。

供应链上企业应规范API（应用程序接口）的安全性，健全自身安全体系，主动检测和隔绝共享技术带来的威胁。同时，鼓励核心企业建立安全态势感知库并增强威胁与攻击情报等的信息共享。依托国家应急管理部门、安全通报平台和科研机构，构建互联互通和高度协同的供应链智能共享网络。确保在全球供应链中的关键设施节点出现遭受网络攻击、爆发重大社会安全事件或基础资源短缺等问题时，通过协同和联动调度，避免或降低突发供应链安全问题造成的损失。

除此之外，供应链中的供应商、经销商、物流服务商、客户等可以结合自身业务需求，以及上下游合作伙伴、第三方平台进行多业务融合和全平台互联互通的对接服务。根据数据的敏感性和重要程度等，参照数据分类和安全防护标准，将采集、存储、处理、交换和挖掘的数据进行分类，利用区块链、数据加密、脱敏处理、个人隐私保护及备份恢复等安全技术，防范硬件、软件和人员等偶然或恶意对供应链全链数据可能造成的破坏、篡改和泄露。

（4）数据所有权混乱。在工业4.0背景下，数据被大规模采集、分析、使用和交易，然而目前关于数据的所有权归属问题尚未达成共识。和简单的物品不同，数据存在一数多权的问题。物品大多为一物一权，如果物品归一人所有，那么其他人则丧失了对该物品的所有权。但从数据的角度来看，一数多权的特性使得数据可以不仅是私有的。在数字化供应链的运作过程中，数据采集、存储、分析、应用都会产生不同的数据所有者主体。而如果我们无法确定数据的所有权，就无法规范交易数据。这些缺乏规范约束的数据交易对于市场秩序和交易双方而言充满了法律风险，也极易损害数据所有者的权利和利益。由于数据所有者为获得数据投入了巨大的技术成本和管理成本，当数据交换产生商业价值时，如数据所有者不能获得应有的收益,将大大降低数据所有者共享数据的积极性。因此,供应链上的数据确权问题是个不容小觑的重要挑战。

建议:健全法律制度保护数据所有权

(1)政府应针对数据确权的基础性问题作出立法解释,其中包括对数据和信息的内涵外延,数据和信息究竟是利益、法益还是权利等作出法律解释;并进一步规范统一立法术语,完善立法语言技术,明确数据确权范畴,使整个数据法律体系内各术语之间表述一致、完整准确,各项规定相互衔接、相互协调。这样才能保证数据交易的法律稳定性与可预期性。

(2)政府需要及时建立规范的供应链数据交易市场制度,制定数据共享的指导意见和配套措施,遏制数据的非法黑市交易,让数据在有序、可控的规则之下充分流动。同时,企业在进行数据共享时也一定要遵循法律规定,尤其是在对外提供服务获取到涉及公民隐私和其他敏感数据时,一定要做到取数有理、用数有度、守数有责。

2. 数据分析遭遇瓶颈

当前除数据共享方面的问题之外,企业对取得的数据进行处理和分析的能力仍很欠缺。田纳西大学哈斯拉姆商学院信息系统与供应链管理专业助理教授 Randy V. Bradley 进行的一项调查结果如图 7-2 所示,在 500 多名受访的业务经理和高管中,仅约 16% 的调查对象拥有熟练的数据流管理能力,其余 84% 的调查对象则表示,他们公司并不善于处理和集成来自多个数据源的数据流。然而,对于企业来说,努力克服这一重大挑战是至关重要的,因为供应链数据分析和利用的缺乏是导致库存过多或短缺、交付速度慢的关键因素,而这两者都会进一步对用户的满意度和信任感产生负面影响。因此,如何对取回的数据进行有效的分析也是企业面临的重要挑战之一。

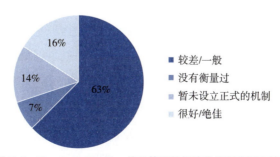

图 7-2 Randy V. Bradley 关于管理数据流熟练程度调查结果

建议：明确分析层次释放数据价值

根据全球知名 IT 研究与顾问咨询公司 Gartner、德国国家科学与工程院等机构的研究报告，数据分析可划分为四个层次：描述性分析、诊断性分析、预测性分析以及指导性分析，并且随着分析层次的加深，对分析能力的要求程度以及对业务的影响程度也随之增高，如图 7-3 所示。

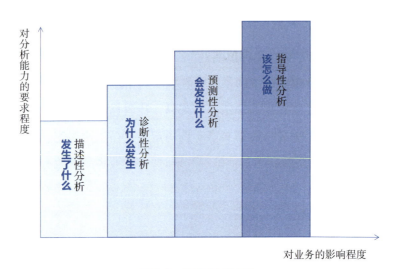

图 7-3 数据分析的层次

描述性分析主要解决的问题是"发生了什么"。它是对历史数据的解释，以更好地理解业务中发生的变化，其主要用于描述定量数据的整体情况，对数据进行初步的整理和归纳，并对各项指标进行初步单因素分析，如均值、百分比等，以便了解业务总体的特征情况。描述性分析使用全方位的数据来准确描述业务中发生的情况以及与其他可比期间的不同之处，这些绩效指标可用于标记优势和劣势领域，从而为管理决策提供依据。最常见的财务指标就是描述性分析的产物，如每年的价格变化、每月的销售增长、用户数量或每个订阅者的贡献收入。

描述性分析是大多数公司数据分析的第一步，它是一个比较简单的过程，用于记录已发生的事实，而诊断性分析则是进一步发现某些结果背后的原因。诊断性分析主要解决的问题是"为什么发生"，常使用回归模型、因果分析等。诊断性分析是高级分析的一种形式，主要利用数据发现、数据钻取、数据挖掘和关联等技术来分析数据，进而获得数据价值。例如企业人力资源部门可以根据季度绩效水平、缺勤率和每周加班时间来分析各员工的绩效。

预测性分析主要解决的问题是将来"会发生什么",常使用时间序列分析、机器学习等。预测性分析使用多维数据构建预测模型,从而根据当前和历史数据确定未来的趋势。常见的预测模型包括决策树、回归(线性和逻辑)、神经网络等,其注重分析数据中的模式并预测这些模式是否可能再次出现,从而帮助企业利用甚至管理未来可能发生的事件。例如,工厂利用预测性分析可以实现预测性维护,通过对设备状况实施周期性或持续数据监测,运用机器学习算法预测,实现在设备故障发生之前进行维护,从而避免因设备故障造成的停工损失。

指导性分析主要解决的问题是"该怎么做",常使用优化算法、仿真技术等,从而帮助企业作出更好的决策。具体来说,指导性分析通过深度数据分析,利用可能的情况或场景、可用的资源、过去性能和当前性能的信息作为参考因素,给出行动或策略的建议。而且决策可适用的时间范围较广,包括短期到长期。指导性分析常见的应用如库存决策、产能分配等。指导性分析可以帮助组织基于高度分析的事实作出决策,而不是基于直觉得出信息不足的结论,其可以模拟并显示各种结果的概率,帮助组织更好地理解它们所面临的风险和不确定性水平,并据此制订计划。

7.1.3 人才库

治国经邦,人才为急。人才对于国家和社会的重要性不言而喻。同样地,对于数字化供应链建设,人才的重要性也毋庸置疑。根据 Gartner 的调查,与为数字化技术找到资金相比,企业找到能够支持与运用该技术的人才更难。

1. 人才缺口填补困难

随着数字技术的日益发展,各界对数字化人才的需求剧增,数字化人才缺口的挑战逐渐加剧,这使得一般企业与大型技术公司直接竞争同样关键的技术人才。许多企业都在大力投资数字化技术,数字化技术的应用率却各不相同,因为任何技术都需要人才来支持其应用。当企业在某项技术上投入大量资金时,还需要相关技术人才来帮助企业从这项投资中获得价值。

美国最大的物资搬运、物流和供应链协会调查显示,在被评为受访的供应链数字化转型企业面临的极具挑战性或非常有挑战性的六大挑战中,处在首位的就是雇用和留住合格员工,并且受访者普遍认为人才短缺是它们面临的最大挑战,如图 7-4 所示。对于企业来说,数据驱动的决策是数字化应用和与用户互动的关键，而用户互动是一条双行道，它从企业内的人才出发，因此发展人才对于企业利用数据价值至关重要。

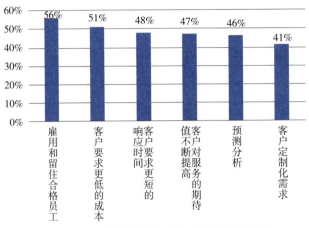

图 7-4　MHI 关于企业面临的六大挑战的调查结果

根据国家工业信息安全发展研究中心在 2020 中国 5G+ 工业互联网大会上发布的《2020 人工智能与制造业融合发展白皮书》，人工智能与制造业融合前景广阔，国内已初显成效，但仍面临人才缺口的严峻挑战。具体来说，目前大部分企业缺少云迁移、上云后维护等阶段中相对应的 IT 系统、云系统、网络安全等方面的专业人才。根据 Gartner 在 2021 年发布的《2021 年重要战略科技趋势》，行为互联网、全面体验、隐私增强计算、分布式云、随处运营、网络安全网格等十大技术引领了主流趋势：以人为本、位置独立和韧性交付。基于此报告，数字化供应链转型企业将需要更多掌握创新技术的人才。

建议：培训现有员工缓解招聘需求，建立动态人才生态系统增强组织柔性

对现有员工进行培训是解决招聘问题的有效方法之一。MHI 在 2020 年度行业报告中的调查显示，37% 的公司计划通过招聘来应对采用新技术带来的挑战，30% 的组织则计划通过再培训来解决该问题。企业可以通过再培训将员工从人员过多的业务领域转移到需要人才的专业数字增长领域。但在数字化供应链人才培养的过程中，企业要确保以人为本并维持员工职业发展与企业发展的一致性，从任职资格的角度发展员工未来升职所需要的能力素质，多层次、多维度地体系化发展数字化供应链人才。

为加快数字化供应链人才发展的速度，人才发展体系需要聚焦在员工个性化、敏捷化、沉浸化、共享化四方面的体验。个性化即员工可根据个人职业发展方向、兴趣爱好等选择学习内容和学习方式，企业发展关注每一个人的培训需求，从推动转向引导；敏捷化即员工可以在任何时候、任何地点学习任何内容，数字化技术让知识在时间、空间、形式三个维度产生多元组合，提供更多可能性；沉浸化即从认知、运用、理解三个步骤进行学习，通过沉浸化的学习环境，员工更投入学习过程中，相比于传统的被动式教学，更强调员工主动学习与思考；共享化即打破组织内部横向及纵向的壁垒，使员工能够通过知识共享，获取多渠道学习资料，提倡协作共享、共同成长。

此外，埃森哲研究显示：人才寻源、人力成本和人力需求变化是企业领导者认为影响其业务发展最重要的不确定性因素。随着数字化、网络化、智能化技术的应用，注重员工体验的"Z世代"进入职场，工作和团队需要打破传统的组织边界，并向柔性组织转型，即建立随着业务需求变化而即时流动的动态人才生态系统。在柔性组织中，组织将更为扁平，员工参与方式将不再单纯按职能、岗位、职责划分，而是基于业务需求和员工的能力灵活调动，从而使企业更富有弹性、灵活性和竞争力。

2. 培养模式亟须转变

SaaS研究院对数字化人才和组织的研究显示，科学技术的快速发展使得员工技能的半衰期缩短至5年，且个别行业内职业（如软件工程师、法律专业人员、金融专业人员等）必须每12~18个月就重建技能。而处于变革中的企业，往往还保留着传统商业模式下的管理系统、岗位设置以及大量低技能水平的员工。随着加速数字化转型成为必然发展趋势，企业愈加需要具备更强创新能力、更快反应速度、更适应市场需求的高素质人才。转型过程涉及跨领域的复杂系统，要求人才也从单一领域的专才向多领域的复合型人才转型。

尽管各企业每年从国内外院校招聘很多年轻人才，却发现学生的素质虽然在逐渐提高，但很难寻找到又专又通的复合创新型人才，而这样的创新型人才更符合数字化时代的需要。在工业4.0的背景下，高校和企业是培养适应数字化时代要求人才的主要阵地，这也对高校和企业联合培养人才体系提出了全新挑战。

建议：加强校企联合，培养复合型人才适配技术发展

在落实供应链数字化转型过程中，企业不仅需要在企业内部完善人才培养体系，还需要加强与外部的合作，尤其通过与高校的合作，积极培养既掌握理论知识又了解实际应用场景的复合型人才。

企业与高校的合作关系能够为双方带来协同性回报。高校是创新的源泉，也是企业招贤纳士的一片沃土。因此对于企业而言，与乐于创新的高校建立合作并充分利用学生已习得的知识和技能是很有意义的。对于高校而言，与科技前沿的企业建立合作让学生有机会了解真实供应链业务环节也是非常有价值的。建议校企合作供应链课程包括直接进入行业的合作实践或分享交流，帮助学生熟练掌握现代信息技术，并熟悉行业整体运作基本规律，专业知识涵盖采购、物流、仓储、国际贸易等多方面，使学生能够在充分准备后走出校园。

此外，很重要的一点是，企业在规划数字化供应链的发展路线并决定要将哪些技术整合到劳动力中的时候，需要考虑不同年龄段之间的差异。例如，接近退休年龄的员工拥有丰富的知识和经验，团队和组织架构的设计应该鼓励他们将掌握的工业知识和管理经验模型化，以帮助其他员工复用和传承经验；而年轻的员工可能更愿意与机器人、自动化和人工智能等新技术打交道，企业应当持续鼓励年轻的员工学习、掌握和利用最新的技术，这是企业长期保持成功的秘诀。根据德勤的千禧一代调查，只有 20% 的千禧一代认为他们具备在工业 4.0 时代生存所需的全部知识和技能。与前几代人相比，千禧一代通常更愿意接受扩展自己技能的需求，更有潜力成为复合型人才。

3. 数字化意识尚待培养

德勤在 2020 年发布的《数字化供应链白皮书：拥抱数字化思维》中提道：供应链的领导者越来越认知到数字化是供应链的未来。然而，调查也显示，许多领导者还没有进行数字化革命的决心。如果他们的组织变革得太慢，无法对市场变化作出反应，可能会面临严重的威胁。相反，主动拥抱数字化的企业能够通过利用最新的数字化技术来进一步推动实验和创新，从而取得更大的成功。

许多企业员工甚至领导者没有足够的数字化意识，可能会造成其对数字化供应链的内涵理解不深不透，进而导致数字化转型动力不足或者无法全方面推进转型建设。因此可见，数字化意识在很大程度上决定了企业供应链数字化转型是否朝着正确的方向前进以及其能走多远。

建议：使用供应链数字化意识指数（DCI）提升数字化认知

美国最大的物资搬运、物流和供应链协会与知名咨询公司德勤在 2019 年引入供应链数字化意识指数，用以帮助企业评估它们的数字化认知，并制定出实现数字化的路径。事实上，该供应链数字化意识指数是在德勤此前提出的供应链数字意识框架上进一步分析而来的，该框架说明了领先的供应链利用与数字化相关的业务和技术创新在做些什么，这为供应链的领导者规划适合企业自身的数字化方案提供了帮助。此外，该框架描述了供应链的五个数字类别和四个认知层次。其中，五个数字类别（图 7-5）是指领导、人才、客户互动、工作环境、创新\技术，四个认知层次（图 7-6）是指休眠、提高、发展、增强。

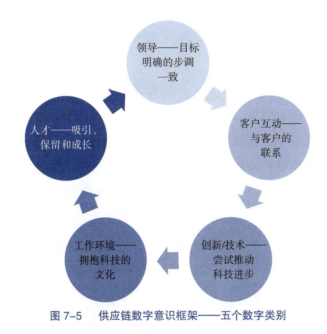

图 7-5　供应链数字意识框架——五个数字类别

图 7-6　供应链数字意识框架——四个认知层次

关于不同公司如何看待自己在数字化认知成熟度方面的进展，MHI 调查了 440 家公司，发现被调查公司数字化认知类别（领导、客户互动、人才、创新 / 技术和工作环境）成熟度的中位水平位于图 7-6 中"发展"阶段的中间位置。超过 70% 的受访公司认为自己处于或低于"发展"阶段，约 10% 的受访公司认为其处于"休眠"阶段。只有不到 9% 的公司将其数字化认知类别的成熟度评为"增强"。

多数公司对其"客户互动"类别自评分数最高，超过 40% 的公司认为它们在这一领域的成熟度为"提高"或"增强"。较多受访公司认为其与人才相关的两个数字类别（"人才"和"工作环境"）评分最低，23%~26% 的受访公司认为在利用数字技术建立吸引、招募和留住顶尖人才所需的文化方面，其还处于数字化认知的"休眠"阶段。而对于其他三个方面（"领导""客户互动"和"创新/技术"）而言，只有 14%~21% 的公司认为自己处于"休眠"状态。德勤 Thomas Boykin 认为："数字化供应链正经历指数级的变化和冲击。领导者可以使用 DCI 工具包采取规范性的行动，以提升数字化认知以及提高吸引人才和满足用户需求的能力。"

7.2 数字化供应链的未来发展趋势

近年来数字化供应链蓬勃发展，在已有透明可视、柔性响应、高效协同、智能决策五大特点的基础上，很多国内外领军企业纷纷开展前沿探索与开拓创新。通过总结领军企业的成功探索经验、分析全球供应链发展环境变化，本节将重点介绍未来数字化供应链的四大发展趋势，即智慧化、复用化、生态化、绿色化。

7.2.1 智慧化

目前数字化供应链基本实现了自动化的业务流程、自感知的智能决策，而未来供应链将逐步转向智慧化，实现自驱动、自适应、自学习。智慧化供应链利用数据网络的实时决策分析最大限度地实现数据价值，从被动响应转变为主动预测市场变化，提前预防供应链可能出现的风险状况。即使在不确定或全新的情况下，智慧大脑也会管理和控制供应链各环节业务流程，提升跨环节、跨部门协同决策效率，及时发现并解决链上异常情况，提高供应链风险管理水平，增强供应链的可控性。

在需求预测方面，智慧化供应链利用准确的历史数据和实时销售点数据，缩短信息提前期，对需求的波动作出更灵敏的即时反应，从而实现订单实时智慧自动处理。比起占用大量时间和资源的人工决策，智慧自动处理订单将大幅度提高效率、更灵活地处理大规模定制需求并规避批量订单易导致的库存过剩或短缺问题。通过智慧化平台可以预测准确度更高、预测时间周期更远，需求预测始终是供应链战略性和规划性决策的基础，而利用智慧化平台对数据进行分析集成并对未来的需求进行精准预测是未来供应链的必然形态。

在库存管理方面，智慧化供应链所具备的基于全流程数据协同的智慧决策能够帮助解决从门店备货到仓库存储等一系列问题。通过将门店数据和供应商库存管控系统、仓库的智能化分拣设备进行对接，由智能化分拣设备对货物的实时信息进行动态收集和分析，再由库存管控系统为企业制定合理的库存布局。比如，便利蜂门店的智能货柜在每个商品上都贴有 RFID 标签，用户拿出商品，关上柜门，机器立即对柜内商品进行盘点，得到被拿出的商品信息后自动进行结算，并自动向后台发起补货订单；同时便利蜂掌握店铺周边交通要道的人流数据，包括每个时间段、向各个方向走的人流变化，根据周边人群消费偏好制定配货方案和库存布局。新型冠状病毒感染疫情发生后，企业直接面向消费者的订单数量不断增加，企业对速度和业务连续性的要求更高，智慧化的重要性也进一步凸显。

在物流运输方面，智慧化供应链运输和配送中心使得从装货到卸货的全流程各环节实现进一步优化。通过智慧物流管理系统（如智慧排车系统、智慧配送系统等）进行订单分配、路线规划、车辆监控、签收统计等。未来智慧化供应链在物流运输环节将更少依赖人工，依托无人驾驶等技术甚至实现零人工。

在风险管控方面，智慧化供应链可通过预测性分析规避风险问题，对企业的资金流、信息流、实物流实时监管，即使面对不确定的未知风险，也能够提前预测并及时解决链上异常情况，始终控制并维持全链的稳定性。例如，智慧化供应链能够通过合理设计业务结构（包括业务闭合性、业务成长性、盈利结构、资产结构等）并采用各种手段或组合，从而控制供应链金融风险。

Gartner 在《2022 年影响供应链的 12 大战略性技术趋势》中提到生成式 AI 及自主系统等技术都是实现智慧化的支撑。生成式 AI 从数据中学习人工制品，并生成与原始产品相似但不重复的创新产品。生成式 AI 有潜力创造新形式的创意内容，如视频，并缩短新药开发、产品创造等领域的研发周期。自主系统是自我管理的物理或软件系统，它们从环境中学习并实时动态修改自己的算法，以优化其在复杂生态系统中的行为。自主系统创建了一组灵活的技术功能，能够支持新的需求和情况、优化性能并在无须人工干预的情况下抵御攻击。

综上，智慧化发展将是供应链数字化转型后的下一进程，以提升用户价值为最终导向，通过技术赋能、模式创新、协同共享将智慧化应用在需求预测、库存管理、物流运输、风险管控等供应链全过程，最终全链实现模拟甚至超越人类的智慧化决策。

【案例 7-1】华为智慧化发展赋能供应链韧性

华为成立于 1987 年，是一家由员工持有全部股份的民营企业。华为作为全球领先的ICT基础设施和智能终端提供商,致力于把数字世界带入每个人、每个家庭、每个组织,构建万物互联的智能世界。

华为集成供应链领域自2016年起开展数字化转型,通过打造数字化主动型供应链,将供应链建设成为公司的核心竞争力之一。华为供应链利用组合优化、统计预测、模拟仿真等技术,构建供应链核心算法模型,并应用到资源准备、供应履行、供应网络和智能运营四大核心场景中,大幅提升了供应链运作的智慧化水平。特别在遇到风险冲击时,华为智慧供应链实现了风险实时感知、影响自动分析、预案智能推荐、任务自动下达。当供应链中断风险发生时,其能够快速反应,有效应对,构建供应链的韧性,支撑供应连续性,将一场场危机化于无形。

例如由于新型冠状病毒感染疫情影响,市场空运运力曾一度下降80%以上,部分航线熔断。华为供应链与国际航协合作伙伴协作,集成市场空运资源数据,基于华为业务特点,充分利用大数据和最短路径算法、网络流、混合整数规划、AHP(层次分析法)等科学算法,构建点—线—面—体的空运网络基础模型,并结合资源动态变化,快速进行智能分析和方案推荐,及时识别资源风险,生成区域、国家应对资源风险的策略,并在线对任务进展进行闭环跟踪,形成一张空运资源全面管理的"天网"。"天网"实现空运资源可视,增强多节点、多路径、多梯次的物流空运网络韧性,提升空运网络的韧性能力,并能基于智能推荐和what-if模拟仿真进行资源动态调整和快速切换,实现了针对疫情期间频繁出现的运能短缺、运价上涨、空班、跳港等风险的有效应对,保障了面向客户的有效供应。

华为在数字化供应链基础上的智慧化建设,实现了供应链的韧性,经受住了各类自然灾害、突发事件和全球疫情的极限考验,有效支撑了公司的供应连续性。华为2019年实现销售收入8 588亿元人民币,同比增长19.1%;2020年实现销售收入8 914亿元人民币,同比增长3.8%;2021年华为共实现营收6 368亿元,净利同比增长75.9%至1 137亿元,经营现金流同比增长69.4%至597亿元。

资料来源:《工业互联网平台赋能产业链供应链白皮书》。

7.2.2 复用化

利用数字技术,未来供应链将打破工业知识与管理经验封闭传承体系,实现复用化发展和规模经济效应。目前大多数企业还在利用传统的文档形式记载、传播知识,甚至有些核心技术知识和经验仅仅闭锁在为数不多的老师傅、老专家脑子里，通过原始的口口相传方式进行传播。由于个人精力和地域空间的限制，这些经验知识通常只能在较小的范围里发挥作用，而且还存在易出错、易流失、难推广、难传承等问题，无法积累、整合和复用，导致企业内存在大量技术孤岛和知识孤岛。

而且放眼各行业，往往只有头部企业才拥有许多高精尖技术，才有实力雇用大量技术和管理人才，而中小企业规模小、资金少、人才短缺，难以获得这些资源。为解决这些问题，工业互联网平台在传统工业云平台的软件工具共享、业务系统集成基础上，叠加了知识经验复用的功能。其一方面能够提供工业知识的复用，以模型和算法的形式固化和积累工业知识，针对调机优化、异常检测等场景不断复用；另一方面能够提供管理经验等"软知识"的复用，以系统流程的形式固化和标准化管理经验，针对寻源采购、订单履约等场景不断复用。以数字技术为依托，企业可将技术专家丰富的工业知识和管理专家宝贵的管理经验以模型算法、系统流程等形式固化下来，通过基础模型复用、数据互联互通、算力协同使用，将筒仓打破，实现数据和经验在业务环节的高效流动。利用工业互联网平台所具备的知识积累和开放共享特性，支撑业务和开发人员用整个行业的生产资料持续挖掘新知识，不断创造出更多的价值。

工业互联网平台将其承载的知识经验不断复用，有利于打造供应链开放价值生态。随着工业互联网平台持续汇集行业经验并针对共性需求构建通用的服务组件，整个平台能够为广大业务和开发人员提供众多低门槛、易操作、高效率的开发支持手段，让应用的开发能够聚焦在业务价值，形成平台创新生态，推动行业参与者在充分消化吸收原有知识的基础上进一步提升和创新，构建出以工业互联网平台为桥梁的供应链多主体相互促进、双向迭代的生态体系。

但是获取工业知识模型和算法、管理经验标准化流程需要成本，如果这些知识的应用场景少、应用次数少，知识创造的价值就可能难以抵消获取知识的成本，这时企业将对获取知识缺乏积极性和主动性。而基于工业互联网、数字孪生等技术的发展，企业能通过预测性分析、模拟仿真等方式开展事前评估，寻找潜在的收益并识别相关风险，从而大幅降低试错成本和因无效技术投入造成的浪费。在信息充分集成的前提下，工业知识机理模型和管理标准化流程发挥作用的机会增多，企业内部以及同行业企业面对共性的业务需求，基于行业已有的积累快速移植外部的成功经验，并在此基础上进一步优化创新，实现规模经济，创造整个供应链的效率提升。未来随着数字技术的不断发展，工业和管理知识复用化推广会大大加强，知识创造价值的机会将几倍、几十倍乃至成千上万倍地增长。

供应链中工业知识和管理经验的不断复用化是未来的一大发展趋势。这不仅可帮助企业在相似产品间复用相关技术机理和标准化流程，而且在合作伙伴间也可进行类似场景的高效复用，并通过新的协作方式和数字化工具加速行业的知识创新，将极大限度地整合宝贵知识和经验并提高其利用率和经济价值。

【案例7-2】用友推动复用化精智平台建设

用友精智工业互联网平台（以下简称"精智平台"）是用友BIP（商业创新平台）面向工业企业的全面应用，是社会化智能云平台。精智平台基于强大的中台能力，构建企业与社会资源之间的全要素、全产业链、全价值链连接，提供社会级交易服务、协同服务、云化管理服务，以开放的生态体系，帮助工业企业实现数字化转型，促进生产方式乃至商业模式的变革，实现智能化生产、个性化定制、网络化协同、服务化延伸和数字化管理等诸多新模式，推动软硬件资源、制造资源、工业技术知识的开放、共享，促进产品质量、生产效率、经济效益与生产力的跃升。

用友作为中国和全球领先的企业云服务和软件提供商，已服务几百万家企业数智化转型，其中65%是制造企业。基于用友30多年来面向制造企业的服务经验，精智平台积累了300余个业务模型、20余个工业机理模型、10余个数据算法模型，应用在矿石优化配料、合金优化配料、煤炭优化配料、多产线排程、产品质量诊断、设备故障诊断、实时劣化优化、产品效益预测、优化套材设计等多个场景，实现了在冶金、化工、建材、机械、汽配、电子、航天等行业不同企业内的广泛复用。通过模型的不断复用，让生产更简单，质量更稳定，成本更低廉，决策更科学。

例如在钢铁行业，废钢是一种可再生资源，加强废钢的综合利用，既可以缓解铁矿石供应压力，又可以减少碳排放量。然而废钢种类多、实际检测情景复杂。大多数钢企主要以目测和卡尺测量等人工方式来识别废钢，每个钢企都有自己的标准，而且人为因素大、规范难。因此，如何高效、客观、公正地实现废钢的分级、验质、预警，一直是困扰整个钢铁行业的世界性难题。

用友精智平台废钢智能判级系统集合了多种先进的技术，包括人工智能深度学习技术、无线物联网技术、全自动聚焦拍照技术、废钢厚度识别技术、产品规模化交付技术等，还首发了移动式卸料技术和压块检测技术，解决钢铁行业难题，引领行业发展。目前，用友已积累标准的废钢数据库以及 10 余种成熟的智能算法模型，可复用于各钢铁企业的废钢检验远程监控、废钢智能判级和扣杂数量的智能判定，以及危险物报警、超大尺寸废钢报警、油污提醒、废钢种类分析等场景，结果公平公正、全程精准高效。

截至 2022 年 5 月，废钢智能判级系统已在鞍钢集团、济源钢铁、纵横钢铁、敬业钢铁、闽源钢铁、鑫阳钢铁、沧州中铁等钢铁行业领军企业中不断复用，累计废钢判级 20 000 多车，带来显著的经济效益。

资料来源：用友集团官网 https://www.yonyou.com/。

7.2.3 生态化

随着数字化供应链不断延伸发展，各行业产业迫切需要打造供应链协同创新综合体，构建开放、协同、创新的数字化供应链生态。从传统线性供应链到数字化供应链网络，再到数字化供应链生态，这不仅是供应链结构的变化，而且反映了上下游企业物流、信息流、资金流的相互作用和相互影响。整个数字化供应链生态就是以数据作为资源要素，围绕供应链的所有参与主体共同组成的价值生态网络，相互之间通过互动创造共识，最终实现数字化供应链的高效运营。数字化供应链生态具有四方面特点，分别是参与主体多元、业务高度集成、交互实时动态、价值共创共享。

第一是参与主体多元。数字技术的广泛连接特性赋能供应链生态系统的范围扩大，参与主体纵向不断延伸，上游从一级供应商拓展到二级甚至多级供应商，下游从一级客户拓展到多级客户甚至终端用户；同时横向不断外扩，曾经的竞争对手也开始有合作关系，如通过集约采购、备件共享降低成本。此外，物流服务商、仓储服务商、金融机构、研究机构、政府部门等支撑服务提供者与政策制定者也开始融入生态。第二是业务高度集成。供应链上游端的设计、采购，中下游端的生产、分销、零售等业务活动通过数据互联在统一的整体框架内高度集成，最终构建了一个业务完整、紧密合作的生态系统。第三是交互实时动态。基于数据的实时互联与共享，企业与供应商、客户之间的交互变得更高频密切，企业可以根据客户实时需求变化数据进行生产和分销计划动态调整并反馈客户，可以根据供应商实时产能变化数据进行风险识别和采购动态优化并通知利益相关方。第四是价值共创共享。数字化供应链生态以终端用户需求为驱动，由供应链各参与主体形成互惠共生的共同体。用户由消费者转变为创造者，与企业共同完成产品与服务从 0 到 1 的颠覆式创新和从 1 到 N 的组合式创新，通过迭代螺旋上升的过程，打造价值共创共享，实现整个供应链生态的价值最大化。

当前，全球范围内的各大企业都在积极布局数字化供应链生态系统。例如，在海尔卡奥斯的工业互联网生态中，所有的资源、权限与能力都被放在一张巨大的、开放的、联合的工业设施联合体中，它向巨量的用户科技分供方开放，也向所有可能使用工业设施联合体的主体开放，让联合起来的工业基础设施成为社会的共享资产，共生共赢创造价值。

而且数字化供应链生态系统的构建，不只可以通过产品的供需关系建立连接，还可以通过能力、资源的互补来建立连接。日本政府提出的"Connected Industries"（互联工业）战略即指出为应对新时代剧增的不确定性，企业应该通过竞争力资源/能力的互补来创造新价值，以提升企业的动态能力，实现共特化的新产业价值链。它提倡打破供应链的垂直体系（如设计、制造、组装等），以虚拟化和平台化的方式构建生态，实现水平解耦和互补共创价值。无独有偶，德国正试图通过"共享生产"的生态系统模式，走向未来制造。通过标准化的机器语义框架实现机器互联、数据互联，为机器建立一套数字空间的实时互动模型，实现远程配置不同地点的机器和产能共享。它采用即插即产（plug & produce）的思路，将制造系统分成多个过程模块，不同参与主体可以在不同地点协同制造，实现生产能力互补和价值共创。

正是在这样的生态共荣和价值共创的结合之下，数字化供应链中万物互联、能力互补的广度和深度逐步加大，未来生态化发展是大势所趋。通过数字化供应链生态的深度合作，可以不断优化价值创造和价值共享，实现整个生态的竞争优势。

【案例 7-3】小米构建价值共创供应链生态圈

小米科技有限责任公司（以下简称"小米"）成立于 2010 年 3 月 3 日，是一家专注于智能硬件和电子产品研发的全球化移动互联网企业，同时也是一家专注于智能手机、互联网电视及智能家居生态链建设的创新型科技企业。小米的供应链覆盖了很多行业的企业，甚至有些是细分领域的龙头公司。"小米只做自己最擅长的环节——营销和设计，制造方面则是要和全球最好的供应商合作。"雷军一直这样告诉外界。因此小米打造了一个全球化的供应链生态，任何硬件领域它一旦介入，都能做得比别人性价比更高。

小米打造的供应链生态系统非常多元互补。以小米 12 系列手机为例，其国产供应链合作伙伴数量近 60 家，核心器件国产化水平超越以往。在核心屏幕方面，小米 12 的 AMOLED（有源矩阵有机发光二极体面板）柔性屏就是由 TCL 华星光电独家定制研发而来；在智能制造领域，小米则通过与蓝思科技成立联合研发中心的方式，将亦庄智能工厂的新材料、新工艺、先进制造技术等输出给对方，以助力其打造全球领先的消费电子智能工厂。除此之外，欧菲科技是红米系列手机最大的摄像头模组供应商，欣旺达是小米电池核心供应商，夏普是小米手机屏幕的主力供应商，高通是芯片主要供应商。与供应商合作共赢，提升供应链整体价值输出，是小米一直追求的目标。

同时，小米通过智能制造行业工业互联网产融数字平台，形成"IoT+ 数字供应链+金融"全套能力输出，为供应链生态内的中小企业提供综合产业金融解决方案。一方面小米可将各大集团的融资能力向上游供应链企业赋能，借用核心企业信用融资，使应收资产逐层拆分传递，解决中小微企业融资难问题，降低链条后端供应商融资变现成本，改善中小微企业现金流；另一方面，小米基于深厚的产业背景，依托国内最大的 AIoT（人工智能物联网）生产资源，通过整合资产端、金融端渠道，为中小微智能硬件企业定制从创意诞生、产品研发、原料采购、加工生产到仓储管理、贸易流通、销售、末端物流、产品交付等全链条的金融解决方案，并通过全流程资金支持及供应链赋能，打造智能制造企业的"超级孵化器"以及爆款产品的加速器。

目前，小米生态圈合作伙伴形成了一个紧密的互帮互助联盟，从纵向的供应链变成了矩阵式的供应链生态。随着整个生态走向数字化，供应链体系跨越了传统供应商与核心企业之间供需关系的范畴，成就了一种全新的价值共创生态圈。

资料来源：《工业互联网平台赋能产业链供应链白皮书》。

7.2.4 绿色化

面对日益严峻的气候变化和环境挑战，绿色化发展已成为全球共识。目前，全球主要国家已规划双碳战略，并不断深化碳定价、碳技术、能源结构调整等重点举措。我国也高度重视节能环保工作，习近平主席在 2020 年 9 月 22 日第七十五届联合国大会一般性辩论上作出"中国将提高国家自主贡献力度，采取更加有力的政策和措施，二氧化碳排放力争于 2030 年前达到峰值，努力争取于 2060 年前实现碳中和"的庄严承诺。在政府的引导和推动下,绿色供应链标准的出台步伐明显加快,工业和信息化部开展的工业节能与绿色标准研究项目在2017—2020年立项支持了约30项绿色供应链标准的制定,此举大大加速了绿色供应链的发展。

同时,随着用户绿色消费的观念逐渐养成,用户比以往更加关注产品来源、生产过程、回收方式,也越来越希望企业在保护环境、节能减排等方面具有较强的社会责任感。如今,绿色低碳、节能减排、回收利用等理念已经成为企业品牌价值不可或缺的组成部分。供应链的绿色化发展不仅能够助力企业降本增效,还有利于提升企业品牌形象和用户认可度。

供应链领域的碳排放核算往往与产品的碳足迹相结合,基于产品全生命周期评估(life cycle assessment,LCA)来核算碳排放量。数字化供应链可以利用物联网、云计算、数字孪生等技术构建全生命周期的供应链碳排放核算体系。供应链的碳排放量等于供应链全流程各业务环节的碳排放量之和,具体包括设计、采购、生产、分销、交付、逆向等环节。设计环节的碳排放主要集中于可行性分析、工艺设计、产品测试等活动;采购环节的碳排放主要集中于分拣包装、存储、运输等活动;生产环节的碳排放主要集中于生产制造、分拣包装等活动;分销环节的碳排放主要集中于产品的存储和运输等活动;交付环节的碳排放主要集中于运输和消费等活动;逆向环节的碳排放主要集中于收集和回收处理等活动。

为了实现绿色低碳发展,供应链企业低碳运营管理一般从上述业务环节入手改善,逐步实现低碳目标。在设计环节,应用研发设计类工业软件[CAD(计算机辅助设计)、CAE(计算机辅助工程)等]模块化、标准化地设计零部件,并仿真测试设计产品的强度和耐用性,减少多次物理实验造成的能源和材料消耗;在采购环节,建立涵盖碳排放强度的供应商评选体系,尽量选择低碳供应商,并通过数字化采购实现"无纸化";在生产环节,利用大数据技术全面量化碳排放过程,引入减排工艺和碳捕集技术,持续优化排产系统以提升生产效率;在分销环节,采用智能预测系统以销定产,提高库存周转率,选择低碳销售渠道和低碳营销模式;在交付环节,使用新能源车辆运输,利用人工智能算法优化路径规划;在逆向环节,对产品及零部件进行回收和溯源管理,对废弃物进行智能分类和回收利用。

目前,国内外数字化转型领军企业都在不同行业利用数字技术推进供应链绿色可持续发展。例如,在ICT制造业,联想使用自主研发的联想高级计划与排程系统（Lenovo Advanced Planning and Scheduling System，LAPS）提高生产效率、减少生产线闲置，每年可节省2 700兆瓦时的电力，可减少2 000多吨二氧化碳的排放，相当于种11万棵树。在汽车制造业，广域铭岛帮助整车制造企业建设了计量完整、监控一体、管理高效的能耗优化系统，实现能源的精准供应，系统上线后，2022年实现汽车基地降低碳排约1 294.43吨。在信息服务业，微软基于云的运营相比于传统IT数据中心可以实现小型应用减少碳排放量90%或以上，中等应用减少碳排放量60%~90%，大型应用减少碳排放量30%~60%。

在国家双碳战略下，供应链加速绿色化的变革之路势在必行。而数字化供应链具有得天独厚的数字技术基础优势，利用数字技术赋能供应链碳核算、碳管理，可以实现各行业乃至整个社会的节能减排。数字化供应链的绿色化可持续发展也是未来的重要趋势之一。

【案例7-4】京东物流创新打造低碳绿色的一体化供应链体系

京东是中国最大的自营式电商企业，1998年6月18日由刘强东在中关村创立。2014年5月，京东集团在美国纳斯达克证券交易所正式挂牌上市，是中国第一个成功赴美上市的综合型电商平台。2020年6月，京东集团在香港联交所二次上市，募集资金用于投资以供应链为基础的关键技术创新，以进一步提升用户体验及提高运营效率。京东集团定位于"以供应链为基础的技术与服务企业"，业务已涉及零售、科技、物流、健康、保险、产发和海外等领域。2022年2月2日，京东集团入选2022年《财富》全球最受赞赏公司行业榜，社会责任指标排名中国企业第一。

京东集团于2007年开始自建物流，2017年4月正式成立京东物流集团，京东物流是中国领先的技术驱动的供应链解决方案及物流服务商，以"技术驱动，引领全球高效流通和可持续发展"为使命，致力于成为全球最值得信赖的供应链基础设施服务商。京东物流深耕一体化供应链物流服务这一核心主航道，既可以在数字世界提供基于数据与算法的供应链战略—规划—计划—执行的全面解决方案，又可以在物理世界提供从解决方案到落地运营的一体化支撑。同时，京东物流全力推进绿色减排，以实现一体化供应链物流的可持续发展。2019年10月，京东物流宣布加入"科学碳目标"倡议，成为国内首家承诺设立科学碳目标的物流企业。

为了实现2030年碳排放减半的目标，京东物流具体在绿色包装、绿色运配、绿色仓储等多个领域采取各项举措落实可持续发展目标。京东物流从绿色包装出发,"青流计划"自 2017 年正式启动,截至 2021 年底,常温青流箱和循环生鲜保温箱等循环包装已累计使用 2 亿次,每年可减少物流行业纸箱使用 20 亿个以上,2017 年,京东物流配送终端 100% 实现电子化签收,每年可减少纸张使用达 6 000 吨;在绿色运配方面,京东物流自 2017 年开始累计在全国 50 多个城市投放使用的新能源车已达 20 000 辆,每年可减少约 40 万吨的二氧化碳排放;在绿色仓储方面,预计到 2024 年可实现累计光伏装机 1 000 兆瓦,年可以发电 6 亿度以上,京东物流致力于在 2030 年打造全球屋顶光伏发电产能最大的生态体系,共建光伏发电面积突破 2 万亿平方米,为 85% 的智能产业园提供绿色能源。

与此同时,京东物流始终坚信科技带动低碳可持续发展。京东物流综合利用 5G、物联网、人工智能和区块链等数智化关键技术,通过能源结构升级、效能持续优化、设施集聚共享、资源循环利用等手段,打造物流园区"碳中和"解决方案,围绕碳中和目标实现绿色化、数字化、精细化、全量化管理的智能物流园区。京东物流将开放京东物流材料实验室,作为高校可再生材料创新项目孵化器,推动行业环保材料的使用和技术革新。京东物流将继续投入 10 亿元用于加码绿色低碳的一体化供应链建设,一方面实现自身碳效率提升 35% 目标,另一方面携手上下游合作伙伴,共同探索和打造绿色低碳的一体化供应链生态体系。

在具体实现方面,京东物流也做到了出色的实践。2022 年 3 月,京东"亚洲一号"西安智能产业园获得由北京绿色交易所和华测认证(CTI)颁发的碳中和认证双证书,实现 2021 年度西安智能产业园区的碳中和,成为我国首个"零碳"物流园区。京东物流在 2022 年推出氢能源城际专线试点,旨在持续探索和实践供应链物流非抵消减碳技术,京东物流同时也提出了"共享碳足迹"的理念,发挥企业影响力,协同上下游企业加入供应链物流碳足迹管理,实现供应链减碳的价值驱动力,消除碳孤岛,推动全球生命共同体的可持续发展。全链路减碳背后,京东物流在绿色可持续中始终不断前行。

资料来源:京东物流官方公众号。

本章小结

本章首先介绍了企业在供应链数字化转型过程中面临的挑战,基于资金流、数据流、人才库三个角度展开阐述,并给出了相应的建议。针对资金供给不足和投资回报滞后的挑战,提出了差异化税收和产融结合优化的对策;针对大数据时代数据的可获得性、准确性、安全性等挑战，提出了构建利益分配机制、进行标准化建设、构建安全防护体系等对策；针对人才缺口和培养困难的挑战，提出了建立动态人才库和培养复合型人才的对策。随着数字化供应链的发展，智慧化、复用化、生态化、绿色化这四个趋势日益凸显。本章结合案例分别阐述了每个发展趋势的特点与具体表现。

思考题

1. 推动供应链数字化转型的过程中可能会面临哪些挑战？需要哪些方面的支持？
2. 管理者在推动企业数字化转型中需要做好哪些方面的事情？
3. 如何看待数据在供应链数字化转型过程中的重要性？
4. 如何提高数据共享和分析的效率与效益？
5. 如何解决当下数据所有权混乱的问题？
6. 为什么人才短缺问题日益严峻？企业如何寻找合适人才？
7. 未来人才库的发展趋势是什么？
8. 数字化供应链转型趋势中智慧化主要体现在哪些方面？
9. 复用化作为数字化供应链未来发展趋势将产生哪些价值？
10. 数字化供应链生态具有哪些特点？
11. 供应链领域的碳排放如何核算？

第8章 数字化供应链优秀应用案例

🔍 **学习目标**

1. 了解离散制造业和流程制造业中典型企业的数字化供应链优秀应用案例。
2. 熟悉不同企业建设数字化供应链应用的新技术、新业务、新架构。
3. 掌握不同企业供应链数字化转型的典型实施路径与最终呈现效果。

🔍 **能力目标**

1. 具备运用数字技术进行供应链业务环节数字化转型改造的能力。
2. 具备识别不同行业实施数字化供应链的共性方法的能力。
3. 具备从事数字化供应链建设与管理等实践工作的能力。

🔍 **思政目标**

1. 了解各行业供应链数字化转型的必要性和前沿实践案例,树立正确的职业理想。
2. 能够将数字化供应链理论知识与分析方法应用到实际生产生活中,培养良好的职业素养。

思维导图

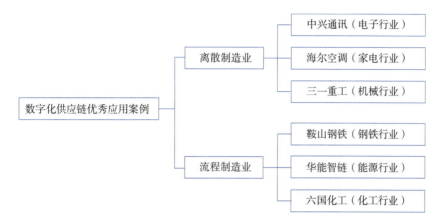

本书前 7 章对数字化供应链的理论知识做了详细介绍。本章将通过深入剖析六个典型的数字化供应链应用案例为如何将前 7 章理论知识落地实践提供可借鉴的经验。众所周知,制造业按照制造流程的离散与连续可以分为离散制造业和流程制造业。本章选取的案例三个来自离散制造业,分别为中兴通讯(电子行业)、海尔空调(家电行业)、三一重工(机械行业);三个来自流程制造业,分别为鞍山钢铁(钢铁行业)、华能智链(能源行业)、六国化工(化工行业)。每个案例分别介绍了传统供应链中的问题,数字化供应链的整体架构、新技术、新业务、实施路径,供应链数字化转型的效果及创新点,未来发展机遇与挑战。通过六个优秀案例的深入剖析,以期揭示不同行业实施数字化供应链的共性方法与差异方案,分享可借鉴、可参考的实施经验。

8.1 中兴通讯数字化供应链案例[①]

8.1.1 中兴通讯基本信息

中兴通讯股份有限公司(以下简称"中兴通讯")是全球领先的综合通信信息解决方案提供商,为全球电信运营商、政企客户和消费者提供创新的技术与产品解决方案。中兴通讯成立于 1985 年,业务覆盖 160 多个国家和地区,服务全球 1/4 以上人口,致力于实现"让沟通与信任无处不在"的美好

---

① 本章案例资料来源:工业互联网产业联盟《2022 年供应链数字化转型案例汇编集》,有调整。

未来。中兴通讯主要产品包括：2G/3G/4G/5G 无线基站与核心网、IMS（货运中心）、固网接入与承载、光网络、芯片、高端路由器、智能交换机、政企网、大数据、云计算、数据中心、手机及家庭终端、智慧城市、ICT 业务，以及航空、铁路与城市轨道交通信号传输设备。

8.1.2 中兴通讯传统供应链中的问题

（1）企业供应链韧性需强化。通信产品的供应链受到多方面不确定性的影响，如何强化供应链韧性是中兴通讯目前所面临的问题之一。

（2）企业柔性需持续提升。通信产品受制于运营商的市场布局及国家的产业升级，需求波动性大，如何建立柔性能力来适配供需平衡是中兴通讯供应链面临的重大挑战。

（3）客户满意度需持续提升。通信产品复杂度高，客户需求个性化强，订单履行难度大，订单周期长。调研显示，中兴通讯客户的不满之处在于供货周期长、供应齐套性不足和交付过程的非可视化等。

（4）运营效率需不断优化。中兴通讯在推进精益供应链、优化运营效率方面遇到瓶颈。为更好地保证公司战略目标达成，中兴通讯需要大幅提升运营效率。

8.1.3 中兴通讯供应链数字化转型的过程

1. 中兴通讯数字化供应链的整体架构

中兴通讯希望通过供应链数字化转型，在数字世界里建立"数据+算法"驱动的数字孪生供应链，实时感知客户需求，通过数字技术实现智能决策支撑，寻找最优的解决方案，最终提升供应链的整体运营效率。图 8-1 展示了中兴通讯数字化供应链业务框架：在基础层，对基础系统进行模块化建设，同时共享数据，建立数字化转型的基础。业务框架的核心部分是采购、制造、交付数字化，通过计划数字化的控制塔拉通信息流、实物流，对内协同产品与研发，对外协同客户与合作伙伴，通过智能运营平台最终为客户增加价值。

2. 数字化供应链运用新技术情况

（1）云计算、物联网。为了应对客户需求的快速变化及供应的不确定性，中兴通讯构建了智能供应平台，如图 8-2 所示。智能供应平台构建于中兴云上，IaaS 平台提供运行环境，PaaS 平台提供通用能力，数据中台和 AI 中台提供算力和算法，

第 8 章 数字化供应链优秀应用案例

图 8-1 中兴通讯数字化供应链业务框架

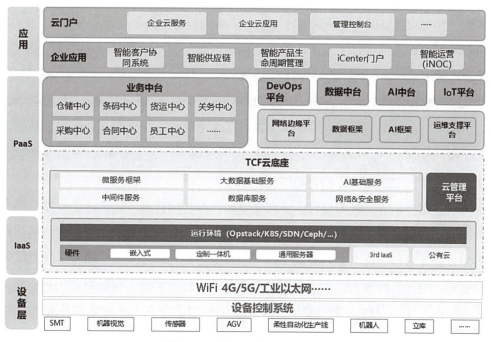

图 8-2 中兴通讯智能供应平台

IoT 平台连接设备和环境，前台利用低代码平台能力，快速实现业务应用。

（2）大数据分析、人工智能。中兴通讯利用人工智能和大数据分析进行决策支持和管理预警。比如中兴通讯建立了网络运作中心 iNOC，通过系统对任务和人员进行分配。在供应风险识别方面，中兴通讯建立风险分析模型，通过大数据分析进行风险识别预警并嵌入研发材料选型过程等。

（3）数字孪生。中兴通讯滨江基地在工厂生产和园区管理上均使用了数字孪生技术。生产线数字孪生实时反映产线生产状况，进行生产预测、质量追溯以及预测性维护，实现生产物料和成品全流程数字化管理等功能。工厂园区数字孪生集成、整合、融入园区多源数据，对设备联防联动监控，对资源高效调配，实现园区运营的可视化分析和业务的闭环联动等。

3. 数字化供应链各业务环节现状

（1）计划环节：敏捷计划。中兴通讯对于供应链计划数字化转型的设想分为三个阶段，即业务可视透明、业务预测分析和业务自决策与自执行。目前中兴通讯的计划环节基本处于第一阶段到第二阶段之间，实现了计划执行过程可视、计划绩效实时可视和计划风险预警。

（2）采购环节：数智采购。中兴通讯采购数字化规划的内容包含一体化数据底座、材料和供应商全生命周期数字化、采购执行过程数字化以及采购数据应用。目前中兴通讯已经搭建了基于微服务架构的智能供应协同平台，并在这个平台上构建了主流采购场景的执行过程数字化应用。

（3）制造环节：智能制造。中兴通讯秉承"用5G制造5G"理念，打造云、网、业三位一体的智能制造标杆。中兴通讯目前主要聚焦于企业园区一体化管理和生产车间、立库的5G化改造，初步实现5G全连接工厂，逐步向柔性化、智能化、少人化、无人化智能制造工厂演进。

（4）交付环节：精准交付。中兴通讯在合同交付管理方面，已经将交付侧合同LTC（从线索到收款）流程完全贯通，并实现了客户需求到订单交付的端到端贯通；仓储管理方面，公司建立了基于仓储业务的标准仓系统，实现了物流端到端打通；货运管理方面，中兴通讯与德勤、阿里巴巴共建了货运中心平台，实现了货运轨迹可视，过程实时预警；关务管理方面，中兴通讯与SAP共建了GCM（全球关务管理）系统，目前已实现95%以上业务在线报关，并已实现清关自动化。

4. 实施路径

（1）客户供应协同。中兴通讯与客户一起推进数字化转型，解决端到端业务痛点。中兴通讯搭建了客户协同平台，形成了与客户之间的配置协同、订单协同、计划协同、物流协同、财务协同、工程协同、服务协同七大协同能力。

（2）智能制造。为了应对个性化、小批量化、智能化的生产需求，中兴通讯利用物联网、大数据、沉浸式技术等，通过精准交付、智能制造、智慧物流、智慧园区等维度升级改造，实现更智能、高效、高质量的产品制造。

（3）供应链智能运营。中兴通讯打造了供应链智能运营中心，如图8-3所示，其可以分为三层架构：第一层是基础层，实现供应链业务线上可视、风险预警；第二层是数据驱动预测性分析；第三层是自动执行层，通过机器学习自改善，给出问题或风险改善建议，并自动执行形成闭环。

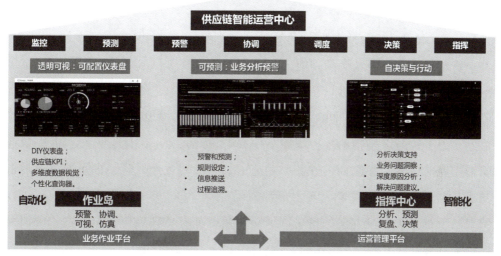

图 8-3　中兴通讯供应链智能运营中心

（4）数智采购。中兴通讯的采购数字化路径分三大步，每步之间迭代梯度推进，前面的步骤是后面步骤的基础、后面的步骤验证和修正前面的输出。第一步是搭建基于微服务架构的智能供应协同数字化平台；第二步是在采购数字化平台上构建应用场景；第三步是采购数据应用，通过数据分析实现采购过程透明可视、识别并预警采购交付风险，辅助采购决策。

（5）数据治理。中兴通讯的数据治理工作主要分为三部分：第一，强化数据资产管理组织，包括数据资产应用、变更、评估、审计等。第二，结合各业务变革项目数据质量问题痛点，针对性地提升重点数据的质量。第三，基于实时可视、风险预警、智能决策等数据消费需求，提供相应的数据服务能力，实现数据价值的挖掘和变现。

8.1.4　中兴通讯供应链数字化转型的效果

1. 供应链管理效率提升

（1）制造效率。通过数字化建设，中兴通讯的装配问题漏检率降低80%，关键工序不良率降低46%，操作人员数量节约28%，物流周转效率提升27%。

（2）收入与成本。通过数字化转型，中兴通讯库存周转率提升了20%，制造费用率和物流费用率每年都降低近5%，而收款周期每年压缩15%。

（3）交付周期。经过数字化转型，中兴通讯供应链交付周期缩短了29.7%，交付的齐套性提升了42%。根据2021年底的客户满意度调研，客户在交付侧满意度提升了6.42%。

2. 供应链抗风险韧性提升

中兴通讯提高了风险预判能力。中兴通讯开发了供应风险可视系统和供需平衡智能分析系统等工具，系统会自动结合需求信息进行分析研判，快速识别风险并制订相应的策略。同时中兴通讯提升了风险发生后适应能力和恢复能力。首先，为了快速识别物料供应风险，中兴通讯开发了风险地图系统，能够快速识别受风险影响的供应商，并及时响应；其次面对生产风险，中兴通讯通过多基地布局，生产资源共享，产能相互备份，多工厂可高效协同；对于物流风险，中兴通讯加强了物流方案的备份，风险发生时能够立即启用备份方案，协调并应对紧急需求。

8.1.5　中兴通讯供应链数字化转型的创新点

（1）项目化运作推动数字化转型：为推动供应链数字化转型，中兴通讯强化了数字化转型工作的项目化运作。中兴通讯通过整体PMO（项目管理办公室）策划和推动，实现战略到落地的任务分解；通过项目化运作,打通端到端流程和系统。

（2）从战略到落地自有化：中兴通讯数字化转型重视从战略到落地方法论端到端整体方案的自有化打造，根据企业现状制定基于自身业务的数字化转型理论和方法。

（3）上下游协同化发展：中兴通讯和客户同步进行数字化转型，在客户实现价值变现的同时，中兴通讯也同步实现收入的增加和客户黏性的增强。通过打通上下游，实现整条供应链价值最大化。

8.1.6　未来发展机遇与挑战

1. 发展机遇

（1）中兴通讯具有领先且厚实的技术积累，有助于企业更快更有效地推动数字化转型。

(2）客户与合作伙伴的重视程度很高，企业数字化转型动力充足。

(3）数字技术日趋成熟，企业的数字化转型成本可以有效降低。

(4）供应链数字运营中心具有广阔的开拓空间。

2. 面临挑战

(1）数据治理能力对数字化转型成效构成风险。

(2）数字化转型如果缺乏战略指导，无法与未来的长期模式匹配。

(3）数字化转型如果深度不够，变成信息化。

(4）短期价值如果无法变现，投入无法持续。

总结而言，供应链数字化转型，道长且坚，行则必至，行而不辍，未来可期。

8.2 海尔空调数字化供应链案例

8.2.1 郑州海尔空调基本信息

郑州海尔空调器有限公司（以下简称"郑州海尔空调"）位于郑州市经济技术开发区海尔产业园内，于 2014 年 12 月建成投产。作为海尔集团第 6 家互联工厂样板工厂（图 8-4），郑州海尔空调能快速满足用户的大规模个性化定制需求。郑州海尔空调整合行业内外顶尖的制造技术创造了互联工厂的先进布局，每个生产流程均充分考虑高效原则，可依据市场需求进行产能调整，

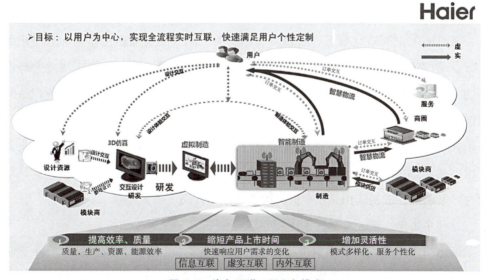

图 8-4 海尔互联工厂业务模式

升级生产能力将产能翻倍;通过精益化、标准化、模块化、自动化的导入及数字化系统的集成,实现以互联网及物联网两大技术为基础,3类互联、5层架构及5大系统集成的物联网平台,并创新15类领先的业务模式,从而实现用户和生产的互联,成为行业内先进的互联工厂。

8.2.2 郑州海尔空调传统供应链中的问题

传统工厂的生产过程,存在信息传递速度慢、产品交付周期长、不必要的成本过高等问题。郑州海尔空调工厂的供应链生产痛点为:生产过程中的材料浪费不可实时可视(尤其是前工序设备的产出过程中)、管理延后增加了生产浪费、生产订单计划不稳定带来的系统扰动降低系统效率。通过开展制造业数字化转型,互联工厂可以有效解决上述问题,以"管理三化"破浪费顽症,具体包括浪费可视化、管理即时化、生产稳定化。浪费可视化完成了两器高冲、焊接线、氦检线的IoT物联升级,使前工序设备产出实时可视;管理即时化升级云视频系统,实现网络诊断,通过电信天翼云监控,能够使生产状况通过监控实时地接入管理办公室,及时准确地发现问题;生产稳定化,推进了信息化排产和时序化排产。"管理三化"通过多维度解决供应链中痛点问题,逐步完善和升级现有的信息化架构系统,实现数字化转型。

8.2.3 郑州海尔空调供应链数字化转型的过程

1. 数字化供应链的整体架构

郑州海尔空调研究基于"物联网"和"务联网"的智能制造体系,迭代建设全球首个空调产业海尔空调互联工厂,将郑州海尔空调互联工厂模式从关键部件制造、家电整机制造,进一步推广应用到装备产品制造,并探索面向装备产品的离散型制造、网络协同制造、大规模个性化定制、远程运维服务四大类智能制造新模式,满足产品设计、工艺、制造、检验、物流等全生命周期各环节的智能化要求。其通过搭建郑州海尔空调互联工厂示范平台,为家电行业、装备行业,乃至为国家制定智能制造相关标准提供借鉴和参考(图8-5)。

2. 数字化供应链运用新技术情况

郑州海尔空调工厂在供应链新技术的覆盖普及中,以卡奥斯COSMOPlat工业互联网平台为基础,以多维度和高兼容的思想升级和改善现有工厂数字化结构。

图 8-5　郑州海尔空调互联工厂总体模型

（1）大数据分析与优化。企业可以利用工厂统一数据分析平台，对生产过程、配方工艺、质量管理、物料配送等方面进行优化分析，以提高智能工厂的生产效率与自动化水平。例如，对生产设备的实时和历史数据进行报警、状态、预警等多维度整合分析；将设计、生产、物流等数据交叉分析，提高生产质量；对效率、绩效、设计进行分析，反馈研发、采购、售后等，提高生产效率。

（2）AGV。产品模块化生产由冷凝器、蒸发器、管组、电控、面板、钣金加工的智能化车间组成，配置 AGV 小件智能配送、积放链大件智能周转、牵引车自动柔性配送及智能化设备生产。

主要设备包含双向潜入牵引式 AGV 及配套附属设施（全自动充电机、呼叫器、导航等）、DS 2.0 调度管理系统等，以实现库房上料区 – 料车缓存区环节物料车的自动化搬运配送，推进物料搬运智能化、节省人力。

（3）物联网。智能工厂将生产过程中的各种机器、设备组、系统网络通过先进的传感器与采集和控制软件相连接。通过这种方式实时连接并整合各生产元素的信息，打造了 COSMOPlat-IoT 平台。该平台通过与设备互联互通，可以对设备资产的位置分布、新度分布（指设备资产新旧程度的分布）、类别分布、利用率分布等做全面分析，刻画资产全景；对单台设备实现生命周期分析，描绘设备全生命周期画像；对大宗辅料上线量与线上料罐结余量实时在线分析，实现设备加工过程物料耗用的精益分析。同时做好整个系统的标准管控和设备管理，保证生产顺利进行。

（4）5G。郑州海尔空调互联工厂利用5G、移动边缘计算（MEC）技术和工业互联网技术，进行数字化、网络化、智能化转型：建设覆盖郑州海尔空调互联工厂的5G虚拟企业专网，为面向新一代技术的应用提供网络基础支撑；与青岛总部MEC管理平台联通，实现对计算平台的统一运维、统一配置和统一调度；同时基于5G网络，升级卡奥斯COSMOPlat工业互联网平台，对各类终端更快速地调用和监测。

3. 数字化供应链各业务环节现状

郑州海尔空调互联工厂利用数字化供应链打造个性化定制业务，全流程创新性构建互联工厂能力，实现快速和柔性的模块化智能制造，具体包括：模块化（数字化）产品设计、模块化采购、模块化制造。

（1）模块化（数字化）产品设计。郑州海尔空调提出一种全新的设计模式和开发体系——产品数字化样机，即基于三维实体模型的虚拟产品（虚拟样机），同时建立起海尔数字化设计平台。平台从设计和管理两方面进行，通过产品设计与管理过程的数字化和智能化，缩短产品开发周期，促进产品数字化，提高产品创新能力。

（2）模块化采购。海尔将采购方式从零件采购变革为模块化采购，让供应商从零件供货变革为模块供货，从而引入一流供应商参与模块前端设计，把原来封闭在企业的开发流程变革为开放生态创新，实现高效跨界合作。

（3）模块化制造。为实现模块化制造，工厂布局从产品模块化出发，将整体工业园区划分为核心制造、关键供应商、厂内制造、重要模块商周边等模块。同时工厂在模块化装配工艺线路中积极引入人机互联技术，提高装配效率。实施基于标识的模块化制造之后，所有标识化后的零件管理更为有序，能够有效满足用户个性化定制需求和不同订单量下的柔性生产（图8-6）。

图8-6　郑州海尔空调工厂实景照片

郑州海尔空调互联工厂在模块化制造平台之上还吸引了行业一流资源，开放并联实现行业引领的自动化和智能化水平，在多型号的大规模定制下保证了一流的质量和效率。

4. 技术路线

郑州海尔空调以将大数据技术与制造业深度融合为目标，通过智能数据分析为工业制造赋能提效，实现供应链数字化转型。公司主要从技术路线出发，改善供应链。

（1）针对生产制造中的异构数据源，公司研究分布式协同数据获取、面向特定环境的数据接入技术，实现跨空间的异构数据感知，处理生产制造中产生的异构数据源。

（2）公司建立各工序质量标准库，研究基于深度学习的产品质量评价模型，降低次品率、提高产品质量和可追溯性；同时，公司协同生产设备云端历史运行状况和边缘侧实时运行状况，研究基于深度学习的设备故障点预测算法，减少停机时间和维修成本。

（3）公司研究可重构模块化、语义化建模技术及多目标、多环节协同建模与决策方法，构建多环节协同预测演化机制，并利用数字孪生技术，完成制造全流程虚实交互，实现物理世界的最佳有序运行，提高生产效率。

8.2.4 郑州海尔空调供应链数字化转型的效果

本节从效率提升、质量提升、能源利用率提升、运营成本降低四个方面说明郑州海尔空调供应链数字化转型的效果。

1. 效率提升

通过数字化转型，互联工厂订单交付周期缩短 30%，人均工作效率提升 20%。同时，工厂远程登录边缘计算平台等系统的部署时间大大缩短，现场实物调试的效率和相关软件升级、算法训练、网线定期更换的频率都得以提高。

2. 质量提升

工厂通过共享测试数据，能够提前拦截次品；采用机器视觉技术进行线上检测，能够及时发现产品缺陷；通过售后网络实时监测，对产品缺陷类型进行生产线实时报警。以上措施实现了产品制造全生命周期的质量提升。

3. 能源利用率提升

工厂通过安装数据采集设备，能够对厂区的动力、供暖、空调、照明、给排水、热、气等能源资源消耗数据进行动态采集、实时监控、统计分析，包括能耗统计、能效评估、监测预警等功能，提高能源利用效率。

4. 运营成本降低

工厂采用 5G、工业互联网、人工智能等技术提高办公环节和制造环节的工作效率，降低生产过程中的运营成本；远程维修采用线上线下相结合模式，减少员工人均下工厂次数约 20 次，降低售后维修环节的运营成本。

8.2.5 郑州海尔空调供应链数字化转型的创新点

1. 为质量赋能——抽空灌注项目数字化赋能质量升级

抽空灌注项目通过数据采集进行抽空灌注设备自动取数，使用数据分析处理系统将数据转化成用户需求的信息。其具有以下创新功能：可视化数据展示，便于员工掌握自己的工序状态；设置报警功能，根据不同分类进行报警，从安全、过程能力差、同设备连续超标方面进行管理；对工厂重点工序过程数字化管控，实现参数自动取数、自动分析、自动报警及全流程可追溯。

2. 为效率赋能——两器 IoT 数据采集信息化

工厂通过边缘数据采集盒子实现前工序、两器焊接区域智能化取数，完成生产及设备数据可视化，聚焦生产问题，倒逼效率提升，最终实现节能降耗、成本竞争力提升的目标。主要创新点体现在工厂通过部署自动焊 IoT 和氦检 IoT 分别对自动焊工序和氦检工序进行实时监控，实时取数和分析，有效提升各环节赋能生产线能力。

8.2.6 未来发展机遇与挑战

现场管理和工厂管理在操作层、管理层、运营层三级用户设备作业所需资源不统一，交互困难是制约未来发展的一大挑战。工厂将基于 COSMO-IoT 采集系统实现集团数据"新基建"，为提升和完善集团数据管理与大数据中心服务产业奠定基础。

5G 作为未来制造项目的一大机遇，郑州海尔空调互联工厂将围绕 5G 及工业互联网技术进行升级，不断促进郑州海尔空调互联工厂数字化、网络化、智能化转型升级，打造"5G+工业互联网"体系样板。

8.3 三一重工数字化供应链案例——树根互联助力工程机械企业打造数字化供应链平台

8.3.1 树根互联基本信息

树根互联股份有限公司（以下简称"树根互联"）是专注打造工业互联网操作系统的公司，是第一批国家级跨行业、跨领域工业互联网平台企业和国内首家入选Gartner"2020全球工业互联网平台魔力象限"的企业。

作为数字化转型新基座，树根互联聚焦于面向工业4.0的平台技术和产品研发，打造了自主可控的工业互联网操作系统——根云（ROOTCLOUD）平台，构建基于平台的工业App和工业数据驱动的创新服务，通过跨行业、跨领域的工业互联网平台为工业企业提供低成本、低门槛、高效率、高可靠的数字化转型服务。

8.3.2 三一重工传统供应链中的问题

三一重工股份有限公司（以下简称"三一重工"）是全球领先的工程机械制造商，也是全球最大的混凝土机械制造商。公司业务和产业基地遍布全球，在国内北京、长沙、上海、昆山、乌鲁木齐等地建有产业园，在印度、美国、德国、巴西建有海外研发和制造基地。

1. 三一重工供应链特点

（1）三一重工供应链涵盖企业数量大、种类多。

（2）供应链的生产模式主要是订单式生产与预测式生产相结合，产量不稳定。

（3）企业间的社会化分工度高，协同制造能力差。

因此，要通过供应链管理将三一重工的生产作业计划延伸到上下游供应商，尤其是需要数字化的供应链管理来满足数据量大且类型和结构复杂的情况。

2. 传统供应链管理痛点

受传统供应链管理弊端影响，三一重工的主要痛点包括供应商交期及质量难以保障以及成本优化核价难两个方面，具体说明见表8-1。

8.3.3 三一重工供应链数字化转型过程

1. 数字化供应链的整体架构

树根互联对三一重工供应链进行数字化改造，建设内容主要针对工程机械行业在营销、设计、采购、制造、财务等供应链各领域的长期痛点及管控瓶颈,通过在三一重工和供应商间构建订单保障中心、成本管控中心、现场管控中心、质量管控中心等核心业务系统平台,实现从线索到订单、从概念到产品、从订单到交付的全流程线上管控;通过规范业务流程制度和范围,优化各业务环节中的不增值活动,支撑公司核心业务高效运行,图 8-7 为三一重工数字化供应链整体架构。

表 8-1 三一重工供应链痛点及表现

痛点	具体表现
供应商交期及质量难以保障	由于供应商内部不具备质量追溯能力,通常无法精确定位质量问题原因
	没有实时过程数据,导致发现质量问题非常滞后
	靠经验和人工沟通方式效率和准确度低,不能主动和及时发现空闲产能以及供应商产能瓶颈
	无法对交期进行合理性评估,无法监控影响交期的潜在因素
成本优化核价难	传统核价手段依靠人工,需要数据支持,更加精细化地穿透成本
	每年谈判成本高,需要花费较多的人力和资源
	供应商数量庞大,存在散、乱、弱问题

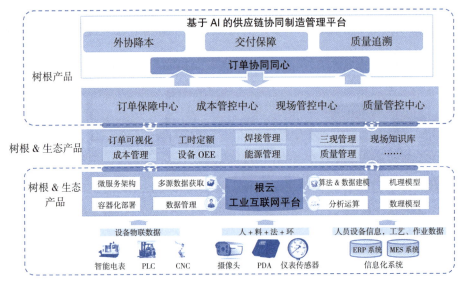

图 8-7 三一重工数字化供应链整体架构

2. 数字化供应链运用新技术情况

(1)物联网数据驱动精益运营。根云平台的物联网数据涉及重要设备及产线运行指标监测及预警、物流仓储运行监测及预警、生产计划执行状况监测及事故预警、班组、车间、部门量化绩效指标监测、制造成本透明化监测、订单成本透明化监测等方面。基于物联网数据指标的透明化呈现能力,树根互联为三一重工外协供应商提供了制造现场精益与质量提升服务,助力外协供应商进行制造过程控制、精益生产改善以及信息化应用等环节的优化(图8-8)。

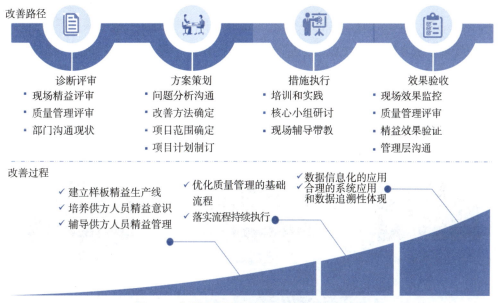

图8-8 物联网数据驱动精益运营的路径及过程

(2)区块链技术助力质量管理。树根互联基于区块链技术构建了三一重工数字化供应链中确保信息共享和产品质量控制的质量管理中心模块,如图8-9所示。除了供应链中的企业之外,该框架还包括区块链、金融信息、物流仓储信息、生

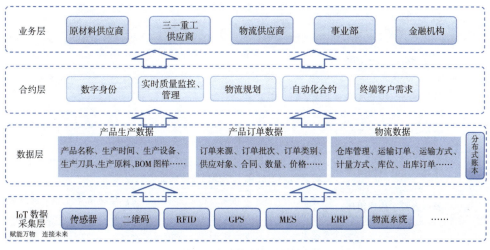

图8-9 基于区块链技术的质量管理中心模块

产设备信息、生产过程数据、质量数据等。区块链作为一个分布式账本,能够存储产品质量溯源信息、交易信息、物流规划路径信息、质检信息等。

(3)工业互联网平台覆盖全流程。得益于根云工业互联网平台强大的连接能力,树根互联基于设备物联数据、人员设备信息,工艺、作业数据以及对人、机、料、法、环的连接,协同生态伙伴提供订单可视化、工时定额、焊接管理、三现管理、成本管理、OEE(设备综合效率)、能源管理、质量管理等产品,实现智能云工厂与闭环供应链的有效连接(图8-10)。其主要表现见表8-2。

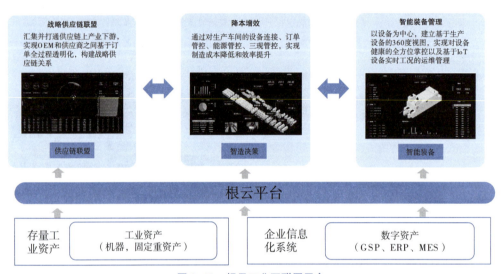

图8-10 根云工业互联网平台

表8-2 平台覆盖全流程

序号	流程	内容
1	数据精准、生产协同	下料、机加、焊接、涂装数据场景还原、实现跨工厂/设备的生产协同
2	订单拆分、提升效率	独立模块赋能工厂产线,将订单拆分至多个标准化生产单位,精确匹配,提高生产效率
3	高效调配、盘活产能	通过根云平台、MES、ERP、云视界等技术手段,获取工厂动态生产数据,灵活协调订单生产,高效调配生产资源
4	整合需求、双向画像	整合三一重工各个事业部订单,双向完成订单画像和供应商画像,形成双向成本优化,持续优化匹配能力
5	整合资源、构建闭环	整合上下游资源,增强原料议价能力,全产业链成本穿透,构建优势组合闭环
6	质量回溯、过程监控	掌握工序实时进度、中间件库存流转、确保分步工序进度可控,做到质量全过程回溯和预测

3. 数字化供应链各业务环节现状

目前,三一重工数字化供应链已实现从概念到产品、从订单到交付、从寻源到收货供应链全流程的在线协同和线上管控,为供应链核心业务提供数字化平台和系统支撑。

(1)订单保障。在订单保障方面,公司通过订单生成、订单调度、订单下达、生产派工、计划监控等功能,可实现订单产能动态分配、提升产线效率、降低产线运营成本、提升产品品质等效果。

(2)成本管控。三一重工数字化供应链的成本管控中心能实时跟踪生产过程各工序的成本信息,并及时形成信息反馈,实现全厂成本的全过程管控。它能够根据企业下达的生产任务和成本指标制订企业的成本计划且进行成本分解,并对整个生产过程进行成本的核算、监控、分析、预测、考核,实现与生产、计划、能源、设备、物流、销售、采购、库存和知识管理的协同,最终实现成本可视化。

(3)现场管控。在三一重工数字化供应链现场管控中心,视频监控管理能通过三现视频采集,叠加设备各类业务指标,实现数字世界和物理世界的融合可视化,实现对生产流程和人员的深度分析,对现场指定位置进行智能视频监控,有异常弹出画面警报提醒,确保现场异常的及时发现。

(4)质量管控。在三一重工数字化供应链的质量管控中心,基于区块链技术,公司在业务层、合约层、数据层以及 IoT 数据采集层四个层面构建了一个确保信息共享和产品质量控制的供应链系统。

4. 实施路径

总体来说,三一重工数字化供应链分为基础构建、基于订单的供应链协同、全面供应链管控提升三个阶段,具体部署见表 8-3。

表 8-3 三一重工数字化供应链实施路径

阶段	方式	实现功能
基础构建	以重点供应商为样板构建,开展 MES 基础功能、必要的系统集成	①生态集成;②系统集成;③基础功能建设;④下料作业、设备流程、成本管控;⑤工时定额;⑥订单可视、产能评估
基于订单的供应链协同	以一工厂供应链协同为样板构建	①深入的系统集成,贯通业务数据;②制造全流程贯通,生产透明化;③工艺、质量管控;④成本精细化管控(工资、能耗等);⑤制造运营驾驶舱;⑥现场精益与质量提升
全面供应链管控提升	基于 OEM 的推广实施	①工业互联网深入应用;②基于 OEM 的外协供应链管控平台全面推广

8.3.4 三一重工供应链数字化转型的效果

1. 供应链管理效率提升

三一重工数字化供应链平台实现了与供应商在订单信息方面的实时共享与交互，订单操作全过程可视；同时，运用 EDI（电子数据交换）技术标准实现了与战略供应商的系统集成与数据对接，主机厂订单计划、供应商生产计划、供应商库存等信息共享和业务协同。该平台还开发了线上寻源、线上报价等功能，实现了对寻源、洽谈、采购、合同、订单、物流、付款等供应链核心业务的在线管控。此外，通过能源和原料在不同工序的成本统计与设备作业率相互对照，每年可节约 5% 以上的能源和原料成本。

2. 供应链抗风险韧性提升

当前三一重工供应链面临的主要风险包括原材料及零配件采购风险、生产制造风险、产品运输和配送风险、企业外部环境风险。针对以上供应链风险，树根互联从以下几个方面提升了三一重工供应链整体韧性。

（1）提高供应商聚集数量，提升供应链韧性。树根互联从数量上丰富了三一重工供应商选择范围。根云平台不仅接入与三一重工存在业务往来的供应商，还通过挖掘潜在供应商扩大了供应商选择范围。针对原材料及零配件采购风险以及企业外部环境风险两大风险提出了解决替代方案，提升了供应链韧性。

（2）供应链内信息互联互通，提升供应链柔性。通过建设四大中心等模块，三一重工数字化供应链平台拥有了覆盖全业务流程的信息化体系。供应链在库存控制、物流保障能力上显著提升，受市场波动影响显著减小，有效应对了产品运输和配送风险及生产制造风险，提升了供应链柔性。

（3）通过区块链构建质量管理中心模块，提升供应链产品质量。基于区块链技术，三一重工数字化供应链构建了质量管理中心模块。区块链作为一个分布式账本，能够存储产品质量溯源信息、交易信息、物流规划路径信息等。质量管理中心的质量把控有效降低了生产制造风险，提高了供应链整体质量水平。

3. 供应链流程优化

三一重工数字化供应链平台实现了基于订单的供应链协同。不同于传统供应链上下游企业间缺乏信息沟通导致的订单式生产与预测式生产相结合的生产模式，三一重工数字化供应链可通过 MES 对订单进行拆分排产、BOM 工艺确认、交期管理，有效增加了供应链的协同水平，打通订单可视化企业全流程。

8.3.5 三一重工供应链数字化转型的创新点

1. 建设高效业务协同平台

三一重工数字化供应链的建设将完善原有管控模式、业务流程、质量保障等，通过业务协同供应链上下游的生产物资需求计划信息；物资的招标采购、供应、点收信息等物贸核心业务分析信息融会贯通、形成具有独特价值的供应链数字化集成服务。同时，适应业务模式的变化及个别供应商定制服务的需求，发掘服务价值链，以供应链协同带动企业面向工程项目的服务转型。

2. 创新商业模式

三一重工积极探索工业电商、供应链金融等创新业务，依托区块链、大数据、云计算等数字技术，构建多方共赢供应链生态体系。三一重工通过建立供应商的数字化管控体系，初步实现对供应商的评价、打分、授信等业务，并与信用度高的供应商开展工业电商和金融业务。利用区块链等先进技术，在区块链中完整记录应收账款的全流程信息，将三一集团的授信直接转化为数字权证，通过智能合约防范履约风险，促进信息流、资金流、实物流的同步与协同，从而形成覆盖供应商、银行机构、主机公司的一整套供应链金融解决方案。

8.3.6 未来发展方向

1. 全面设备的智能化、自动化升级

公司实现全部设备的加工工艺数据、能耗数据、产能数据、运行数据的分析与应用。

2. 基于 OEM 的推广实施，提升全面供应链管控

基于 OEM（原始设备制造商）的供应链管控平台全面推广，公司加深工业互联网的应用水平，实现订单自动调度管理，建立完善的供应商等级评定体系。

8.4 鞍山钢铁数字化供应链案例——基于数字孪生的钢企局车运输组织技术开发与应用

8.4.1 鞍山钢铁企业基本信息

鞍山钢铁集团有限公司（以下简称"鞍山钢铁"）成立于 1948 年 12 月，是新中国第一个恢复建设的大型钢铁联合企业和最早建成的钢铁生产基地，被誉为"新中国钢铁工业的摇篮"。目前，鞍山钢铁生产铁、钢、钢材能力年均达到 2 600 万吨，拥有鞍山、鲅鱼圈、朝阳等生产基地，并在广州、上海等地设立了生产、加工或销售机构，形成了跨区域、多基地的发展格局。

钢铁供应链的业务场景纷繁复杂，本案例聚焦"钢铁企业内部铁运供应链"这个业务场景展开介绍，介绍钢企铁运供应链上下游业务场景中存在问题、转型过程、转型效果、创新点及未来发展方向等。

8.4.2 钢铁传统供应链中的问题

1. 协同能力差

过去钢企铁运 ERP 系统与国铁集团的数据不能互通，厂内生产排产、仓储优化均根据采购计划估测到达时间。尽管国铁集团和钢铁企业各自数字化水平提高，但整个供应链绩效差。

2. 运输效率低

钢企铁路运输资源管理系统承载的物流管理业务量大，相关信息凌乱、缺失，无法依据数据信息对生产动态进行深入的剖析、预测和决策，导致运输效率无法进一步提升。

3. 运输能耗高

钢企缺失评价钢企铁运组织各作业环节时间指标、能耗指标体系，无法精准定位作业瓶颈及能耗标准，局车周转不畅、能耗高。

4. 用户体验差

钢企缺少对铁运组织相关数据整合、清洗的手段和平台，信息相对无序、孤立，没有利用有效工具进行深度挖掘，结果表现在：对公司采购用户，不能做好铁运组织对采购方案优化的支撑；对制造用户，不能提升铁运对生产稳定的保障和支撑；对销售用户，不能提供可视化及延伸服务。

8.4.3 鞍山钢铁供应链数字化转型的过程

1. 项目简介

为了有效地实施"公转铁"战略规划，全面提升钢企厂内物流全流程与国铁集团的协同效率，鞍山钢铁对局车运输作业全过程进行了深入的分析与研究，组织实施了"基于数字孪生的钢企局车运输组织技术开发与应用"项目。

该项目为国内首例实现钢企与国铁集团数据互联互通的项目，加速了物流运输组织数字化转型，解决了现有局车运输因产业链供应链信息不能互联互通造成的运输效率低、工作流程僵化、信息组织无序、运输能源消耗大等问题，使物流环节透明化、作业管理精细化、信息资源一体化、指标预测科学化、分析决策精准化，引领钢企局车运输组织数字化、智能化管理的全新变革。

2. 数字化供应链整体架构

鞍山钢铁的铁运供应链数字化转型主要通过鞍山钢铁铁路运输资源管理系统实现，如图 8-11 所示，该系统分为四层架构，分别为用户界面层、业务逻辑层、数据访问控制层与数据层。系统以计划管理、行车管理、货运管理、数据查询、统计分析、实时通信为核心功能，逐步扩展出生产调度大数据分析辅助决策子系统、信息智能通信子系统和物流运营监控子系统。企业可以通过移动手机应用进行作业管理和数据查询，利用信息转换平台进行路企信息融合，此外，企业还通过完善信息接口标准，推动了钢铁企业与港口、铁路、物流企业等信息系统的对接，同时通过与机车 GPS、与车辆信息有关的 RFID 系统、货票数据系统的实时数据交互，实现了作业数据向设备自动采集模式的改变，使生产作业信息更加真实、可靠，为鞍山钢铁实现数据互通、提升物流效率和生产运营质量提供了技术保障。

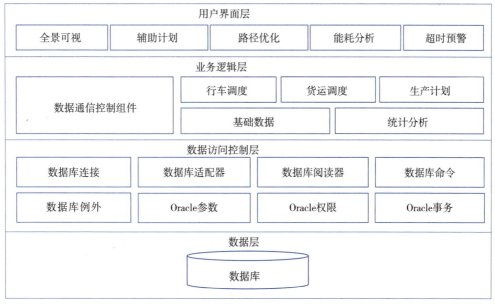

图 8-11 鞍山钢铁铁路运输资源管理系统架构

3. 数字化供应链运用新技术情况

（1）基于数字孪生的钢企局车运输组织技术。鞍山钢铁将数字孪生技术深度应用至钢企局车运输组织中，对局车运输全流程的相关因素如铁路线路、道口状态等信息进行实景化仿真显示，融合GIS、GPS、RFID等信息化技术手段，与冶金企业铁路物流运输管理系统等系统相结合，将各个系统的业务数据如车辆状态信息等叠加在虚拟仿真场景中，建立可视化、多源化的数字孪生平台。依托数字孪生平台，沉淀历史数据，实现运输组织闭环管理；进行全局感知、智能运控和实时调度，深度优化铁运调度计划指挥、高效组织生产物流铁运配送、精准执行铁运装备智能控制、科学压缩铁运能源损耗。

（2）低碳智能的钢企局车管控专有技术。鞍山钢铁采用系统工程分析方法，首创局车"时间轴"管理模式，将局车在冶金企业的铁路物流运输作业过程分解为一灵、上行、卸前、卸车、装前、装车、发出七大作业过程，深入洞察物流运输各环节的作业瓶颈。

（3）钢企铁运物流"数据生态"技术。鞍山钢铁首创钢企铁运物流"数据生态"平台，在与国铁集团实现供应链体系信息互联互通基础上，逐业务、多渠道、全方位收集局车作业过程的每个末端环节基础数据信息，形成多个路局"单车数据细胞"，记录该作业环节车辆的多维数据信息。以局车"数据生态"平台为依托，通过大数据展示"管理驾驶舱"，全面、直观、具体地显示局车在冶金企业厂内物流运输周转的核心指标，并支持"钻取式查询"，实现指标的逐层细化、深化分析，从而打造一站式信息决策支持展示中心，多视角、全方位地反映现场生产作业动态，使高层管理人员及时把握作业趋势、准确进行分析决策。

4. 数字化供应链各业务环节现状

在与国铁集团实现全路信息互联互通的基础上，鞍山钢铁在计划、采购、生产、交付环节均实现较大改进。

（1）计划环节。鞍山钢铁如今可以依据准确的信息编制铁运局车运输组织计划，且该计划能够与公司的采购计划、制造计划、销售计划相互协调和优化。

（2）采购环节。鞍山钢铁如今能够依据准确的信息调整公司采购方案，确保采购资源地与运输方式按最优方案匹配，实现采购绩效优化的目标。

（3）生产环节。鞍山钢铁如今可以掌握准确的预到信息以及公司储备料场库存情况，进而提高车皮到达支付翻车率，减少二次倒运，提高公司隐性物流成本管控水平。

（4）交付环节。鞍山钢铁发给路局信息，同时与路局的跟踪信息实现对接，根据合同号、物料号、车号等其中一个信息就可为客户提供相关可视化信息和延伸的物流优化服务，如提供到站后的高效及时公路短途配送信息等。

5. 实施路径

（1）现状分析。鞍山钢铁与本项目相关的供应链上下游相关方共同研讨制定问题分析模型，多维度制定问题分析模型的要素要求及权重；剖析业务瓶颈及其制约因素，明确数字化转型优化的着力点。

（2）资源规划。组织资源规划：从物流管理中心"一把手"顶层挂帅出发，给予项目人、财、物的资源保障。

标准资源规划：从标准供给和实施充足角度加速供应链产业链协同。

数据资源规划：从数据目录、数据标准、数据模型三个方面进行数据资源规划。

技术平台规划：以物联网、互联网为资源、能力拓展和延伸载体，以数字孪生、大数据分析等数字技术应用为新动能，推动创建先进、高质量发展的业务模式。

（3）数据治理。鞍山钢铁充分梳理现状，依据国内外成熟框架体系，围绕健全数据治理组织、制定数据治理战略和完善数据治理制度三个方面进行重新设计。

（4）平台建设。鞍山钢铁按照"平台规划、平台设计、平台开发"的步骤实施，最终建成适合鞍山钢铁铁运供应链数字化转型目标的智能平台。通过工业互联网平台汇集各要素资源，形成支撑能力，以实现企业全链条业务的优化和协同共享。以"数据驱动"为原则，建设数据共享的平台运营生态。

（5）能力评估。制定鞍山钢铁铁运供应链数字化转型的评估指标和评估办法，组织展开自评估，最终提出优化方案和建议以认清转型效果与提升空间。

8.4.4 鞍山钢铁供应链数字化转型的效果

1. 增加经济效益

实施"基于数字孪生的钢企局车运输组织技术开发与应用"项目后，按照全新的"时间轴"车辆停时管理方式，消除铁路运输信息化建设方面存在的一些缺陷和不足，大幅压缩局车停留时间，产生经济效益 1 000 万元/年。

2. 服务国家战略落地

通过建立局车管控数字化体系，信息化组织局车的生产调度，科学合理地压缩能耗，"数字技术"解决了"公转铁"国家战略落地中车皮急缺的问题。

3. 提高供应链协同价值

"基于数字孪生的钢企局车运输组织技术开发与应用"项目强化运输全流程计划的管控作用，实现运输计划流程的闭环管理，全面提升局车物流运输的协同性。项目运输优化后压缩机车停时8.3%，机车效率提升5%，机车能耗降低9.4%，实现了经济效益、社会效益、环境效益的提升。

4. 优化供应链作业流程

网络货票代替人工传递纸制货票，使用电子签证作为运输结算依据，杜绝了货票传递过程中产生的遗失、破损、不方便保存的弊端，极大地提高了作业效率。

5. 提升供应链柔性

"基于数字孪生的钢企局车运输组织技术开发与应用"项目以"数字孪生"的"可视、诊断、预警、智能决策"四大功能作为技术保障，破解了全局优化需求与碎片化供给的矛盾，提升了钢企铁运供应链柔性。

8.4.5 鞍山钢铁供应链数字化转型的创新点

（1）通过关键技术研发，鞍山钢铁探索出解决困扰国家"公转铁"战略落地的缺车难题的"鞍钢方案"。

（2）技术的研发应用给行业提供了推动钢铁铁运物流高质量发展、可复制的技术工具。

（3）项目提升了关键技术控制力、数字技术对钢铁铁运物流的引领力。

8.4.6 未来发展方向

习近平总书记对未来数字经济的发展提出了非常明确的方向：①促进数字技术和实体经济的深度融合；②要赋能传统产业转型升级；③催生新的产业、新的业态、新的模式。未来，钢铁供应链从业者将进一步理解数字经济发展的迫切性、影响力及发展方向，并将其作为在物流和供应链领域开展数字化的顶层引导。钢铁行业将紧扣三个要素，即数据资源、现代信息网络和信息通信技术，围绕着"数字产品制造业、数字产品服务业、数字技术应用业、数字要素驱动业、数字化效率提升业"五大业态持续创新，推动钢铁产业链供应链的高质量发展。

8.5 华能智链数字化供应链案例

8.5.1 华能智链基本信息

上海华能电子商务有限公司是中国华能集团有限公司旗下能源行业智慧供应链集成服务商，被评为全国首批供应链创新与应用示范企业。作为集团公司物资供应中心核心载体，公司聚焦能源及相关产业（风电、光伏等电力物资和电力工程等）智慧供应链新模式、新业态建设，通过综合利用大数据、云计算、区块链、物联网、人工智能等数字技术不断创新，在新能源和煤炭优化组合应用的国情下开展数字化转型，打通能源产业供应链"招、购、仓、售、运、融"六个关键环节，构建集智慧物流、供应链集成采购、金融科技、智慧仓储等功能于一体的能源行业综合性智慧供应链数字化服务平台——华能智链。

截至2022年，公司为30多个省份、6 000余家电力上下游企业、20万余认证服务商提供涵盖风电、光伏、水电、火电等领域10多种大类和70多万种物资的一站式的供应链集成服务，助力能源行业高质量发展。

8.5.2 能源电力传统供应链存在的问题

能源电力行业作为关乎民生、影响国家经济主动脉的重点行业，因能源产品属性特殊、上下游参与方众多、交易流程复杂，面临以下问题。

（1）行业标准不统一。如能源电力行业编码不统一、标准化程度低，供需匹配难度大。

（2）物流成本高。如在煤炭供应链物流环节中，其采购和物流成本占煤炭供应总成本的60%以上，成为制约电力企业高效发展的关键因素。

（3）仓储管理效率低。传统的仓储管理和作业方式仅靠人工及简单的信息化系统操作难以满足能源智慧供应链的需求。

（4）行业资金占用大，融资难度较高。能源电力行业属于资金密集行业，供应链生态里的中小企业由于资产规模较小、固定资产少、抵押物不足，以及抗风险能力差、缺乏担保等原因，从银行等金融机构获得融资的能力明显不足，融资难、融资贵成为制约中小企业发展的突出问题。

（5）行业供应链数字化程度有待提升，信息传递不及时，部分能源原材料环节价格波动大，采购成本难以控制。

8.5.3　华能智链供应链数字化转型的过程

1. 数字化供应链的整体架构

图 8-12 为华能智慧供应链数字化服务平台架构，该架构具有以下特点：以数字底座为基础、数字化业务系统为核心；对内通过建设业务中枢打通各业务系统应用，对外通过智慧互联与外部平台数据进行交互应用；以大数据中心为数据中枢，对各类数据收集、整理、清洗，构建业务数据交换资源池，并利用数字智慧应用，实现数字赋能。

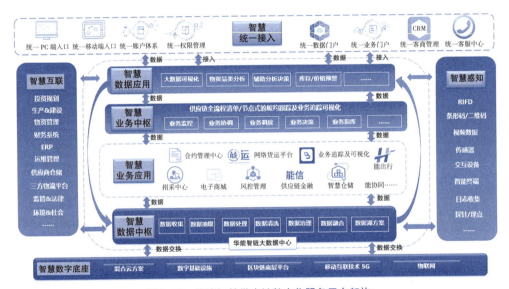

图 8-12　华能智慧供应链数字化服务平台架构

2. 数字化供应链运用新技术情况

1）大数据、物联网技术

能运智慧物流平台是大数据、物联网等数字技术与能源行业供应链物流环节深入融合的探索应用：如在运输管理中利用 GPS、LBS（基于位置的服务）、电子围栏等相关技术，对运输车辆在途定位、轨迹回放等实时监控确保运输的真实性与及时性；通过车载物联网设备，在运输途中结合电子围栏，利用北斗定位，规范监督运输行驶路径等；通过一系列大数据与物联网相关技术，解决能源行业传统物流痛点问题。

2）区块链技术

（1）基于区块链技术的能源供应链金融项目：华能智链以区块链底层技术为基础，提升交易的可靠性和安全性，提高上下游交易信息的透明度，重构能源行业信用生态体系，实现能源供应链整体降本增效的目的。

（2）基于区块链技术的新能源供应链管理项目：以风电、光伏新能源发电产业链中的真实贸易背景为依托，华能智链构建区块链+新能源供应链系统，实现风电、光伏等新能源供应链关键要素上链存证，有效促进需求协同、计划协同、投产与交付协同，保障新能源建设供应链服务，确保项目进度可控，降低项目整体成本。

3. 数字化供应链各业务环节现状

针对不同能源品类物资，智慧供应链数字化服务平台将众多相关利益方都纳入管理中，在业务流程层面实现能源行业供应链全流程数字化，打通数据闭环反馈链。平台各业务环节如下。

（1）能源招标数字化：华能智链旨在实现采购过程数字化、全程可追溯、可管控，打造阳光招标采购平台。

（2）能源采购数字化：华能智链整合能源行业优质供应商资源，解决用户寻源难、采购成本高、采购效率低的痛点。

（3）能源仓储数字化：华能智链建设支撑业务模式的智慧物流仓储管理系统，实现出入库场景、分拣场景、资产盘点场景、资产定位跟踪、区域联储联备的全方位智慧化管理。

（4）能源交易数字化：华能智链构建集客户管理、需求管理、渠道管理、价格管理和结算管理于一体的平台服务体系，为能源行业上下游供应链提供电力物资、钢材和电力等商品的分销渠道服务。

（5）能源运输物流数字化：通过"LES+TMS+运力交易与管理"产品体系，满足客户对物流集中、统一、透明化管理需求，帮助用户降低综合物流成本。

（6）能源金融数字化：通过区块链+大数据技术，在真实业务场景和产业生态各方价值需求的基础上，华能智链将核心企业的信用在产业链和供应链上实现标准化、数字化、平台化评估和呈现，建立电力行业供应链生态信用共享机制，同时配套构建了信用流转、拆分及便利化融资的金融科技服务系统，高效地将核心企业信用传递给供应链生态中的中小企业，为其提供丰富的供应链金融服务，促进金融为电力产业链精准赋能，降低供应链整体运营成本。

4. 实施路径

供应链的数字化转型是借助技术构建综合性智能化服务平台，最终实现为供应链全方位赋能，华能智链的数字化建设主要通过四个阶段进行。

（1）建设完善业务应用层。针对各业务模块，构建核心智慧业务应用层：电子商城平台、智慧物流平台、智慧集中仓储平台、智慧供应链金融平台、物资业务追踪与可视化平台、合约管理中心、项目履约跟踪平台、智慧风控系统、"能出行"智慧商旅系统、统一客商管理系统。

（2）打造智慧业务中枢，同步构建智慧数据中枢。在满足业务需求的前提下，公司将逐步完善"智慧业务中枢"的建设，联动各业务系统，实现供应链业务全生命周期节点式穿透跟踪及全面的供应链工作流程协同。

为了实现各种信息系统的互联互通和数据共享，华能智链同步构建智慧数据中枢、数据架构，以大数据集成平台为核心，以形成数据资产为目标，通过数据转化业务价值，创造新的盈利增长点。

（3）智慧统一接入。华能智链搭建智慧统一接入平台，各相关业务人员可通过 PC（个人计算机）端、移动 App 端、企业微信端、钉钉从统一门户进入系统。通过与各业务系统进行数据的交互和集成，打破各自为政、联通"信息孤岛"等问题，实现供应链内外资源整合、场景化、千人千面的数据服务。

（4）智慧互联互通。数字化转型过程中，为了与合作方的多种系统进行多种形式的对接，公司将建设一个全栈式的应用与数据集成平台，聚焦应用和数据连接，适配多种企业常见的使用场景。

8.5.4 华能智链供应链数字化转型的效果

1. 供应链管理效率提升

智慧物流服务平台助力能源供应链物流降本增效：以某风电物资需求客户为例，为了提高客户对物流配送的满意度，公司依托智慧物流平台整合当地承运企业，选取合适线路开展风电物资车辆运营，完成运输仓储配送业务线上化操作，经测算：通过物资集中运输仓储配送，有效降低了管理及沟通成本，降低物流综合成本 10% 左右。

2. 供应链抗风险韧性提升

（1）公司自主研发的智慧风控系统，可以对客户及供应链上各环节进行全过程的风险评级和预警,如管理过程中出现的应急事件:设备质量、物资供应、项目进度等,实现供应链全程风险规避。

(2)公司借助集团品牌优势和行业影响力,连接产业链客户及各期货管理公司,为产业链客户的价格管理需求匹配合适的期货管理公司,期货管理公司帮助产业链客户规避了行情涨跌、价格震荡带来的不可预期风险,提高收益稳定性。

3. 构建绿色供应链体系,助推能源结构转型

(1)华能智链依托新能源项目建设拉动效应,打通供应链数据链集成,促进需求协同、计划协同、投产与交付协同,降低备料资金占用,缩短交付周期,保证项目进度可控,降低项目整体投资,为国家加快新能源结构转型的步伐提供有效助力。

(2)基于覆盖物资供应链全生命周期的新能源物资供应服务体系,华能智链建立了集集中采购、可视化催交、可视化运输、数字化中心仓配、绿色回收等功能为一体的新能源物资服务体系,并可为新能源行业提供公共服务。

(3)华能智链建立了服务于新能源物资供应链领域的大数据分析、智慧风险防控、智能数字合约管理、产品标准化认证、数字资产认定等全方位、一体化的基础服务能力和标准认证体系,为促进行业健康规范发展提供了重要保障。

4. 商业模式创新

(1)华能智链在全国范围内设立多个物资供应分中心,建立物资联储联备机制,做到仓储集中优化,有效盘活库存物资,并拓展区域内其他大型燃料需求企业、其他终端企业。经测算,该方案可实现综合采购周期缩短 5 天,物流配送周期缩短 3 天,降低客户采购成本约 10%,降低客户整体库存成本 2%。

(2)华能智链与清洁能源研究院联合推动光伏电站典型化设计,统一主流版型组件规格与安装方式,实施产能合作,其中 70% 的组件通过年度框架协议集中采购,30% 通过锁定产能模式供给。该方案可降低设备保供风险 30%,提高光伏电站建设效率 15%,降低光伏电站综合建设成本 1%。

8.5.5　华能智链供应链数字化转型的创新点

在多变的环境背景下,公司作为能源智慧供应链集成服务商,从能源供应链的服务模式到所应用的技术探索,都开启了创新之路。

(1)服务模式创新:围绕行业客户需求设计供应链服务体系,通过整合采购、

交易产品设计、数字化普惠金融、智慧物流等服务资源，向供应链节点企业提供一站式全流程的智慧型供应链集成服务，提升供应链整体运转效率，以更低的总体成本为最终客户创造更多的差异化服务价值。

（2）平台架构技术创新：平台采用"大中台、小前台"的架构模式，打破传统企业烟囱式架构弊端，将公共的业务、数据、技术等能力进行沉淀，成为独立的中台，从而让前端业务创新更灵动，缩短新业务的开发时间。

8.5.6 未来发展机遇与挑战

1. 发展机遇

首先，能源行业作为影响国家经济和民生的重点改革领域，其供应链创新与应用步入新阶段；其次，未来能源行业将进入"客户为王、渠道为王、服务为王"的崭新时代，若积极运用新模式、新技术为客户创造能源服务的新价值，势必将在未来的竞争中塑造全新的竞争优势；最后，能源企业发展基于互联网的多式联运，构建集采购、运输、仓储、配送、金融服务于一体的现代供应链体系，能够最大限度地降低供应链综合成本，提升发电企业在市场竞争中的核心竞争力。

2. 面临挑战

首先，电力市场化后，电价下降，此时需要提高整个产业的运营质量、降低运营成本；其次，来自"绿色"和"低碳"的挑战：包括拓展原材料端以及发展用电端的绿色低碳，如下游的运煤车、重卡等很多领域的电力化；最后，由于能源生态圈相对传统，所以整个能源经营尤其是供应链管理的数字化还相对落后，公司需要适应快速变化的环境，重视顶层设计，将数字化改革进行到位。

8.6 六国化工数字化供应链案例——杉数科技助力六国化工构建产销协同决策平台

8.6.1 杉数科技基本信息

杉数科技助力六国化工数字化转型
视频讲解

杉数科技（北京）有限公司（以下简称"杉数科技"）是一家中国领先的人工智能决策技术高新企业，由4位斯坦福博士联合创立。自成立以来，杉数科技始终追求将世界领先的决策科学与优化技术率先应用到国内这一目标，为广大中国企业的精细化运营和业务增长赋能，致力于让每一个企业拥有定制化决策的能力。目前,杉数科技智能决策优化方案已在零售、电商、物流、工业制造、能源电力、航空航天等 20 多个细分领域落地应用。

8.6.2 六国化工传统供应链中问题

六国化工是集团型磷复肥化工企业,母子公司分布在安徽、湖北、吉林等省份,企业产品品种达 200 多种,终端网点商 30 000 多家。销售订单计划多、市场变化快、统计分析复杂、生产排产难度高等问题突出,销售决策是否科学合理一直困扰着企业。由于销售数据信息孤岛严重且销售产品分布广,产销协同有待加强,具体表现在,六国化工现有产品 200 多种、生产装置 10 余套,不同产品的产能释放、上下游原料的优化配置等信息反馈不及时,造成了淡季产品存货严重、旺季产品又不能及时供应市场的后果,严重影响化工企业的产能释放。

8.6.3 六国化工供应链数字化转型过程

1. 数字化供应链的整体架构

杉数科技重点通过搭建一套产销协同系统助力六国化工供应链数字化转型。图 8-13 为产销协同系统,该系统与六国化工现有 SAP、ERP 及 SMS(销售管理系统)对接,引入 AI 预测算法及运筹优化算法,优化需求计划、优化补货及库存策略、优化生产计划,实现产销协同模拟,以应对产品需求多样性的市场,并提升产销协同能力、提高市场响应速度、提高投入产出比、提升精细化管理的能力。

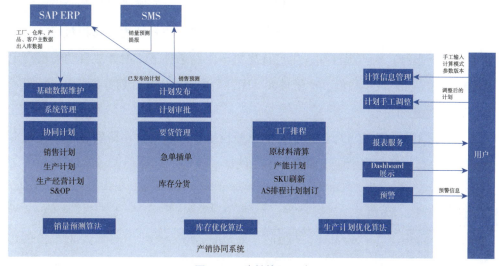

图 8-13　产销协同系统

2. 数字化供应链运用新技术情况

本案例运用的新技术主要包括人工智能及大数据技术。

1）人工智能

人工智能技术在本案例中的应用主要体现在以下四个方面。

（1）从地理位置看，不同地区有着不同的种植时节和粮食种类，需要因地制宜地对未来的需求进行预测计划；从时间维度上看，淡旺季销量差异巨大，需要提前对未来一段时间的潜在需求进行估计，以最大限度避免淡季滞销、旺季生产力不足的情况。因此，杉数科技基于机器学习算法研发了考虑地域性与季节性的化肥销量预测引擎。

（2）杉数科技基于人工智能的需求计划，帮助六国化工进行库存的全局优化，统一调配全国可用化肥库存和仓库资源。通过研发厂内库、厂外库、经销商多级库存网络的库存策略的计算引擎，并联合生产计划部门的排程优化，实现需求的高满足率、库存高周转率以及仓储成本、运输成本的节约。

（3）杉数科技完成综合考虑需求（量与优先级）和产能（量与换产难易度）的生产计划计算引擎的研发，从而帮助六国化工实现将提报的下个月的销量预测分配到每个工厂的每月计划中，并制订成本最优以及与实际产量最匹配的产品生产计划。

（4）为了实现平衡供应与需求的功能，六国化工需要一个决策辅助–产销协同的模拟引擎，用于计算每一种信息每一个场景的KPI（关键绩效指标）表现及对应的需求计划、供应计划和生产计划。杉数科技研发的产销供财联动的模拟仿真引擎能够将不同产品类型的预测需求与预估的产能、物料到货时间相对应。在综合考虑产能限制、生产提前期、生产优先级等限制条件下，由算法自动输出自定义战略目标（如总成本最低、产量最大、库存最少）的生产计划方案。

2）大数据

六国化工企业历史5年的进销存数据量巨大，杉数科技在研发过程中突破多项技术壁垒，大数据技术应用如图8-14所示。

图8-14 大数据技术应用

（1）大数据处理。针对企业数据呈爆发式增长，杉数科技提出了一种任务调度处理方法及装置，可更加准确地得到每次任务调度时对应的业务数据，在一次调度的情况下能够保证具有前置依赖性的任务按顺序统一执行，避免多次轮询，提高了执行效率和成功率，并极大地降低了系统资源的消耗。

（2）大数据分析。BOM（物料清单）树广泛地应用在工业生产以及各种 ERP、SAP 等生产管理工具中。本案例中，杉数科技提出了一种基于化工类工厂新的 BOM 结构以及生成、转换、运用的方法。这种方法解决了六国化工工厂制订、修改各项计划时物料和中间品大多只能靠人工经验校验调整而导致的调整不够精确、需要多次复查的问题。

（3）大数据应用。以六国化工为例，化肥销售不仅会和自然年有关，而且其需求也会和农历年息息相关，因此其逐年的周期性需求会在自然年上产生一定程度的平移。本案例中，杉数科技改变了传统时间序列预测方法，基于大数据实现销售期提前或滞后的预测修正，提高预测准确率和鲁棒性，帮助生产计划合理实施。

（4）大数据展示。为便于数据的展示、交互及复用，杉数科技结合历史项目经验，同时也融合了行业经验，创建了一种生成单元格编辑组件的方法。该方法无须重新编写大量的重复代码，能够简化单元格编辑组件的开发过程，提高开发效率和单元格公用编辑组件的复用率，也为企业指明了相关参考指标，用于更加高效地进行管理工作。

3. 数字化供应链各业务环节现状

在供应链数字化转型之前，六国化工的计划流程涉及多部门间的计划信息流转：销售部、生产部、企管部、采购部、财务部，如图 8-15 所示，其全都在线下沟通流转，费时费力，且容易遗漏信息。

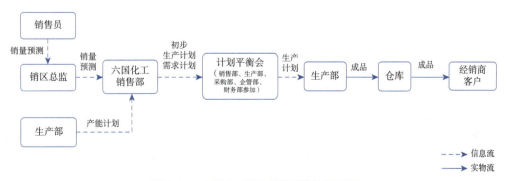

图 8-15　六国化工数字化转型前计划流程

在进行供应链数字化转型之后,六国化工各层面各环节都作出了相应的优化调整,如图 8-16 所示。在战略层面,杉数科技将销售与生产、采购各环节紧密联系,基于产销存数据互联,以缩短响应和决策时间、提供智能分析为目标,统筹产销存相关业务功能模块,实现从智能预测客户需求、智能制订生产计划到智能补货推荐相应的一体化方案。在战术—计划层面,制造环节使用智能排程和计划排产系统进行生产计划,并使用模拟仿真系统进行多版本企业经营计划的利润、产值等 KPI 的比较。在执行层面,履约环节实行分货建议管理,通过对每类产品建立安全库存策略,实现自动规划和设置安全库存,智能权衡订单满足率和结余库存。

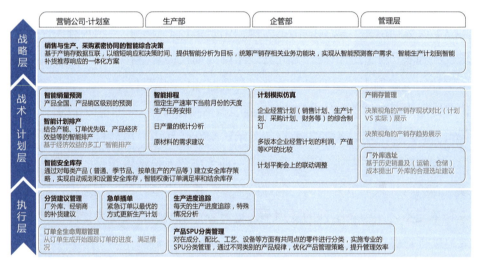

图 8-16　六国化工数字化转型后供应链架构

注:灰体字为后期规划内容

4. 供应链数字化转型实施路径

(1)预备阶段。在预备阶段,杉数科技与六国化工成立联合项目组,对潜在的营销公司、生产部、企管部等多个部门的人员进行详细调研,并对项目整体范围进行确认。

(2)实施阶段。在实施阶段中,杉数科技主要经历了七个阶段,如图 8-17 所示,最主要的工作集中在设计与开发。经杉数科技与六国化工双方确认蓝图无误,杉数科技基于自身产品的特性与六国化工的个性化需求,进行了配置化实施,并进行了多轮的迭代测试,最终确保上线成功。

(3)迁移验证阶段。在上线后试运行 3 个月期间,服务对象方六国化工下发管理流程配合,杉数科技全程跟踪服务。

图 8-17 实施阶段示意图

8.6.4 六国化工供应链数字化转型的效果

1. 提高销售量

基于机器学习的销量预测，杉数科技将六国化工的客户订单满足度从 87% 提升至 95%。客户订单平均满足率的提高将带来销售量的提高、市场份额的提升。

2. 降低成本

杉数科技通过产销协同系统，帮助六国化工实现在正确的时间、地点生产正确的产品送到正确的仓库（航母仓/大经销商仓库），从而提高库存周转率 10%，并降低因存放在错误的仓库而产生的调拨运输费用 5%；总体上降低经销商 20% 库存积压，预计节省仓储成本 2 000 万元，结余库存水平平均下降 0.5 个月的月销量。

3. 提升效率

杉数科技通过产销协同系统，帮助六国化工打通营销、生产、工贸、企管等部门信息，将线下协调转换为线上数据共享，从而提升部门间协同效率 20%。同时，制订需求计划、生产计划的人力投入时间缩短 50% 以上。

8.6.5 六国化工供应链数字化转型的创新点

1. 商业模式的创新

这次数字化转型不仅提升了六国化工的供应链管理能力，而且推进了六国化工在商业模式上的创新，为六国化工营销模式的转型（由驻点直销转为买断）奠定了基础，也通过产销协同系统的算法辅助工具（分货管理）推动了此次转型的进程。

2. 自主研发求解器的应用

本案例中杉数科技以领先的自主研发的规划求解器来帮助六国化工提升生产计划能力，并统筹管理物流供应网络、辅助产品预测销量，与 SAP、ERP 及 SMS

对接、优化需求计划、优化补货及库存策略、优化生产计划、实现产销协同模拟，以应对产品需求多样性的市场，实现提升产销协同能力、提高市场响应速度即敏捷性、提高投入产出比、提升精细化管理能力。

8.6.6 未来发展方向

在算法赋能方面：①从基于历史或经验的厂外库选址模式转变为基于历史销售数据及模型的全局优化的厂外库选址，从而实现在订单满足时效保证的前提下缩短运输距离及降低运输成本。②智能化厂外库级别的需求调拨，降低库存冗余，降低积压可能，提升库存宽度、服务满足率。③基于产能利用及原材料利用的最大化、总运营成本（生产成本+运输成本等）下的分工厂排产，进而提升产能利用率、原材料利用率和企业利润率。

在推广方面，产销协同决策系统目前在六国化工本部及国星化工有限公司应用，之后会逐渐推广到中元化工、氮肥厂、各子公司以及行业内的其他化工厂。

本章小结

本章通过对来自离散制造业、流程制造业中六个行业的典型企业数字化供应链优秀案例的介绍，详细分析了各企业传统供应链中存在的问题、供应链数字化转型过程、转型效果及创新点、未来发展机遇与挑战等内容。本章作为实践部分，对前7章介绍的理论知识进行了如何具体应用的举例说明，以期形成理论与实践的闭环。六个案例来自完全不同的六个行业，希望通过这些案例的深入介绍和对比分析，读者可以掌握实施数字化供应链的共性方法与差异方案，将理论知识与实践经验融会贯通，具备未来从事数字化供应链建设与管理等工作的复合能力。

思考题

1. 简述中兴通讯数字化转型过程中的实施路径。
2. 海尔智能互联工厂如何实现快速和柔性的模块化智能制造？
3. 简述三一重工在数字化转型过程中数字化供应链的整体架构。
4. 鞍山钢铁供应链数字化转型的效果怎样？
5. 简述华能智链的供应链数字化转型后各业务环节现状。
6. 杉数科技在六国化工数字化转型过程中运用了哪些新技术？

参 考 文 献

[1] 埃森哲，国家工业信息安全发展研究中心. 2020中国企业数字转型指数研究 [R]. 2020.

[2] 埃森哲. 2019年网络威胁报告 [EB/OL].（2019-12-01）. https://max.book118.com/html/2019/1201/8013117046002066.shtm.

[3] 埃森哲. 加速增长：以客户为中心的供应链 [R]. 2020.

[4] 艾瑞咨询. 2021年中国企业数字化转型路径实践研究报告 [R/OL].（2021-01-14）. https://www.sohu.com/a/444585964_680938.

[5] 班斯巴奇，吕勒，戴特威勒，等. 数字化采购：开启采购新时代 [R/OL].（2018-04-18）. https://www.accenture.com/_acnmedia/pdf-77/accenture-digital-purchasing.pdf.

[6] 贝恩洞察. 数字化采购：优势远超效率 [EB/OL].（2018-09-10）. https://www.bain.com/insights/digital-procurement-the-benefits-go-far-beyond-efficiency/.

[7] 长江商学院. SHEIN："长期主义"与"唯快不破" [R/OL].（2021-07-22）. https://www.ckgsb.edu.cn/chuang/content/news_detail/912.

[8] 陈剑，刘运辉. 数智化使能运营管理变革：从供应链到供应链生态系统 [J]. 管理世界，2021，37（11）：227-240，244.

[9] 陈宁. 采购管理 [M]. 北京：中国财富出版社，2018.

[10] 陈宗年：政企都需有数字化意识 [EB/OL].（2021-03-15）. http：//www.qxzh.zj.cn/art/2021/3/15/art_1228965109_58904793.html?key.

[11] 从全球"灯塔工厂"四个"第一",看海尔的数字经济探索 [EB/OL].（2022-04-02）. https://baijiahao.baidu.com/s?id=1728954291201624195&wfr=spider&for=pc.

[12] 从西飞公司看网络化协同制造模式 [R/OL].（2017-10-11）. http：//www.gongyeyun.com/BIMake/Detail/f08b32d14ecb41b799f6ce5799b37f7a.

[13] 达睿咨询. 供应链创新发展与变革转型 2020 年度杰出案例合集 [R/OL].（2020-08-14）. http：//m.driscm.com/company-news/137.html.

[14] 中国大数据产业生态联盟，等. 2021 中国大数据产业发展白皮书 [R]. 2021.

[15] 德勤. 采购的未来：数字化颠覆传统采购模式 [R/OL].（2017-10-25）. https://www2.deloitte.com/content/dam/Deloitte/cn/Documents/strategy/deloitte-cn-con-digital-subversion-of-traditional-procurement-model-zh-171030.pdf.

[16] 德勤. 2019 年德勤千禧一代年度调研报告 [R]. 2019.

[17] 德勤. 供应链数字化转型的方法与挑战 [R]. 2019.

[18] 德勤. 数字化供应链白皮书：拥抱数字化思维 [R]. 2020.

[19] 丁波涛，等. 全球信息社会发展报告（2021）[R]. 北京：社会科学文献出版社，2021.

[20] 段伟伦，韩晓露. 全球数字经济战略博弈下的 5G 供应链安全研究 [J]. 信息安全研究，2020，6（1）：46-51.

[21] FedEx 联邦快递供应链分析 [EB/OL].（2020-05-24）. https://wenku.baidu.com/view/b61e8502185f312b3169a45177232f60ddcce786.html.

[22] 范海勤，吴志刚. 释放数据价值急需突破的难点要点 [J]. 网络安全和信息化，2020（8）：36-38.

[23] 高德纳. 2020 年中国 ICT 技术成熟度曲线 [R]. 2020.

[24] 高德纳. 2021 年重要战略科技趋势 [EB/OL].（2020-10-20）. https://wenku.baidu.com/vi ew/9c3889f2350cba1aa8114431b90d6c85ec3a8820.html.

[25] 葛崎峰，刘杰. 区块链推动现代供应链机制变革 [J]. 中国国情国力，2020（3）：4-8.

[26] 工信部：30 个工业互联网平台创新案例汇总 [EB/OL].（2021-12-29）. https://new.qq.com/omn/20211229/20211229A07NO100.html.

[27] 工业互联网产业联盟. 工业互联网标识解析应用案例汇编集（2021 年）[R/OL].（2021-12-30）. http：//www.aii-alliance.org/index/c317/n2809.html.

[28] 工业互联网产业联盟. 工业互联网成推动产业数字化转型的关键支撑 [EB/OL].（2022-10-08）. http：//www.aii-alliance.org/index/c185/n3357.html.

[29] 工业互联网产业联盟，等. 数字技术赋能工业碳达峰碳中和应用指南 V1.0 [EB/ OL].（2022-05-19）. http：//www.aii-alliance.org/uploads/1/20220519/

c3649f9c8d63075 8bc974e58f56a6281.pdf.

[30] 工业互联网产业联盟. 2022年供应链数字化转型案例汇编集[R]. 2022.

[31] 工业互联网产业联盟. 工业互联网平台赋能产业链供应链白皮书[R]. 2021.

[32] 工业互联网产业联盟. 基于工业互联网的供应链创新与应用白皮书[R]. 2021.

[33] 工业互联网产业联盟[EB/OL].（2020–05–22）. http：//www.aii-alliance.org/.

[34] 供应链[EB/OL].（2022–11–02）. https://baike.baidu.com/item/%E4%BE%9B%E5%BA%94%E9%93%BE/139061?fr=aladdin.

[35] 供应链发展关键：数字化、韧性和绿色低碳[EB/OL].（2021–12–15）. https://baijiahao.baidu.com/s?id=1719182898744559155&wfr=spider&for=pc.

[36] 关于卡奥斯[EB/OL].（2020–06–30）. https://www.haier.com/haier_cosmoplat/.

[37] 国家工业信息安全发展研究中心. 2020人工智能与制造业融合发展白皮书[R]. 2020.

[38] 哈佛商业评论. 数字化转型再思考：从量变到质变的伊利样本[EB/OL].（2022–03–19）. https://view.inews.qq.com/k/20220319A01IF700?web_channel=wap&openApp=false.

[39] 海德, 章海贤. 来自预测性分析学的挑战[J]. 新理财, 2015（8）：24–25.

[40] 海德思哲国际咨询, 科锐国际人力资源. 从蓝图到伟业：中国企业数字化转型的思考与行动[R]. 2020.

[41] 海尔复制"海尔"：谁是下一座"灯塔"？[EB/OL].（2019–10–11）. https://tech.southcn.com/node_19063de929/5e852e7990.shtml.

[42] 何明珂. 供应链管理的兴起：新动能、新特征与新学科[J]. 北京工商大学学报（社会科学版）, 2020, 35（3）：1–12.

[43] 红杉资本. 2021企业数字化年度指南[R]. 2021.

[44] 胡奇英, 胡大剑. 现代供应链的定义与结构[J]. 供应链管理, 2020, 1（1）：35–45.

[45] 华为. 华为投资控股有限公司2017年年度报告[R]. 2017.

[46] 华为. 数字化转型，从战略到执行[R]. 2021.

[47] 华为云. 阿帕数字技术有限公司客户案例[EB/OL]. https://www.huaweicloud.com/cases/1512725598937.html.

[48] 黄滨. 透明数字化供应链[M]. 北京：人民邮电出版社, 2019.

[49] 黄峤濛. 区块链+供应链管理开启透明化时代 [J]. 金卡工程，2017（5）：55-58.

[50] IBM 商业价值研究院. 推进工业机械供应链数字化：工业 4.0 要求采用数字化供应链，以提高透明度、运行效率以及盈利能力 [R/OL].（2020-08-06）. https://www.ibm.com/downloads/cas/RBLWKL50?mhsrc=ibmsearch_a&mhq=%26%23x8981%3B%26%23x6c42%3B%26%23x91c7%3B%26%23x7528%3B%26%23x6570%3B%26%23x5b57%3B%26%23x5316%3B%26%23x4f9b%3B%26%23x5e94%3B%26%23x94fe%3B.

[51] 佳华科技. 全球统一标识与解析 [EB/OL].（2017-07-29）. https://www.rockontrol.com/jybsdsycx.jhtml.

[52] 解读良品铺子增值型供应链模式 [EB/OL].（2019-12-13）. https://www.chinaz.com/news/mt/2019/1213/1073061.shtml.

[53]《经济学人》：数据经济时代要求革新互联网巨头监管方式 [EB/OL].（2017-05-15）. https://finance.sina.cn/usstock/mggd/2017-05-15/detail-ifyfeius7954490.d.html?from=wap.

[54] 金融界. 全球供应链生态化, 供应链管理服务赛道渐热 [EB/OL].（2021-10-11）. https://baijiahao.baidu.com/s?id=1713314425202417637&wfr=spider&for=pc.

[55] 京东 [EB/OL].（2022-10-25）. https://baike.baidu.com/item/%E4%BA%AC%E4%B8%9C/210931?fr=ala.

[56] 京东物流. 京东物流投入 10 亿元加码绿色低碳, 未来 5 年实现碳效率提升 35%[EB/OL].（2021-10-18）. https://mp.weixin.qq.com/s/3ZNSLF5DMWZHm9XaAk4r1A.

[57] 京东物流. 中国首个"零碳"物流园区建成！全链路减碳背后，京东物流在绿色可持续中不断前行 [EB/OL].（2022-03-09）. https://mp.weixin.qq.com/s/jhpDdNP5LaPhtR97ZDfVJw.

[58] 京东物流. 中华环保联合会绿色供应链专业委员会正式成立，京东物流为首届轮值牵头单位 [EB/OL].（2022-04-20）. https://mp.weixin.qq.com/s/BSFWiJyqp AitZCv18ENOQQ.

[59] 科技达人. Gartner 供应链成熟度模型的五个阶段 [EB/OL].（2021-10-10）. https://zhuanlan.zhihu.com/p/419760900.

[60] 克里斯多夫. 物流与供应链管理 [M]. 何明珂,译. 5 版. 北京：电子工业出版社，

2019.

[61] Lean Work. 数字化第 4 步：数字化人才和组织 [EB/OL].（2019–10–08）. https://zhuanlan.zhihu.com/p/85587326.

[62] 李超锋. 全渠道供应链下社交网络环境对顾客渠道选择行为的影响 [J]. 商业经济研究，2022（3）：105–108.

[63] 李健，王亚静，冯耕中，等. 供应链金融述评：现状与未来 [J]. 系统工程理论与实践，2020，40（8）：1977–1995.

[64] 联邦快递（国际性速递集团）[EB/OL].（2022–08–03）. https://baike.baidu.com/item/%E8%81%94%E9%82%A6%E5%BF%AB%E9%80%92/4759000.

[65] 联想. 联想供应链智能决策技术白皮书（2022 版）[R]. 2022.

[66] 联想集团：技术创新赋能制造业"零碳"之路 [EB/OL].（2022–04–28）. http：//anjian.china.com.cn/html/csaq/csdt/20220428/47992.html.

[67] 林雪萍. 德国制造正在想什么？[EB/OL].（2021–11–17）. https://mp.weixin.qq.com/s/gVYuzMn_jFQcLGxK_J6eIg.

[68] 零售业中的惊涛骇浪：人工智能、机器学习和大数据 [R/OL].（2018–10–04）. https://blog.csdn.net/tMb8Z9Vdm66wH68VX1/article/details/82941694.

[69] 刘向东. 供应链计划协调机制研究 [D]. 济南：山东大学，2005.

[70] 陆雨菁. 传统企业供应链协同与管理存在诸多弊端：急需通过数字技术构建全新生态圈 [N]. 中国质量报，2019–08–20.

[71] 罗戈研究. 2020—2021 罗戈物流行业年报 [R/OL].（2021–09–01）. http：//www.logclub.com/m/front/lc_report/get_report_info/265.

[72] 罗戈研究. 2022 低碳供应链 & 物流创新发展报告：低碳报告解读 PPT[EB/OL].（2022–05–16）. http：//www.logclub.com/articleInfo/NDkyNzQ=.

[73] 马士华，林勇. 供应链管理 [M]. 北京：机械工业出版社，2020.

[74] 马彦华，路红艳. 智慧供应链推进供给侧结构性改革：以京东商城为例 [J]. 企业经济，2018，37（6）：188–192.

[75] 麦肯锡. 大数据：下一个创新、竞争和生产力的前沿 [R].2011.

[76] 毛涛. 绿色供应链管理实践进展、困境及破解对策 [J]. 环境保护，2021，49（2）：61–65.

[77] 贸易金融生态圈. 一文读懂供应链产业的生态化 [EB/OL].（2021–07–24）.

https://www.sohu.com/a/479330680_522926.

[78] 逆向供应链 [EB/OL].（2021-12-10）. https://baike.baidu.com/item/%E9%80%86%E5%90%91%E4%BE%9B%E5%BA%94%E9%93%BE/404689?fr=aladdin.

[79] 驱动中国. 用友云平台, 赋予工业互联网平台坚实的 PaaS 支撑 [EB/OL].（2018-04-09）. https://baijiahao.baidu.com/s?id=1597236349652018793&wfr=spider&for=pc.

[80] 全国政协委员连玉明建议：加快数据确权法律解释和配套法规政策完善 [EB/OL].（2022-03-07）. https://baijiahao.baidu.com/s?id=1726646643939166856&wfr=spider&for=pc.

[81] 人民教育出版社历史室. 世界近代现代史 [M]. 2 版. 北京：人民教育出版社, 2002：105-108.

[82] 邵冰燕. 专访中物联专家委员会主任："逆向物流"市场未来有待探索 [EB/OL].（2021-10-15）. https://www.thepaper.cn/newsDetail_forward_14919606.

[83] 社会化数字供应链全景图 [R/OL].（2021-11-01）. http://www.cbdio.com/BigData/2021-11/01/content_6166932.htm.

[84] 世界经济论坛, 科尔尼. 可重复使用消费模式的未来："塑造消费的未来"平台 [R/OL].（2021-07-20）. https://cn.weforum.org/reports/future-of-reusable-consumption-models.

[85] 世界先进制造技术论坛. 未来, 3D 打印将为供应链带来哪些改变？[EB/OL].（2022-05-20）. https://new.qq.com/rain/a/20220510A0AGBK00.html.

[86] 实体零售全渠道与数字化发展报告（2021）[R/OL].（2021-10-12）. http://www.logclub.com/m/front/lc_report/get_report_info/331.

[87] 数商云. 石油化工行业智慧供应链集采管理平台降低采购风险, 提高企业效益 [EB/OL].（2022-01-24）. https://www.shushangyun.com/article-5578.html.

[88] "数"说仓储：仓储数字化浅谈 [EB/OL].（2020-08-05）. https://zhuanlan.zhihu.com/p/168075547.

[89] 数字化时代的企业服务升级 [EB/OL].（2020-08-10）. http://www.digital-times.com.cn/11180.html.

[90] 宋华, 刘文诣. 供应链多技术应用研究综述 [J]. 供应链管理, 2021, 2（1）：13-19.

[91] 宋华. 供应链管理环境下 S&OP 实施的关键要素与战略：一个文献综述 [J]. 管理评论，2009（6）：113-120.

[92] 孙林岩，王蓓. 逆向物流的研究现状和发展趋势 [J]. 中国机械工程，2005，16（10）：928-934.

[93] 唐隆基，潘永刚. 数字化供应链转型升级路线与价值再造实践 [M]. 北京：人民邮电出版社，2021.

[94] 唐隆基. 下一代供应链模型：数字能力模型（DCM）[R]. 罗戈研究院，2020.

[95] VR?AR?MR? 10 分钟快速了解沉浸式技术领域 [EB/OL].（2017-09-17）. https:// zhuanlan.zhihu.com/p/29403745.

[96] 王常华，张晓波，翁启伟，等. 供应链管理 [M]. 北京：中国传媒大学出版社，2017.

[97] 唯品会 2021Q2 活跃用户数大涨 32%，特卖电商还有多少向上空间？[EB/OL].（2021-08-20）. https://new.qq.com/omn/20210820/20210820A06XJH00.html.

[98] 魏际刚，刘伟华. 中国须加速构建强大安全的制造业供应链体系 [N]. 中国经济时报，2020-04-13（4）.

[99] 我国企业数字化转型现状与趋势分析 [EB/OL]. [2022-04-05]. https://wenku.baidu.com/view/3b5373976adc5022aaea998fcc22bcd126ff4281.html.

[100] 吴忠，唐敏. 全渠道视角下消费者渠道利用行为研究 [J]. 商业研究，2015（2）：152-160.

[101] 吴忠县. 大数据分析法打造智慧供应链 [J]. 现代信息科技，2019，3（14）：164-165，168.

[102] 行云集团. 数字化供应链发展的十个关键点 [EB/OL].（2021-04-25）. https://xueqiu.com/6616732377/178131574.

[103] 徐广业，蔺全录，孙金岭. 基于消费者渠道迁徙行为的双渠道供应链定价决策 [J]. 系统管理学报，2019（2）：386-391.

[104] 徐洁. 浅析大数据时代数据所有权归属问题 [J]. 法制博览，2016（29）：184-185.

[105] 徐晓兰. 中国机器人产业战略研究及西部发展机遇 [J]. 中国发展，2015，15（5）：61-65.

[106] 杨洋. 数字孪生技术在供应链管理中的应用与挑战 [J]. 中国流通经济，2019,

33（6）：58-65.

[107] 以京东商城为例分析大数据下企业存货管理 [EB/OL].（2018-03-12）. https://www.docin.com/p-2090999152.html.

[108] 亿邦智库：《2021 数字化采购发展报告》详解十万亿级市场 [R/OL].（2021-05-26）. https://shopping.huanqiu.com/article/43I2p4dXfTa.

[109] 亿欧 . 京东云发布产业智能供应链解决方案：助力产业经济协同发展 [EB/OL].（2022-04-26）.https://www.iyiou.com/news/202204261030444.

[110] 以闭环思维迈入新阶段 国美六大平台发力 [EB/OL].（2022-01-05）. https://www.iyiou.com/news/202201051026917.

[111] 伊利：打造一杯"数字牛奶"[EB/OL].（2022-03-11）.https://finance.china.com.cn/roll/20220311/5761653.shtml.

[112] 疫情为我国供应链数字化发展按下快进键 [EB/OL].（2020-04-22）. http：//news.uibe.edu.cn/info/1371/41898.htm.

[113] 尹巍巍 . 供应链视角下智慧物流模式发展研究 [J]. 中国市场，2020（30）：163-165.

[114] 用户数据所有权应该履于谁？深刻解读数据所有权，教你如何保护个人信息 [EB/OL].（2021-05-31）. https://new.qq.com/rain/a/20210531A04R0L00.

[115] 用数字化供应链金融守护企业生命线 [EB/OL].（2021-05-27）. https://baijiahao.baidu.com/s?id=1700880358388321309&wfr=spider&for=pc.

[116] 用友 . 用友采购云 [EB/OL].（2020-03-12）. https://www.yonyou.com/sem/cgy.html.

[117] 与 AI、区块链结合后，AR 如何变革供应链 ?[EB/OL].（2018-03-07）. https://baijiahao.baidu.com/s?id=1594260206000928083&wfr=spider&for=pc.

[118] 臧艳，方敏，方旭昇 . 供应链运作参考模型（SCOR）评析 [J]. 现代管理科学，2002（9）：13-14.

[119] 工业互联网产业联盟 . 数智化供应链参考架构：AII 026-2022[S]. 2022.

[120] 张峰儒 . 友云音助力美孚 IT 服务管理转型升级 [EB/OL].（2018-12-18）. http：//imoss.yonyoucloud.com/upesn/esn/2891185/20181218/1710/71b15be9-b89f-44ba-be2e-2f969271983e.html?0aadd06a-ee48-4674-ae14-00bdc063a151#view.

[121] 张杰，余波. 基于工业互联网的供应链协同管控平台构建 [J]. 电信工程技术与标准化，2017，30（6）：20-23.

[122] 向连，张华桥. 专家建议东莞：细化企业数字转型服务加快构建数字生态体系 [N/OL]. 潇湘晨报，2022-01-17. https://baijiahao.baidu.com/s?id=1722191587513949753&wfr=s pider&for=pc.

[123] 张凯. 工业数字化转型白皮书 [J]. 数字经济，2021（3）：8-19.

[124] 张迎迎，李严锋，刘森，等. 云计算背景下基于 SCOR 模型的农产品供应链管理研究 [J]. 物流工程与管理，2017，39（9）：73-76.

[125] 甄云科技. 甄云数字化采购平台白皮书 [R/OL]. （2021-05-21）. https://www.going-link.com/attachment/202105/20210520123704_6001745.pdf.

[126] 郑伟进. 供应链金融创新发展与风险管控 [J]. 河北企业，2021（2）：48-49.

[127] 中国电子技术标准化研究院. 流程型智能制造白皮书 [R/OL]. （2019-07-29）. https://www. going-link.com/chat.html?book=true&o3=%E4%BA%A7%E5%93%81，book.

[128] 中国信通院. 全球数字经济新图景（2020 年）：大变局下的可持续发展新动能 [R/OL]. （2020-10-27）. http：//dsj.guizhou.gov.cn/xwzx/gnyw/202010/t20201027_64582164.html.

[129] 中国信通院. 工业互联网平台重构工业共性技术供给机制的研究 [R]. 2019.

[130] 周晓东，邹国胜，谢洁飞，等. 大规模定制研究综述 [J]. 计算机集成制造系统，2003，9（12）：1045-1052，1056.

[131] 庄存波，刘检华，熊辉，等. 产品数字孪生体的内涵、体系结构及其发展趋势 [J]. 计算机集成制造系统，2017，23（4）：753-768.

[132] 卓弘毅. 采购部门的职责分工，在数字化时代下采购部门如何成功转型 [EB/OL]. （2020-07-13）. https://www.logclub.com/m/articleInfo/MjM4NjM=.

[133] Abbott. Abbott named the industry leader in sustainability for the seventh consecutive year on the Dow Jones Sustainability Index（DJSI）[EB/OL]. （2019-09-16）. https://abbott.mediaroom.com/2019-09-16-Abbott-Named-the-Industry-Leader-in-Sustainability-for-the-Seventh-Consecutive-Year-on-the-Dow-Jones-Sustainability-Index-DJSI.

[134] Abbott. How green goals are good for business.[EB/OL]. （2020-02-26）. https://

www.abbott.in/corpnewsroom/sustainability/how-green-goals-are-good-for-business.html.

[135] AGRAWAL S, SINGH R K, MURTAZA Q. Reverse supply chain issues in Indian electronics industry: a case study [J/OL]. Journal of remanufacturing, 2018, 8（1）: 115-129. https://link.springer.com/article/10.1007/s13243-018-0049-7#citeas.

[136] Bain & Company. Digital procurement: the benefits go far beyond efficiency[EB/OL].（2018-09-10）. https://www.bain.com/insights/digital-procurement-the-benefits-go-far-beyond-efficiency/.

[137] BISSELL K. Invest for cyber resilience[EB/OL].（2020-04-22）. https://www.accenture.com/_acnmedia/PDF-123/Accenture-3rd-Annual-State-of-Cyber-Resilience-Exec-Summary.pdf.

[138] CHANDLER N. Agenda overview for analytics, business intelligence and performance management, 2015[EB/OL].（2015-02-06）. https://www.gartner.com/en/documents/2978917.

[139] Consumer Returns. Reverse logistics is finally getting its digital transformation[R/OL].（2022-10-01）. https://consumerreturns.wbresearch.com/blog/reverse-logistics-getting-digital-transformation-strategy.

[140] COPACINO W C. Supply chain managenent: the basics and beyond[M]. Boston: St Lucie Press, 1997: 1-15.

[141] DA SILVEIRA G, BORENSTEIN D, FOGLIATTO F S. Mass customization: literature review and research directions[J]. International journal of production economics, 2001, 72（1）: 1-13.

[142] FRANCIS V. Supply chain visibility: lost in translation?[J]. Supply chain management, 2008, 13（3）: 180-184.

[143] Gartner. Supply chain's journey through the five stages of DDVN maturity[R/OL].（2013-03-26）. https://www.gartner.com/en/documents/2389716.

[144] Gartner. Diagnostic analytics[EB/OL].（2023-01-04）. https://www.gartner.com/en/information-technology/glossary/diagnostic-analytics.

[145] HE N, JIANG Z Z, WANG J, et al. Maintenance optimization and coordination with fairness concerns for the service-oriented manufacturing supply chain[J].

Enterprise information systems, 2021, 15 (5): 694-724.

[146] HROUGA M, SBIHI A, CHAVALLARD M. The potentials of combining blockchain technology and internet of things for digital reverse supply chain: a case study[J]. Journal of cleaner production, 2022, 337: 130609.

[147] IMD. Top 21 digital transformation strategies[EB/OL]. (2022-08-11). https://www.imd.org/reflections/digital-transformation-strategies-part-3/.

[148] Investopedia. Predictive analytics: definition, model types, and use[EB/OL]. (2022-06-30). https://www.investopedia.com/terms/p/predictive-analytics.asp.

[149] RENZULLI K A. The 10 companies millennials most want to work for all have one crucial thing in common[EB/OL]. (2019-11-26).https://www.cnbc.com/2019/02/26/glassdoor-the-10-companies-millennials-most-want-to-work-for.html.

[150] KERSTEN W, et al. Artificial intelligence and digital transformation in supply chain management: innovative approaches for supply chains[M]. Berlin: Epubli GmbH, 2019.

[151] KOHTAMÄKI M, PARIDA V, OGHAZI P, et al. Digital servitization business models in ecosystems: a theory of the firm[J]. Journal of business research, 2019, 104: 380-392.

[152] McKinsey. Supply chain 4.0-the next-generation digital supply chain[R/OL]. (2016-10-27). https://www.mckinsey.com/business-functions/operations/our-insights/supply-chain-40-the-next-generation-digital-supply-chain.

[153] MIRAMANT J. Why machine learning is central to reverse supply chain 2.0[R/OL]. (2020-05-24). https://blueorange.digital/why-machine-learning-is-central-to-reverse-supply-chain/.

[154] NUNES K. Move away from single-use plastic shifting into hyperdrive[EB/OL].(2020-04-02). https://www.foodbusinessnews.net/articles/15360-move-away-fromsingle-use-plastic-shifting-into-hyperdrive.

[155] Parametric Technology Corporation (PTC). 7 tenets of an effective digital transformation strategy[EB/OL]. (2021-09-17). https://www.ptc.com/en/blogs/corporate/digital-transformation-strategy.

[156] PANETT K. Gartner top 10 strategic technology trends for 2018[EB/OL]. (2017-

10-03）.https://www.gartner.com/smarterwithgartner/gartner-top-10-strategic-technology-trends-for-2018.

[157] PANETT K.Gartner top 10 strategic technology trends for 2019 [EB/OL].（2017-10-03）. https://www.gartner.com/smarterwithgartner/gartner-top-10-strategic-technology-trends-for-2019.

[158] PETTEY C. Prepare for the impact of digital twins[EB/OL].（2017-09-18）. https://www.gartner.com/smarterwithgartner/prepare-for-the-impact-of-digital-twins.

[159] RASOOL F, GRECO M, GRIMALDI M. Digital supply chain performance metrics: a literature review[J]. Measuring business excellence, 2022, 26（1）: 23-38.

[160] SCHUH G, et al. Industrie 4.0 maturity index. Managing the digital transformation of companies[R/OL].（2020-08-22）.https://en.acatech.de/publication/industrie-4-0-maturity-index-update-2020/.

[161] SEIFERT R W, MARKOFF R. The digital supply chain challenge: breaking through[M]. LaSalle: IMD International, 2020.

[162] SHI Z, XIE Y, XUE W, et al. Smart factory in industry 4.0[J]. Systems research and behavioral science, 2020, 37（4）: 607-617.

[163] SINHA A, BERNARDES E, CALDERON R, et al. Digital supply networks: transform your supply chain and gain competitive advantage with disruptive technology and reimagined processes[M]. New York: McGraw Hill, 2020.

[164] Supply Chain Dive, PATRICK K. How DHL is boosting sustainability in the supply chain[EB/OL].（2017-07-19）. https://www.supplychaindive.com/news/DHLFormula-E-innovation-sustainability-electric-car/447384/.

[165] The Center for Global Enterprise. Digital supply chains: a frontside flip[R/OL].（2016-10-01）. https://www.apqc.org/resource-library/resource-listing/digital-supply-chains-frontside-flip.

[166] KINNETT J. Creating a digital supply chain: Monsanto's journey [C]//7th Annual BCTIM Industry Conference.Washington, 2015.

[167] WILSON G. Logistics focus: DHL supply chain[EB/OL].（2020-05-18）. https://supplychaindigital.com/logistics/logistics-focus-dhl-supply-chain?page=1.

[168] YE Q W, MA B J. Internet+ and electronic business in China: innovation and applications[M]. Bingley: Emerald Publishing Limited, 2017.

[169] ZHOU J, LI P, ZHOU Y, et al. Toward new-generation intelligent manufacturing[J]. Engineering, 2018, 4(1): 11-20.

教师服务

感谢您选用清华大学出版社的教材！为了更好地服务教学，我们为授课教师提供本书的教学辅助资源，以及本学科重点教材信息。请您扫码获取。

》 教辅获取

本书教辅资源，授课教师扫码获取

》 样书赠送

电子商务类重点教材，教师扫码获取样书

清华大学出版社

E-mail: tupfuwu@163.com
电话：010-83470332 / 83470142
地址：北京市海淀区双清路学研大厦 B 座 509

网址：https://www.tup.com.cn/
传真：8610-83470107
邮编：100084